Aimer les gens, utiliser les choses

(parce que l'inverse ne fonctionne jamais)

DES MÊMES AUTEURS
AUX ÉDITIONS J'AI LU

Minimalisme, n° 13165
Le Minimalisme au quotidien, n° 13401

JOSHUA FIELDS MILLBURN
ET RYAN NICODEMUS

Aimer les gens, utiliser les choses

(parce que l'inverse ne fonctionne jamais)

Essai par les Minimalistes

Traduit de l'anglais (États-Unis)
par Timothée Mackowiak (Otago)

J'AI LU BIEN-ÊTRE

Titre original :
Love People, Use Things

Pour Rebecca et Mariah

Souvenez-vous de chérir les gens et d'utiliser les choses, plutôt que de chérir les choses et d'utiliser les gens.

Archevêque Fulton J. Scheen,
vers 1925

I wish you would learn to love people and use things and not the other way around.

Aubrey Drake Graham, 2013

PRÉFACE

PRÉPARATION PANDÉMIQUE

Les rues grouillent d'hommes en uniforme, énormes fusils d'assaut à la main. Leurs voix amplifiées par les mégaphones nous ordonnent de verrouiller nos portes et de rester chez nous. Au-dessus de nos têtes, les haut-parleurs des hélicoptères militaires beuglent « Staying Alive » des Bee Gees, la bande originale de notre nouveau futur dystopique. Deux tirs, coup sur coup. *Bang ! Bang !* Je me réveille en sursaut. Je découvre ma femme à mes côtés, et ma fille dans sa chambre, toutes deux endormies. Pieds nus, je marche jusqu'au salon, soulève un rideau, observe mon quartier. Los Angeles. Minuit. Boulevards déserts. Légère bruine sous les lampadaires. Aucun signe de loi martiale. Rien qu'un pick-up garé en bas de la côte. Je laisse échapper un profond soupir. Ce n'était qu'un cauchemar. Heureusement. Sauf que le monde dans lequel je me suis réveillé, le monde prétendu réel, n'a plus rien à voir avec celui des quarante premières années de ma vie – et s'il n'est pas forcément postapocalyptique, il n'a plus rien de normal pour autant.

Dans les supermarchés, de longues files serpentent dans les rayons face aux caisses. Sur Rodeo Drive, des fenêtres condamnées barrent les devantures abandonnées. Un silence désolé, alourdi par la poussière et l'obscurité, plane sur les salles de cinéma désertes. La foule, respectant un espace de deux mètres entre deux personnes, se laisse mener comme du bétail vers des banques alimentaires aux étagères vides. Des familles calfeutrées, rongées par l'angoisse, supportent tant bien que mal l'isolement. Dans les hôpitaux, les masques cousus main servent d'ultimes garde-fous à la fureur des infirmiers et des médecins débordés.

Au printemps 2020, je donnais la touche finale à ce livre tandis que la pandémie de Covid-19 s'étendait sur le monde.

Notre « nouveau normal » paraît grossièrement anormal. En parallèle des menaces jumelles représentées par l'insécurité financière et sanitaire, un arrière-goût de colère continue de teinter nos vies quotidiennes. Pourtant, peut-être existe-t-il un moyen de trouver le calme – voire d'aller bien – au milieu de ce chaos.

Je l'ignorais à l'aube de ce projet, mais, durant ma quarantaine forcée à la maison, j'ai réalisé que Ryan Nicodemus (l'autre moitié des Minimalistes) et moi avons passé ces deux dernières années à écrire un manuel de préparation à la pandémie. Si seulement nous avions pu mettre ce livre entre les mains des personnes en difficulté – endettées, consumées par la consommation ou dont les valeurs ne parviennent pas à dicter les priorités – *avant* la diffusion du virus ! Nous aurions ainsi pu leur éviter de sacrées misères, car la vie « intentionnelle » est la meilleure forme de préparation qui existe. Avec le recul, il apparaît assez évident que les survivalistes autoproclamés (ces innombrables individus accumulant des réserves sur toutes nos chaînes de TV) s'avèrent les moins préparés à une crise. Impossible de troquer du maïs en boîte et des munitions contre le soutien et la confiance d'une communauté aimante. En revanche, il est possible de survivre en ayant moins de besoins… et même de très bien se porter, y compris en pleine crise, si vos relations se portent bien elles aussi.

À sa façon fourbe, la pandémie met les choses en perspective. Il nous aura fallu une catastrophe pour réaliser qu'une économie fondée sur la croissance exponentielle n'a rien de sain – c'est une économie vulnérable. Un système qui s'effondre lorsque les gens n'achètent plus que l'essentiel est un système dont on a surestimé la puissance.

Le mouvement minimaliste décrit dans ce livre a gagné en popularité numérique au lendemain de la crise de 2008, lorsque les gens se sont découvert un problème de dette et de surconsommation, et se sont lancés à corps perdu dans la recherche d'une solution. Hélas, au cours de ces douze dernières années, nous avons baissé la garde et repris nos aises. Et désormais, l'ennemi ne se limite plus au consumérisme : il englobe la décadence et la distraction, matérielles comme immatérielles.

Dans la panique liée à l'épidémie, j'ai remarqué que de nombreuses personnes jonglaient avec la question qui nous taraude, Ryan et moi, depuis plus de dix ans : *qu'est-ce qui est essentiel ?* Bien sûr, la réponse varie selon les personnes. Une seule chose est certaine : nous amalgamons trop souvent l'essentiel, le non-essentiel et le superflu[1].

En cas d'urgence, si nous devons commencer par nous débarrasser du superflu, beaucoup d'entre nous se voient également contraints de se priver du non-essentiel (tout ce qui ajoute de la valeur à nos vies en temps normal mais ne s'avère pas nécessaire en cas d'urgence). Cela nous permet de découvrir ce dont nous avons vraiment besoin, afin de pouvoir ensuite réintroduire le non-essentiel petit à petit, de façon à améliorer et valoriser nos vies… sans les encombrer de superflu.

Pour compliquer toute cette histoire, la notion même d'« essentiel » évolue en permanence. Ce qui nous apparaissait comme tel cinq ans (voire cinq jours) en arrière ne l'est peut-être plus aujourd'hui. Nous devons donc sans cesse remettre en question, ajuster, lâcher prise – tout particulièrement pendant une crise, quand une semaine semble durer un mois et un mois, l'éternité.

Coincés chez eux, les gens réalisent la piètre importance de leurs possessions matérielles. Pourtant, la vérité s'est toujours trouvée sous leurs yeux. Tous ces objets qui prenaient la poussière (les trophées de lycée, les manuels scolaires et les appareils électroménagers cassés) n'ont jamais compté autant que les

1. Nous définissons ces trois catégories – essentiel, non-essentiel et superflu – d'après notre règle « Adieu le superflu » dans le chapitre « Relation aux objets ».

personnes. La pandémie a magnifié cette réalité et a confirmé une leçon capitale : nos objets entravent ce qui nous est vital, c'est-à-dire nos relations sociales. Aujourd'hui, les rapports humains manquent à nos vies. Or ils ne peuvent pas s'acheter – seulement se cultiver – et pour cela, il n'existe pas trente-six solutions : nous devons simplifier nos existences, en commençant par nous délester de certains objets (les autres aspects ne tardant pas à suivre). Ce livre a pour objectif d'aider les gens comme vous et moi à gérer notre pagaille extérieure, avant de nous tourner vers l'intérieur et de nous atteler au chaos mental, émotionnel, psychologique, spirituel, financier, créatif, technologique et relationnel qui nous tire vers le bas et perturbe notre connexion aux autres.

Cet ouvrage n'a pas été écrit dans la prévision d'une pandémie, c'est un manuel destiné à la vie quotidienne. La pandémie n'a fait qu'accentuer nos problèmes et les rendre encore plus urgents. Entre la récession économique et la quête de sens renouvelée, notre société s'apprête à affronter certaines réalités critiques dans un futur proche. De nouvelles normes ont été établies, d'autres vont émerger au fil du temps. Certains d'entre nous vont tenter de se cramponner au passé, de « revenir à la normale », ce qui équivaut à se battre pour conserver un glaçon entre nos mains : une fois fondu, il n'existe plus. On me demande souvent « Quand est-ce que tout ça va se terminer ? » Or *se terminer* suppose un retour à une « normalité » qui manquait cruellement de sens et ne fonctionnait plus pour la plupart des gens. Bien que j'ignore ce que l'avenir nous réserve, j'espère que nous émergerons de cette incertitude générale avec une *nouvelle* normalité, une normalité ancrée sur l'intention et la communauté, et non plus sur la « confiance des clients ».

Pour y arriver, nous devons simplifier, encore.
Éclaircir le chaos pour pouvoir avancer.
Trouver l'espoir au-delà de cet horizon.

Au cœur de la crise du coronavirus, j'ai consulté un de mes mentors, un homme d'affaires du nom de Karl Weidner. Il m'a enseigné la subtilité suivante : les idéogrammes chinois composant le mot « crise » (*weiji*) signifient à la fois « danger » (*wei*) et « opportunité » (*ji*). Bien que les linguistes se chamaillent encore sur la véritable signification de *ji*, l'analogie tient la route. Une crise surgit à la rencontre du danger et de l'opportunité.

Peut-être que cette pandémie constitue notre signal d'alarme. Ne gâchons pas cette opportunité de réévaluer tout ce qui nous entoure, de faire le ménage et de recommencer à zéro. Le premier moment idéal pour simplifier nos vies a eu lieu il y a dix ans ; le deuxième démarre aujourd'hui.

Joshua Fields Millburn

INTRODUCTION
VIVRE AVEC MOINS

Nos possessions matérielles sont la manifestation physique de nos vies intérieures. Regardez autour de vous : angoisse, détresse, nervosité – sous vos yeux, dans vos maisons. Le foyer américain moyen contient plus de trois cent mille objets. Avec tout ça, on devrait être comblé de joie, pas vrai ? Et pourtant, les études se succèdent et démontrent le contraire : nous sommes anxieux, débordés et plus malheureux que jamais. Nous tentons de trouver la paix en accumulant toujours davantage, ignorant le véritable coût de notre consommation.

L'étiquette qui accompagne chaque nouvelle babiole ne révèle qu'une fraction de son histoire, car le véritable coût d'un objet s'étend bien au-delà de son prix de vente. Il comprend le coût de son stockage. De son entretien. De son nettoyage. De son alimentation en eau. De son rechargement. De son accessoirisation. De son ravitaillement. De sa vidange. Du changement de ses piles. De sa réparation. De sa peinture. Des soins qui lui sont apportés. De sa protection. Et, au bout du compte, de son remplacement. (Sans parler des coûts émotionnels et psychologiques, d'autant plus difficiles à quantifier.) Quand vous additionnez le tout, le coût réel de la possession de cet objet s'avère énorme. Alors nous ferions mieux de choisir avec soin ce que nous introduisons dans nos vies, parce que nous ne pouvons pas *tout* nous permettre.

Je suis sérieux, nous ne pouvons pas nous le permettre – au sens propre comme au figuré. Mais au lieu de différer la gratification et de nous en passer le temps nécessaire, nous préférons nous endetter. Ainsi, le portefeuille de l'Américain moyen contient environ quatre cartes de crédit. Un portefeuille sur dix contient plus de dix cartes de crédit actives. Et le crédit moyen excède seize mille dollars.

Il y a pire. Aux États-Unis, même avant la pandémie de 2020, plus de 80 % des gens étaient endettés et la dette de consommation dépassait les quatorze mille milliards de dollars. Certes, il existe quelques explications plausibles, bien que regrettables : nous dépensons davantage en chaussures, bijoux et montres que pour l'éducation supérieure. Nos maisons ne cessent de s'étendre (leur surface a plus que doublé en cinquante ans) et abritent plus de télévisions que d'individus. En moyenne, chaque personne jette chaque année trente-six kilos de vêtements alors que 95 % pourraient être réutilisés ou recyclés. Et nos quartiers recensent plus de centres commerciaux que de lycées.

En parlant de lycée, saviez-vous que 93 % des adolescents américains citent le shopping comme leur loisir préféré ? Le shopping ! Est-ce seulement un loisir ? Apparemment oui, dans la mesure où nous dépensons chaque année mille deux cents milliards en biens non essentiels. Clairement, cela signifie que nous dépensons plus de mille milliards de dollars par an pour des choses dont nous n'avons pas besoin.

Savez-vous combien de temps il faut pour dépenser *mille milliards* de dollars ? À raison d'un dollar par seconde – un dollar, deux dollars, trois dollars – cela vous prendrait plus de trente et un mille ans. En réalité, même si vous aviez déboursé un million de dollars *par jour* depuis la naissance de Bouddha, vous n'auriez toujours pas atteint mille milliards de dollars à l'heure où vous lisez ces lignes.

Dans ce tourbillon de dépenses, est-il vraiment surprenant que la moitié des foyers américains ne parviennent pas à économiser le moindre centime ? D'après une enquête menée par *The Motley Fool* (société privée de conseil financier et d'investissement), 62 % d'entre eux disposent de moins de mille dollars d'économies ; plus de 50 % n'ont pas de quoi voir à un mois d'avance et 47 % ne pourraient même pas rassembler quatre cents dollars en cas d'urgence. Ce n'est donc pas un problème de revenus, mais bien de dépense, dont nous parlons, et il concerne l'ensemble des foyers, toutes ressources confondues : « Près de 25 % des foyers aux revenus annuels compris entre cent mille et cent cinquante mille dollars reconnaissent qu'ils auraient des difficultés considérables à réunir ne serait-ce que deux mille dollars en un mois ». Toute cette dette devient encore plus effrayante lorsqu'on sait que 60 % des foyers vont connaître un « choc financier » au cours des douze prochains mois. Malheureusement, il n'y a rien de nouveau sous le soleil ; la crise de 2020 et la récession qui l'a suivie n'ont fait que révéler l'étroitesse du fil sur lequel nous avançons.

Pourtant, nous continuons à dépenser, à consommer, à croître. La superficie des maisons construites avoisine désormais les deux cent quatre-vingts mètres carrés. Et malgré tout cet espace supplémentaire, il existe plus de cinquante-deux mille garde-meubles à travers les États-Unis – c'est plus de six fois le nombre de Starbucks !

Mais, même avec ces maisons toujours plus grandes secondées par des garde-meubles, nous manquons encore de place pour garer nos voitures dans nos garages, pleins à ras bord de trucs et de bidules, inutilisés eux aussi. Bric-à-brac, habits, meubles et appareils électroniques oubliés dépassent des cartons et des poubelles qui colonisent l'espace, du sol au plafond.

Sans oublier les jouets. Les petits Américains ont beau ne représenter que 3 % des enfants du globe, ils en consomment 40 % des jouets. Savez-vous qu'aux États-Unis, les enfants possèdent en moyenne plus de deux cents jouets mais ne jouent qu'avec douze d'entre eux chaque jour ? Pourtant, une étude récente a répété ce que les parents ne peuvent plus ignorer : les enfants disposant de trop de jouets sont facilement distraits et ne profitent pas de temps de jeu de qualité.

Or en matière de distraction, soyons francs, les adultes n'ont rien à envier aux plus jeunes. Si le monde entier consommait comme les États-Unis, il faudrait cinq planètes Terre pour alimenter notre consommation incontrôlée. Le dicton populaire « nos possessions finissent par nous posséder » n'a jamais été aussi vrai.

Heureusement, tout cela peut changer.

Pagaille existentielle

Téléphones à cadran, disquettes, appareils photo jetables, cassettes audio, fax, lecteurs de disques laser, annuaires, Minitels, tamagochis... de nombreuses choses ayant autrefois amené de la joie dans nos vies n'ont plus le moindre sens aujourd'hui. Cependant, la plupart d'entre nous nous accrochons à ces objets bien après qu'ils sont devenus obsolètes, souvent avec un sentiment de nostalgie proche de la dévotion. Les traces de notre passé conservent ainsi une étrange mainmise sur notre présent.

Alors nous nous cramponnons à notre collection de VHS, à nos vieux téléphones à clapet et à nos jeans DDP – sans les réparer ni les recycler, simplement en les entreposant avec le reste de notre trésor intact. Tandis que notre collection s'agrandit, nos caves, nos placards et nos greniers se transforment en un fouillis d'objets inutiles, véritable purgatoire de la matérialité.

Tant d'affaires tombées dans l'oubli, vouées à l'abandon ! Cet abandon est le signe, sans doute, que nous devrions définitivement nous en séparer. Le monde évolue autour de nous, nos besoins, nos désirs et les technologies changent, les objets qui enrichissent notre vie aujourd'hui ne lui apporteront peut-être plus de valeur demain. Autrement dit, nous devons être prêts à nous débarrasser de toutes nos possessions négligées et à leur offrir la possibilité d'être utiles à un autre foyer, au lieu de les condamner à prendre la poussière dans notre mausolée personnel.

À terme, tout devient obsolète. Dans cent ans, le monde sera peuplé de nouveaux humains qui auront depuis longtemps laissé tomber leurs câbles USB, leurs iPhone et leurs téléviseurs à écran plat, s'allégeant du passé pour faire place à l'avenir. Il s'agit que nous nous montrions responsables quant aux nouveaux biens matériels que nous introduisons dans nos vies – que nous les choisissions avec soin. Et que nous fassions preuve d'autant de soin lorsqu'ils tombent en obsolescence. Après tout, la capacité de détachement fait partie des vertus les plus sages.

Explorons maintenant le chemin parcouru pour en arriver là – et les différentes façons de nous en sortir.

Le trop-plein

Comment votre existence pourrait-elle s'améliorer… avec moins ? C'est la première question à se poser pour débuter une vie simple. Personnellement, il m'aura fallu trente ans.

Je m'appelle Joshua Fields Millburn et je suis né à Dayton, dans l'Ohio – le berceau de l'aviation et de la musique funk. Plus récemment, la ville est aussi entrée dans les annales en devenant la capitale américaine de l'overdose. Curieusement, pourtant, tout au long de mon enfance, je n'ai jamais réalisé que nous étions pauvres. La pauvreté s'apparentait à l'oxygène, partout autour de moi et invisible à la fois. Elle était, tout simplement.

J'ai vu le jour à la base aérienne de Wright-Patterson en 1981. Mon père, un homme de quarante-deux ans, grand et costaud, aux cheveux gris et au visage de bébé, était médecin dans l'US Air Force. Ma mère, secrétaire à l'époque, avait sept ans de moins. Petite blonde à la voix rauque de fumeuse, elle était venue au monde avec les derniers sursauts de la « génération silencieuse », juste avant Nagasaki et Hiroshima.

Vu ce tableau, on pourrait croire que j'ai vécu une enfance occidentale idyllique et opulente. On était au début des années 1980, et Dayton voyait se profiler la fin de son apogée – bientôt, le Midwest deviendrait une région industrielle en déclin, la fuite des classes moyennes affecterait la ville et l'épidémie de prise d'opioïdes du comté de Montgomery se propagerait sur les deux rives de la Great Miami River. À cette époque, les gens complimentaient encore Dayton en la surnommant « la petite Detroit ». L'industrie prospérait, les familles ne manquaient de rien et les gens trouvaient un sens à leur vie quotidienne.

Hélas, peu de temps après ma naissance, mon père est tombé malade et tout a dérapé. Papa souffrait de graves troubles mentaux (schizophrénie et bipolarité) amplifiés par l'abus d'alcool. Avant que je ne sache marcher, il a commencé à tenir des discussions élaborées – et même à entretenir d'intenses relations – avec des personnes qui n'existaient pas dans le monde réel. Il a perdu le contrôle de son esprit, est devenu violent et imprévisible. Mes premiers souvenirs remontent à l'époque où nous vivions dans une maison du quartier d'Oregon. Mon père éteignant une cigarette sur la poitrine nue de ma mère. J'avais trois ans.

Maman et moi sommes partis un an après le début des violences ; c'est à peu près à cette période qu'elle s'est mise à boire. Nous avons déménagé à une trentaine de kilomètres au sud, dans la banlieue résidentielle de la ville, incarnation du rêve américain. Mais c'était le contraire du rêve. Nous louions deux cents dollars par mois un duplex à une seule chambre, qui tombait littéralement en miettes. (Aujourd'hui, la maison est condamnée, prête à être détruite.) Chiens et chats errants, magasins d'alcool et églises, drogue, alcool et taudis... Ni violent, ni dangereux, un quartier pauvre comme un autre.

Notre situation se détériorait et le problème de boisson de maman empirait. Pendant le plus clair de mon enfance, j'ai cru qu'il existait des billets verts et des billets blancs. Parfois, ma mère vendait nos billets blancs (j'ignorais qu'il s'agissait de bons alimentaires) à moitié prix, car seuls les billets verts permettaient d'acheter de l'alcool. Elle gagnait le salaire minimum quand elle parvenait à garder un job, ce qui ne durait jamais bien longtemps. Lorsqu'elle buvait, elle se prenait des cuites qui duraient plusieurs jours, pendant lesquels elle ne quittait pas notre appartement humide. Elle ne mangeait pas, se contentant de boire comme un trou en fumant cigarette sur cigarette, dans notre canapé couleur taupe couvert de taches. Une légère odeur d'urine, le relent des canettes de bière vides et la puanteur du tabac. Je n'oublierai jamais le parfum de notre foyer.

Chaque fois que j'allumais dans la cuisine, les cafards s'éparpillaient, pris de panique. Ils venaient de l'appartement voisin habité par un septuagénaire gentil et très seul, vétéran de la Seconde Guerre mondiale, qui semblait posséder assez d'affaires pour trois ou quatre appartements et se ficher des bestioles… parce qu'il avait vu pire, ou parce qu'elles lui tenaient compagnie, je ne l'ai jamais su. « Aime ton prochain », murmurait maman chaque fois qu'elle écrasait un cafard avec son chausson (quand elle avait bu, cela se transformait souvent en « emmerde ton prochain »). J'ai longtemps cru qu'il s'agissait de deux passages différents de la Bible, une sorte de contradiction entre l'Ancien Testament et le Nouveau Testament.

Maman était une catholique dévote. Elle avait même été bonne sœur dans sa jeunesse, avant de devenir hôtesse de l'air, secrétaire, puis finalement mère, à l'approche de la quarantaine. Elle priait plusieurs fois par jour, égrenait et entrechoquait inlassablement les perles de son rosaire jusqu'à ce que son pouce droit et son index taché de nicotine se couvrent de corne. Elle murmurait en boucle les *Notre Père*, les *Ave Maria* et la prière de Sérénité des AA, implorait Dieu de bien vouloir lui retirer ce poids, de bien vouloir la guérir de cette maladie, de ce mal-être, pitié, Seigneur. Mais les prières se sont succédé sans jamais lui apporter la moindre sérénité.

J'aurais besoin du renfort de mes orteils pour compter le nombre de fois où l'on nous a coupé l'électricité. Mais nous ne nous laissions pas abattre, il suffisait de tirer une rallonge depuis chez le voisin pour garder la télévision allumée, et le tour était joué. En hiver, quand la lumière s'éteignait soudain et qu'il faisait trop froid pour que nous restions à l'appartement, maman et moi faisions des « soirées pyjama » spéciales chez différents hommes de sa connaissance. À la maison, elle dormait l'après-midi pendant que je jouais avec mes G.I. Jo. Une fois mon jeu fini, je me revois replacer soigneusement chaque figurine dans son emballage plastique, avec minutie, contrôlant les seuls éléments contrôlables de mon univers chaotique. Je rangeais les gentils dans une caisse, les méchants dans une autre et leurs armes dans une troisième. De temps en temps, certains passaient du statut de méchant à celui de gentil.

Il arrivait que des sacs de courses se matérialisent devant notre porte, sur le perron, juste à côté de l'endroit où il manquait trois planches de bois. Maman me disait qu'elle avait prié saint Antoine et qu'il nous avait apporté à manger. Grâce à lui nous avons survécu, à grand renfort de beurre de cacahuète, de pain de mie et de sucreries industrielles, pendant de longues périodes. À sept ans, je suis tombé de ce même perron pourri. Une planche a cédé sous le poids de mes rondeurs enfantines et m'a envoyé face contre terre sur le trottoir, un mètre vingt plus bas. S'en sont suivis du sang, des larmes et une double panique étrange : à cause du sang qui s'écoulait de mon menton et à cause de maman, restée immobile sur le canapé alors que j'entrais dans la maison en hurlant et en gesticulant, ne sachant que faire. J'ai fini par marcher seul jusqu'aux urgences, à un peu plus de trois kilomètres. Les cicatrices de cette chute sont toujours visibles aujourd'hui.

J'ai entendu à plusieurs reprises mes instituteurs dire que j'étais livré à moi-même, sans comprendre la signification de ces mots. La plupart du temps, je rentrais de l'école, ouvrais la porte et trouvais maman effondrée sur le canapé, une cigarette en train de brûler dans le cendrier, cinq centimètres de cendres figées jusqu'au filtre. Comme si le terme « mère au foyer » lui échappait.

Ne vous méprenez pas. Ma mère était une gentille femme – une bonne personne, avec un bon cœur. Elle s'intéressait aux autres ; elle m'aimait énormément. Et je l'aimais. Je l'aime toujours. Elle me manque plus que tout, au point d'apparaître régulièrement dans mes rêves. Ce n'était pas une mauvaise personne ; elle avait juste perdu le sens de sa vie, et cette perte avait donné naissance à un insatiable mécontentement.

En tant qu'enfant, j'attribuais naturellement notre manque de bonheur au manque d'argent. Si seulement je pouvais en gagner (beaucoup !), alors je trouverais le bonheur. Je ne finirais pas comme maman. Je pourrais posséder toutes les choses qui m'apporteraient une joie éternelle. À dix-huit ans, j'ai donc quitté l'école pour un boulot en entreprise, tout en bas de l'échelle, et j'ai passé les dix années suivantes à grimper à cette échelle de toute la force de mes bras. Réunions à l'aube, appels de prospection tard dans la soirée, semaines de quatre-vingts heures, je ne négligeais rien pour « réussir ».

À vingt-huit ans, je possédais tout ce dont le petit Joshua avait toujours rêvé : salaire à six chiffres, voitures de luxe, placards remplis de vêtements de marque, grande maison en banlieue avec plus de toilettes que d'habitants. J'étais le plus jeune directeur de l'histoire de mon entreprise, responsable de cent cinquante points de vente entre l'Ohio, le Kentucky et l'Indiana. J'avais de quoi combler le moindre vide de ma vie de consommateur. De loin, vous m'auriez sans doute pris pour l'incarnation du rêve américain.

Pourtant, deux événements aussi soudains qu'inattendus m'ont obligé à remettre en question ce qui était devenu ma ligne de vie : en octobre 2009, ma mère est décédée et mon mariage a pris fin – le même mois.

Au fur et à mesure de mon questionnement, j'ai pris conscience de ma focalisation sur le succès et la réussite tels qu'on les entend en général, et sur l'accumulation matérielle en particulier. Certes, j'incarnais le rêve américain, mais ce n'était pas mon rêve. Ce n'était pas non plus un cauchemar. À vrai dire, j'y étais plutôt indifférent. Étrangement, il a fallu que j'obtienne tout ce que je convoitais pour réaliser que ce n'était pas du tout ce que je voulais.

Suffocation

Quand j'avais vingt-sept ans, maman a quitté l'Ohio pour prendre enfin sa retraite en Floride. Quelques mois plus tard, on lui a découvert un cancer du poumon au stade 4. Cette année-là, j'ai passé beaucoup de temps avec elle, tandis qu'elle endurait la chimiothérapie et les rayons. Elle maigrissait à vue d'œil, le cancer se répandait et sa mémoire s'affaiblissait. Elle est partie avant la fin de l'année.

Après son décès, j'ai dû me rendre une dernière fois chez elle, pour m'occuper de ses affaires. J'ai donc décollé de Dayton (Ohio) et atterri à Saint-Pétersbourg (Floride). À mon arrivée, je suis tombé nez à nez avec l'équivalent du contenu de trois maisons entassées dans le minuscule F2.

Ma mère n'était pas une accumulatrice compulsive. Tout du moins, je n'ai jamais retrouvé de chat mort dans son congélateur. Mais elle possédait une grande quantité de choses – soixante-cinq ans d'accumulation. Si moins de 5 % des Américains reçoivent le diagnostic d'« accumulateurs compulsifs », cela ne signifie pas pour autant que les 95 % restants ne consomment pas énormément, eux aussi. C'est le cas. Et nous nous accrochons à des souvenirs glanés tout au long de notre existence. Ma mère n'avait pas échappé à la règle, et je ne voyais pas ce que j'allais bien pouvoir faire de toutes ses affaires.

Alors j'ai fait ce que n'importe quel bon fils aurait fait : j'ai appelé une société de déménagement.

J'ai demandé le plus gros camion de sa flotte. Il m'en fallait un tellement grand que j'ai dû patienter un jour supplémentaire pour que son poids lourd se libère. En attendant, j'ai invité une poignée d'amis de ma mère à venir m'aider à trier ses affaires. Il y en avait beaucoup trop pour moi tout seul.

Le salon de maman *débordait* d'énormes meubles anciens, de vieilles peintures et de napperons à perte de vue. Sa cuisine *débordait* de centaines d'assiettes, de tasses, de bols et d'ustensiles dépareillés. Sa salle de bains contenait assez de produits d'hygiène pour qu'on puisse ouvrir un salon de beauté. Et on aurait dit que son placard à linge approvisionnait un hôtel, tant il renfermait de serviettes de toilette dépareillées, de torchons, de serviettes de plage, de draps, de couvertures et de plaids. Oh, et je vous épargne sa chambre. Pourquoi maman avait-elle fourré quatorze manteaux d'hiver dans sa penderie ? Quatorze ! Elle vivait à moins d'un kilomètre de la plage ! Bref, elle possédait beaucoup d'affaires. Et je ne savais toujours pas quoi en faire.

Alors j'ai fait ce que n'importe quel bon fils aurait fait : j'ai loué un garde-meubles.

J'avoue, je ne voulais pas mélanger les affaires de maman aux miennes. Je possédais déjà une grande maison dont le spacieux sous-sol était plein à craquer. Un garde-meubles me permettrait de tout conserver, au cas où j'aurais besoin de quelque chose – un jour, dans un avenir hypothétique et inexistant.

Je me suis donc retrouvé à emballer toute la vie de ma mère. Quand j'ai retiré le tour de lit et jeté un coup d'œil sous le Queen Anne, j'ai découvert quatre boîtes en carton, assez lourdes, datant d'au moins plusieurs décennies et scellées par une quantité exagérée de Scotch. Je les ai sorties l'une après l'autre, elles portaient chacune un numéro sur le côté, inscrit au gros marqueur noir : 1, 2, 3, 4. Je suis resté là, à les observer en me demandant ce qu'elles pouvaient bien contenir. Je me suis accroupi, j'ai fermé les yeux et pris une grande inspiration. Ouvert les yeux. Expiré. Ouvert les boîtes.

Ma curiosité s'est emballée à la vue d'œuvres d'art, de devoirs et de bulletins de notes datant de mes années d'école primaire. J'ai commencé par me demander pourquoi elle avait gardé toutes ces feuilles inutiles, puis j'ai compris : dans ces boîtes, elle avait voulu retenir une partie de *moi*.

« Attends une minute ! », me suis-je exclamé dans la pièce vide. Maman n'avait pas ouvert ces boîtes depuis plus de vingt ans. Autrement dit, elle n'avait jamais cherché à remettre la main sur ces souvenirs.

C'est alors que j'ai réalisé ceci : nos souvenirs ne sont pas dans nos objets, ils sont en nous.

Peut-être est-ce ce que le philosophe écossais du XVIIIe David Hume avait en tête en écrivant « l'esprit a une grande propension à se répandre sur les objets externes et à y conjoindre les impressions internes qu'ils occasionnent ». Maman n'avait pas besoin de conserver ces boîtes pour conserver une partie de moi : je ne suis jamais allé voir dans ces boîtes. J'ai regardé son appartement, toutes ses affaires… En réalité, je m'apprêtais à faire exactement la même chose. Sauf qu'au lieu de conserver les souvenirs de ma mère dans une boîte sous mon lit, j'allais les fourrer dans une grosse boîte fermée par un verrou. Au cas où.

Alors j'ai fait ce que n'importe quel bon fils aurait fait : j'ai appelé la société de déménagement et décommandé le camion. Puis j'ai annulé le garde-meubles et j'ai passé les douze jours suivants à vendre ou à donner la quasi-totalité de ses affaires. Dire que j'ai appris d'importantes leçons au passage serait un bel euphémisme.

Non seulement j'ai compris que nos souvenirs ne se trouvent pas dans les objets, mais j'ai appris la valeur. La vraie valeur. Soyons honnêtes, je m'accrochais à la plupart des affaires de maman par pur égoïsme, sans tirer la moindre valeur réelle de ces objets voués à prendre la poussière pour l'éternité. En revanche, m'en débarrasser permettrait d'ajouter de la valeur à la vie d'autres personnes. J'ai donc donné la plupart des affaires à ses amis et à des associations locales. Le superflu de l'un s'avérant souvent l'essentiel de l'autre, ces objets ont trouvé sans mal leur nouveau foyer. J'ai donné l'argent de la vente des quelques objets vendus aux deux associations qui avaient accompagné maman pendant sa chimio et sa radiothérapie. Avec le temps, j'ai compris qu'en lâchant prise, je pouvais aider d'autres personnes que moi-même.

J'ai fini par rentrer en Ohio avec, dans ma valise, une poignée d'objets à valeur sentimentale : une vieille peinture, quelques photos, peut-être même un napperon ou deux. En réalité, ne posséder qu'un nombre réduit d'objets à valeur sentimentale permet de mieux en profiter. J'apprécie d'autant plus les quelques objets récupérés qu'ils ne sont pas noyés parmi des centaines de babioles.

La dernière leçon relevait du domaine pratique. S'il est vrai que nos souvenirs ne se trouvent pas dans nos objets, il est également vrai que certains objets peuvent réveiller des souvenirs. Alors avant de quitter la Floride, j'ai photographié les affaires de ma mère et je suis rentré en Ohio avec ces photos, que j'ai ensuite scannées et dont j'ai conservé la version numérique.

Ces photos ont facilité ma séparation d'avec tous ces objets, car je savais que je ne perdrais aucun souvenir au passage.

Et finalement, j'ai dû me débarrasser de ce qui m'alourdissait pour pouvoir avancer.

Un accumulateur bien organisé

De retour chez moi, il était temps que je m'attelle à l'inventaire de ma propre vie, particulièrement bien « ordonnée ». En vérité, j'étais simplement un accumulateur bien organisé. D'un point de vue médical, l'accumulation occupe la toute fin du spectre du trouble obsessionnel compulsif. Et si, en tant que personne diagnostiquée avec un TOC, j'accumulais bel et bien, contrairement aux personnes que l'on voit à la TV et dont la surabondance inonde les sols, les plans de travail et toute autre surface plane, je cachais mon superflu sous un beau vernis d'ordre.

Mon sous-sol incarnait le rangement par excellence : des enfilades de caisses en plastique opaque, empilées et étiquetées, remplies d'anciens numéros de magazines, de pantalons et de polos bien pliés, de raquettes de tennis et de gants de baseball, de tentes jamais utilisées et de divers « indispensables de camping », et j'en passe. Ma salle de jeu aurait fait pâlir d'envie un détaillant de matériel électronique : sur toute la surface des murs s'alignaient films et albums classés par ordre alphabétique, accompagnés d'un projecteur surdimensionné et d'un système de son qui aurait enfreint les normes locales de tapage diurne en fonctionnant ne serait-ce qu'à mi-volume. Mon bureau exigeait la classification décimale de Dewey : des bibliothèques montaient du sol au plafond et renfermaient près de deux mille livres, jamais ouverts pour la plupart. Mes dressings, quant à eux, étaient dignes d'une scène d'*American Psycho* : soixante-dix chemises de soirée Brook Brothers, une douzaine de costumes sur mesure, au moins cinquante cravates de couturiers, dix paires d'élégantes chaussures à semelles de cuir, une centaine de tee-shirts différents, vingt exemplaires du même jeans et plus de chaussettes, de sous-vêtements et d'accessoires que je n'aurais pu en porter en l'espace d'un mois – le tout plié avec soin dans des tiroirs ou pendu sur des cintres en bois disposés à intervalle précis. J'ajoutais sans cesse à cette collection, sans jamais m'en satisfaire. Et peu importe que je range, recadre ou nettoie, le chaos rôdait toujours dans les parages.

Certes, tout *semblait* aller au mieux, mais ce n'était qu'une façade. Étouffé sous le poids de ce bazar organisé, je savais qu'il était pour moi temps de changer. De simplifier. Et c'est là que cette chose appelée *minimalisme* a fait son apparition.

Tout a commencé par une petite question : *comment améliorer ma vie avec moins ?*

J'avais besoin de comprendre le but de la simplification. Le *comment*, mais surtout le *pourquoi*. En simplifiant ma vie, je disposerais de plus de temps pour ma santé, mes relations sociales, mes finances, ma créativité, et je pourrais aider les autres de façon pertinente. Vous voyez, j'en avais compris les avantages bien avant de trier mes placards.

Cependant, quand le moment a été venu de désencombrer pour de vrai, j'ai préféré commencer tout doucement. Je me suis dit : *et si tu éliminais une possession matérielle de ta vie, chaque jour pendant un mois – juste une – que se passerait-il ?*

Eh bien, laissez-moi vous dire que je me suis déchargé de bien plus de trente objets le premier mois. Bien, bien plus. Découvrir ce dont je pouvais me débarrasser est devenu un défi personnel. J'ai donc fouillé dans mes différentes pièces et armoires, vitrines et couloirs, voitures et bureaux, en quête d'affaires à jeter – ne conservant que celles qui ajoutaient de la valeur à ma vie. Face à chaque objet (une batte de baseball de mon enfance, de vieux puzzles incomplets, un appareil à gaufres reçu pour mon mariage), je m'interrogeais : cette chose ajoute-t-elle de la valeur à ma vie ? Plus je me posais cette question, plus je prenais de l'élan et plus la simplification devenait facile. Jour après jour, je me sentais plus libre, plus heureux et plus léger. J'avais envie de tout jeter. Un placard à demi rempli de chemises s'est réduit à quelques-unes. D'une bibliothèque complète de disques, seuls sont restés quelques-uns. De tiroirs entiers de bric-à-brac sans le moindre intérêt, je n'ai gardé que quelques éléments de décoration. C'était un cycle vertueux. Plus j'agissais, plus j'avais envie d'agir.

Au cours des huit mois qui ont suivi le décès de ma mère, et après d'innombrables trajets entre chez moi et le centre de dons local, je me suis délibérément délesté de plus de 90 % de mes possessions. Le chaos s'est apaisé. Bien sûr, le résultat semblait un peu clairsemé, mais si vous visitiez ma maison aujourd'hui, jamais vous ne vous diriez : « Tiens, ce gars est minimaliste ! » Non, vous penseriez plus probablement « Il est ordonné ! » et vous me demanderiez comment ma famille et moi arrivons à garder la maison aussi bien « organisée ». Il se trouve simplement que ma femme, ma fille et moi ne possédons pas grand-chose, mais que tout ce que nous possédons ajoute de la valeur à notre vie. Chacun de nos objets (nos ustensiles de cuisine, nos vêtements, notre voiture, nos meubles) a une fonction bien précise. En tant que minimaliste, je trouve que chacune de mes possessions revêt une utilité, ou m'apporte de la joie. Le reste a disparu.

Une fois mon existence désencombrée, je me suis senti obligé d'aborder des questions plus profondes : *depuis quand est-ce que j'accorde une aussi grande valeur à mes biens matériels ? Qu'est-ce qui compte vraiment dans ma vie ? Pourquoi ai-je été si insatisfait jusqu'ici ? Quelle personne est-ce que je souhaite devenir ? Comment définir ma propre réussite ?*

Ces questions difficiles (les réponses le sont tout autant) se sont révélées beaucoup plus instructives que le simple fait de jeter tous mes objets superflus. Si on ne prend pas le temps d'y répondre avec attention et rigueur, alors les placards vidés ne tardent pas à se remplir à nouveau – et plus vite que prévu.

Tandis que je m'allégeais tout en affrontant ces questionnements existentiels, ma vie est devenue plus simple. Mes collègues n'ont pas tardé à remarquer un changement.

Tu parais moins stressé.

Tu sembles beaucoup plus calme.

Qu'est-ce qu'il t'arrive ? Tu as l'air beaucoup plus sympa !

Puis mon meilleur ami, Ryan Nicodemus (que je connais depuis l'équivalent américain du CM2), s'est décidé à me lancer :

— Joshua, depuis quand es-tu aussi heureux ?

Je lui ai parlé de cette chose appelée le minimalisme.

— C'est quoi ce machin ?

— Le minimalisme, c'est le machin qui nous permet de nous débarrasser des trucs, lui ai-je alors expliqué. Et justement, Ryan, je crois que cette histoire de minimalisme ne te ferait pas de mal non plus, parce que… eh bien, parce que tu en traînes un sacré paquet, de trucs.

Lieu de naissance d'un rêve

L'histoire de Ryan Nicodemus commence – comme beaucoup d'autres – par une enfance désagréable. Né dans une famille dysfonctionnelle (avant que le terme « dysfonctionnel » ne devienne à la mode), Ryan avait sept ans quand le mariage de ses parents a tourné au vinaigre. Après le divorce, il a vécu avec sa mère, puis avec son beau-père dans un grand mobile home, a été témoin d'abus de drogue, d'alcool et de violence physique en veux-tu, en voilà. Et, bien sûr, de problèmes d'argent.

La mère de Ryan avait beau vivre des allocations de l'État, ses soucis financiers constituaient sa source principale de mécontentement. L'argent représentait aussi un problème pour le père de Ryan, témoin de Jéhovah zélé à la tête d'une petite entreprise de peinture (ce qui ne l'empêchait pas d'avoir du mal à boucler les fins de mois et de vivre au jour le jour, sans économies ni projets d'avenir).

À l'approche de l'adolescence, Ryan passait la plupart de ses étés à travailler pour son père, à peindre et tapisser de somptueuses maisons : garages de plus de 900 m^2, piscines intérieures, pistes de bowling privées. Il avait beau ne pas aspirer à posséder ce genre de villas exubérantes, elles allaient néanmoins produire sur lui une impression durable.

Un jour d'été particulièrement étouffant, Ryan et son père entamaient un chantier dans une jolie maison dans la banlieue de Cincinnati (Ohio). Il ne s'agissait pas d'une villa à plusieurs millions de dollars, mais elle était très jolie, plus jolie que tout ce que Ryan avait connu jusque-là. Et le couple de propriétaires semblait si heureux ! Partout s'affichaient les visages souriants de leur famille et de leurs amis, semblant confirmer leur bonheur. Dans la maison, les objets (la télévision, la cheminée, les bibelots) occupaient le moindre recoin. Ryan se figurait très bien vivre là ; il imaginait à quel point il serait heureux de posséder cette maison et tous ces objets. Avant la fin du chantier, il a demandé à son père combien il lui faudrait gagner pour vivre dans une maison pareille.

— Mon fils, lui a répondu celui-ci, avec cinquante mille dollars par an, tu pourras sûrement te payer un endroit comme ça.

(Gardez à l'esprit que nous étions dans les années 1990. Pourtant, même à cette époque, une telle somme représentait bien plus que ce que les parents de Ryan pouvaient gagner en un an.) C'est donc devenu son objectif : cinquante mille dollars.

Une ligne d'arrivée en perpétuel mouvement

Au cours de notre dernière année de lycée, Ryan et moi discutions de nos plans pour l'avenir, assis à la table des parias.

— Millie (c'était mon surnom), je ne sais pas ce que je vais faire, m'expliquait Ryan, mais si je trouve le moyen de gagner cinquante mille par an, je serai heureux, c'est sûr.

Comme je n'avais aucune bonne raison de le contredire, c'est l'objectif que nous nous sommes fixé. En 1999, un mois après notre équivalent du bac, j'ai commencé à travailler comme commercial pour une société de télécommunications locale. Quelques années plus tard, j'ai accepté un poste de gérant de magasin et j'ai proposé à Ryan (employé par l'entreprise de son père et un centre de soin local) de rejoindre mon équipe. Il m'a suffi de lui indiquer le montant des commissions pour qu'il signe immédiatement.

En l'espace de quelques mois, Ryan est devenu le meilleur vendeur de mon équipe et il a rapidement atteint les cinquante mille dollars tant convoités. Pourtant, quelque chose clochait. Il n'était pas heureux. Il a repris ses calculs et a vite localisé le problème : il avait oublié de prendre l'inflation en compte. Peut-être que le bonheur se trouvait à soixante-cinq mille dollars. Ou à quatre-vingt-dix mille dollars. Peut-être fallait-il six chiffres. Ou posséder quantité d'objets. C'était sans doute ça, le bonheur. Où qu'il se cache, Ryan savait qu'une fois qu'il atteindrait ce palier, il serait enfin libre. Alors il a gagné toujours plus, dépensé toujours plus… en quête du bonheur. Mais si chaque achat le rapprochait du rêve américain, il l'éloignait aussi un peu plus de la liberté.

En 2008, moins de dix ans après la fin du lycée, Ryan affichait tous les attributs de la réussite. Il occupait un poste à l'intitulé impressionnant dans une entreprise respectable, touchait un salaire à six chiffres et gérait des centaines d'employés. Il s'achetait une voiture flambant neuve tous les deux ans, possédait une maison avec trois chambres, trois salles de bain et deux salons (un pour lui et un pour son chat). De l'avis de tout le monde, Ryan Nicodemus avait réussi.

Malheureusement, il affrontait aussi toute une ribambelle de problèmes invisibles de l'extérieur. Malgré ses revenus considérables, il était criblé de dettes. Poursuivre le bonheur lui coûtait bien plus que de l'argent : son existence était régie par le stress, l'angoisse et le mécontentement. Oui, il avait réussi aux yeux du monde, mais à quel prix ?

Une seule chose ne faisait aucun doute : il y avait un vide béant dans sa vie, qu'il tentait, comme tant d'autres personnes, de combler avec des objets. Beaucoup d'objets. Il achetait de nouvelles voitures, de l'électronique, des vêtements, des meubles et des accessoires de décoration intérieure. Et quand il n'avait pas assez sur son compte, il payait à crédit ses repas hors de prix, ses innombrables tournées et ses vacances, finançant ainsi un train de vie qu'il ne pouvait pas se permettre, dépensant de l'argent qu'il n'avait pas pour acheter des choses dont il n'avait pas besoin.

Il pensait finir par trouver le bonheur. Il devait forcément être là, pas loin, non ? Mais toutes ces choses ne comblaient pas le vide – au contraire, elles l'amplifiaient. Et parce que Ryan ne savait plus ce qui était vraiment important, il continuait à combler ce vide avec des objets, s'enfonçant dans les dettes, travaillant dur pour se payer des choses qui ne lui apportaient ni apaisement, ni joie, ni liberté. Ce cercle vicieux a duré des années. S'est répété autant de fois que nécessaire.

La descente aux enfers

Ryan approchait de la trentaine et, de l'extérieur, sa vie semblait parfaite. Hélas, à l'intérieur, il était à ramasser à la petite cuillère. Au fil du temps, l'alcool prenait de plus en plus de place dans sa vie. Avant la fin de chaque journée de travail, il se demandait qui rejoindre pour l'apéro. Rapidement, il s'est mis à boire tous les soirs – une demi-caisse de bière, une demi-douzaine de shooters. Parfois plus.

Ryan repartait souvent en voiture des bars ou des événements professionnels, complètement bourré. (S'il retrouvait son portefeuille et son téléphone le lendemain matin, la soirée avait été bonne.) Ça lui arrivait même si souvent qu'il a planté au moins trois de ses nouvelles voitures en rentrant chez lui. Il soupçonne un quatrième accident, mais le souvenir est trop flou. En réalité, aucune de ses nouvelles voitures n'a survécu plus de quelques mois après son achat. Étrangement, il n'a jamais été verbalisé pour conduite en état d'ivresse et, heureusement, n'a jamais blessé personne d'autre que lui-même.

Au cours de l'une de ses pires nuits, il se rappelle avoir vomi partout à plusieurs reprises, ruinant au passage la moquette du salon d'un de ses collègues, le gâteau d'anniversaire d'un ami, sa veste en daim à mille dollars et sa réputation. Le tout, en l'espace d'une seule nuit. On aurait dit un mauvais film, sauf que c'était la réalité. *Sa* vie, dont il perdait le contrôle, un verre après l'autre.

Et il n'y avait pas que l'alcool. La drogue a accéléré son déclin. Après une énième nuit de beuverie, quelques semaines après l'un de ses accidents de voiture, Ryan s'est réveillé avec un pouce cassé. *Pas de problème, ça aurait pu être pire.* Pour atténuer la douleur, le médecin urgentiste lui a prescrit du Percocet. Quelques mois plus tard, Ryan était complètement accro. Quand il n'obtenait pas d'ordonnance, il achetait illégalement Percocet, Vicodin, Oxycontin – n'importe quel opioïde sur lequel il pouvait mettre la main. La fracture du pouce associée à une profonde détresse a vite généré la prise de vingt (parfois jusqu'à quarante) antidouleurs par jour. Entre l'alcool et les médicaments, il dépensait chaque mois plus de cinq mille dollars pour oublier sa douleur – pour tolérer la vie qu'il s'était créée.

Puis l'overdose est arrivée. Dépassé par son désespoir (*mes relations sociales sont pourries, mon boulot est pourri, ma maison est pourrie, mes dettes sont pourries, mes affaires sont pourries, toute ma vie est pourrie*), Ryan a avalé tout un flacon de pilules. Il ne voulait pas se tuer, seulement que ça s'arrête. Il a survécu à l'événement pour se réveiller dans un hôpital psychiatrique où il a passé une semaine à dégriser sous la lumière oppressante des néons. Hélas, son séjour a entraîné une nouvelle dette médicale hors de ses moyens et il n'a pas tardé à se réfugier à nouveau dans l'alcool et les cachets, afin de disparaître à ses propres yeux.

Bien sûr, ses différentes relations ont souffert de son comportement. Il ne s'en rendait pas compte à l'époque, mais c'était l'agresseur type. Après son divorce, il a trompé presque toutes ses copines. Il a pris l'habitude de mentir – à tout le monde, à tout propos. Pour dissimuler ses secrets, il s'est éloigné de ses proches tant il avait honte de l'individu qu'il était devenu. Au lieu de passer du temps avec sa famille et ses amis, il fréquentait des personnes qui prenaient les mêmes drogues que lui.

Sa mère vivait à proximité, mais il ne la voyait presque jamais. Il prétendait être accaparé par son travail (ce qui était partiellement vrai) et elle s'en accommodait. En réalité, il était surtout accaparé par les médicaments, l'alcool et la vie de mensonge qu'il s'était construite.

Sous la jolie façade, la charpente tombait en miettes. Même avec sa gigantesque maison, les voitures neuves et les « bonnes » choses matérielles, Ryan ne parvenait pas à trouver de sens à sa vie ; elle manquait de but et de passion, de valeurs et de direction, de satisfaction et d'amour. Il s'est effondré – d'abord lentement, puis de plus en plus vite, et a fini par ne plus se reconnaître. L'homme qui se regardait dans le miroir de la salle de bains chaque matin n'avait plus rien de l'adolescent avec son rêve d'une vie heureuse à cinquante mille dollars.

Ryan travaillait toujours soixante, soixante-dix, voire quatre-vingts heures par semaine, négligeant les aspects les plus importants de la vie. Il délaissait sa santé, ses proches, sa créativité. Et pour couronner le tout, il stagnait : il n'évoluait plus et ne contribuait plus au-delà de lui-même.

Un lundi matin, au bureau, Ryan et moi parcourions un couloir aveugle après une énième réunion marketing sans saveur, et je lui ai demandé ce qui le passionnait. Encore en gueule de bois de sa nuit, il m'a regardé comme un lapin pris dans la lumière des phares. « Aucune idée. » Il ne se contentait pas de vivre de fiche de paie en fiche de paie, il vivait *pour* sa fiche de paie. Pour des objets. Pour une carrière qui ne lui apportait rien. Pour la drogue, l'alcool et les mauvaises habitudes. En fait, il ne *vivait* pas vraiment. Pas du tout. Il l'ignorait à l'époque, mais il était déprimé. Il n'était que la coquille vide de son moi potentiel.

Une fête d'un genre différent

Sur de nombreux plans, la vie de Ryan rappelait celle d'un centre commercial abandonné. Ces années de consommation excessive, de poursuite inlassable des plaisirs éphémères, de mise au second plan de l'humain, de quête de plus, plus, toujours plus, l'avaient empli d'un grand sentiment de vide. Plus personne. Plus de sens. Une carapace désertée.

Et puis, comme il s'approchait de la trentaine, il a remarqué un changement chez l'homme qui était son meilleur ami depuis déjà vingt ans : moi. Il m'a dit que j'avais l'air heureux, pour la première fois depuis longtemps. Mais il ne comprenait pas pourquoi. Nous avions travaillé côte à côte dans la même entreprise pendant notre vingtaine, avions grimpé les échelons coude à coude et, tout ce temps, j'avais été aussi malheureux que lui. Pour couronner le tout, je venais de vivre deux des épreuves les plus difficiles de ma vie (le décès de ma mère et la fin de mon mariage), je n'étais pas censé être heureux. Quand on y pense, je n'étais surtout pas censé être plus heureux que *lui* !

Alors Ryan a fait ce que tout bon ami aurait fait : il m'a invité à manger dans un grand restaurant (Subway). Pendant que nous dégustions notre sandwich, il m'a demandé : « Bon sang, pourquoi es-tu aussi heureux ? »

J'ai passé les vingt minutes suivantes à parler de mon cheminement vers le minimalisme. Je lui ai expliqué comment j'avais passé les derniers mois à simplifier ma vie, à me débarrasser de ce qui m'encombrait pour pouvoir laisser la place à ce qui importait vraiment.

En bon débrouillard surcompensateur qu'il est, Ryan a décidé de devenir minimaliste, là, tout de suite. Il m'a regardé par-dessus nos repas à moitié mangés et m'a annoncé avec enthousiasme : « Ok, je suis partant ! ». Il a bloqué pendant un petit moment en voyant ce qui devait ressembler à une grimace confuse s'afficher sur mon visage, une tête qui disait *hein ?*

— Je vais être minimaliste !

— Euh. Ok, j'ai répondu.

— C'est quoi le plan ?

Je l'ignorais. Je n'essayais pas de le convertir au minimalisme (ni lui, ni quiconque) et je ne savais pas quoi lui répondre. Je lui ai raconté mes huit mois d'épuration, mais c'était trop lent pour lui. Il voulait des résultats rapides.

Un instant plus tard, une idée folle m'est venue.

— Quand sommes-nous obligés de faire face à toutes nos possessions ?

— Quand ?

— Quand on déménage ! (J'avais déménagé moins d'un an auparavant.) Et si on faisait comme si tu déménageais ?

Et c'est ce que nous avons fait. En plein milieu de ce Subway, nous avons décidé d'emballer toutes les possessions de Ryan comme s'il déménageait. Pendant trois semaines, il déballerait seulement les choses dont il aurait besoin. (Et parce qu'il suffit d'ajouter « fête » à n'importe quoi pour que Ryan soit partant, nous avons baptisé cela la « Fête des cartons ».)

Le dimanche, j'ai conduit jusqu'à chez lui et je l'ai aidé à empaqueter toutes ses affaires : vêtements, ustensiles de cuisine, serviettes, matériel électronique, télévisions, photos encadrées, œuvres d'art, produits de beauté. Tout. Nous avons même recouvert ses meubles de draps, afin de les rendre inutilisables. Après neuf heures et deux livraisons de pizzas, tout était emballé et sa maison sentait le carton de haut en bas. Assis dans son deuxième salon, épuisés, nous avons regardé les boîtes s'empiler jusqu'à mi-hauteur des murs, pourtant hauts de trois mètres cinquante.

Tout ce que Ryan possédait – la moindre petite chose pour laquelle il avait travaillé au cours des dix dernières années – se trouvait dans cette pièce. Des boîtes, posées sur des boîtes, posées sur des boîtes. Chacune étiquetée, afin que l'on puisse facilement trouver les objets recherchés : « Tiroir à bordel », « Salon n° 1 », « Ustensiles de cuisine », « Placard de la chambre », « Tiroir à bordel n° 7 », ainsi de suite.

Il a passé les vingt et un jours suivants à déballer seulement ce dont il avait besoin : une brosse à dents, des draps, des tenues de travail, certains meubles, des casseroles et des poêles, une boîte à outils. Simplement les affaires qui ajoutaient de la valeur à sa vie. Au bout des trois semaines, 80 % de ses affaires étaient toujours emballés. À attendre. Dans des cartons intacts, dont Ryan peinait déjà à se rappeler le contenu. Toutes ces choses censées le rendre heureux ne remplissaient pas leur mission. Alors il a décidé de s'en débarrasser – de donner ou de vendre tout ce que renfermait cette jungle cartonnée.

À la fin de cette « fête » à rallonge, Ryan m'a confié se sentir libre pour la première fois de sa vie adulte – libre d'avoir éliminé tout ce qui l'encombrait pour laisser place au reste. Bien sûr, se débarrasser du superflu n'a pas changé sa vie ; simplement libéré l'espace pour les changements qui allaient survenir dans les semaines et les mois suivants.

Voir Ryan changer sa vie (en remettre les vestiges au propre et donner la priorité à de nouvelles habitudes épanouissantes, comme nous allons le voir tout au long de ce livre) équivalait à le voir reconquérir ce centre commercial métaphorique et abandonné, et le transformer en un espace collectif. Malgré les difficultés persistantes, il redonnait à son existence son intention initiale. Désormais, sa vie retrouvait du sens. Pour la première fois depuis très longtemps (peut-être la première fois tout court), il voyait plus loin que son nombril. Il s'est mis à s'intéresser à la communauté davantage qu'à la consommation, aux gens plus qu'aux choses, à donner plus qu'à prendre. C'est souvent ce qui arrive quand la gloutonnerie s'estompe : l'égoïsme se dissipe aussi et laisse de la place aux autres. Ryan a réalisé qu'il n'était pas le centre de l'univers.

The Minimalists

Un mois après ce grand débarras, enthousiasmé par cette nouvelle vie dont la perspective avait été complètement modifiée, Ryan a réalisé que cette satisfaction nouvellement trouvée pourrait très certainement intéresser et aider d'autres personnes, si seulement il parvenait à partager son histoire de façon efficace. Comme il savait que l'écriture me passionnait depuis longtemps, lui et moi avons fait ce que tous bons copains trentenaires en 2010 auraient fait : commencer un blog. *TheMinimalists.com* était né.

Après la mise en ligne, le 14 décembre, il s'est passé une chose inattendue : cinquante-deux visites en un mois ! Certes, cela semble bien peu, mais Ryan et moi jubilions : plusieurs dizaines de personnes trouvaient notre message intéressant.

Très vite, une incroyable dynamique s'est enclenchée et nos cinquante-deux lecteurs sont devenus cinq cents, puis cinq mille ! Désormais, nous avons le privilège de partager notre message minimaliste avec des millions de personnes chaque année. Manifestement, lorsque vous ajoutez de la valeur à la vie des gens, ils ont envie de partager votre histoire avec leurs amis et leur famille – d'ajouter à leur tour de la valeur à leurs vies.

L'amélioration des conditions de vie fait partie des réflexes primaires.

Dix ans après avoir simplifié nos vies, Ryan et moi sommes connus ensemble sous le nom de *The Minimalists* et nous aidons plus de vingt millions de personnes dans le monde à retrouver une vie épanouissante avec moins de choses – tout ceci grâce à ce message simple : désencombrer permet de laisser la place à ce qui importe vraiment.

Qu'est-ce que le minimalisme ?

À première vue, on pourrait croire que le minimalisme se limite à se détacher des possessions matérielles. À désencombrer. Simplifier. Éliminer. Jeter. Se séparer. Épurer. Dire au revoir.

Si c'était le cas, alors il suffirait de louer une benne et de tout balancer pour jouir instantanément du bonheur éternel. Or, évidemment, vous aurez beau tout jeter, il se peut que vous restiez malheureux comme une pierre. Voire qu'une maison vide empire votre mal-être, car vous serez privé de tous les objets qui vous faisaient du bien.

En effet, l'élimination de l'excès représente une étape essentielle de la recette – non sa finalité. Bien sûr, vous serez soulagé d'un poids, mais vous n'accéderez pas à un bonheur durable sans prendre un peu de recul pour considérer le tableau dans son ensemble.

En réalité, le problème n'est pas la consommation en soi – c'est la consommation irréfléchie. Et nous pouvons influer sur ce point en pesant davantage nos décisions quotidiennes. Ok, nous avons tous besoin de certaines choses, la clé étant d'en posséder la bonne quantité – de bonnes choses, s'entend – et de se séparer du reste. C'est ici que le minimalisme entre en jeu.

Contrairement aux idées reçues, les minimalistes ne se focalisent pas sur le principe de posséder moins (toujours moins et encore moins), mais sur celui de faire de la place pour plus : plus de temps, plus de passion, plus de créativité, plus d'expériences, plus de contribution, plus de satisfaction, plus de liberté.

Désencombrer libère de la place pour les éléments intangibles qui rendent la vie épanouissante.

De crainte de s'aventurer hors de leurs frontières culturelles, certaines personnes renoncent à simplifier leur vie car elles refusent l'étiquette « minimaliste » jugée extrême, radicale, subversive.

Alors, si le minimalisme vous semble trop austère, n'hésitez pas à le renommer à votre guise : choisissez le terme en *-isme* qui vous plaît : intentionnal*isme*, juste-le-nécessair*isme*, séléctiv*isme*, essential*isme*, simplifical*isme*, vivre-en-fonction-de-vos-moyens*isme*. Peu importe comment vous l'appelez, le minimalisme vous aidera à déterminer ce qui est vraiment important – donc, pas les objets ni les biens matériels. Loin de là.

D'accord, me direz-vous, mais comment distinguer ce qui importe du reste ?

C'est tout l'objet de ce livre.

Il ne s'agit pas d'un manuel de rangement. (Il en existe déjà un grand nombre.) Oui, nous vous présentons des conseils pratiques pour vous séparer du superflu, mais notre véritable objectif est de vous mener au-delà de l'étape du tri (la plus facile). De vous guider parmi toutes les possibilités qui s'offrent à vous une fois votre vie désencombrée. De vous accompagner tout au long de ce processus difficile qu'est l'apprentissage de la vie délibérée. Et oui, cela commence par les objets – à part qu'une fois que vous vivrez avec *moins*, ce livre vous montrera comment faire de la place pour le bon type de *plus*.

Aimer les gens, utiliser les choses

Le titre de ce livre nous a été inspiré par deux improbables muses. D'abord, le vénérable Fulton J. Sheen qui, aux alentours de 1925, a déclaré : « Souvenez-vous d'aimer les gens et utiliser les choses, plutôt que d'aimer les choses et utiliser les gens. » Presque chaque jour de mon enfance, j'ai vu cette épigramme encadrée et décorée sur le mur au-dessus du lit de ma catholique de mère. Puis, près d'un siècle plus tard, la superstar du pop-rap, Aubrey « Drake » Graham, chantait « *I wish you would learn to love people and use things and not the other way around* » (J'aimerais que tu apprennes à aimer les gens et à utiliser les choses, et pas l'inverse). Nous avons donc remanié l'idée pour créer le slogan des Minimalistes : *Aimez les gens et utilisez les choses, parce que l'inverse ne fonctionne jamais*, qui conclut chaque épisode de notre podcast. Lorsque Ryan et moi clôturons nos événements avec cette phrase, la foule la reprend souvent à l'unisson. Quelques âmes courageuses se la sont même fait tatouer sur le corps afin de s'en souvenir au quotidien.

En soi, le minimalisme n'est pas une idée récente : le concept remonte aux stoïciens, à toutes les grandes religions et, plus récemment, à Ralph W. Emerson, Henry D. Thoreau et Tyler Durden. En revanche, nous affrontons un problème relativement récent : jamais au cours de l'histoire l'être humain n'a été autant séduit par le matérialisme, ni aussi prompt à se détourner de ses proches pour acquérir des montagnes de choses inutiles.

Grâce à ce livre, nous souhaitons éclairer d'un jour nouveau les solutions minimalistes qui ont fait leurs preuves, une leçon à la fois. L'objectif n'étant pas de vous soustraire au monde moderne, mais de vous indiquer des pistes pour que vous vous y sentiez mieux.

Comment vivre en toute confiance, sans tous les biens matériels dont nous sommes convaincus qu'ils sont nécessaires ? Comment mener une existence plus intentionnelle et plus épanouissante ? Comment redéfinir nos priorités ? Comment transformer le regard que nous portons sur nous-mêmes ? Comment obtenir ce que nous voulons de la vie ?

Ryan et moi explorons ces questions via les sept relations essentielles qui nous façonnent : aux objets, à la vérité, à nous-mêmes, à nos valeurs, à l'argent, à la créativité et aux autres. Ces rapports s'entrecroisent dans nos vies de façon inattendue, dessinent des schémas destructeurs qui se répètent fréquemment et que nous tendons à dissimuler sous l'accumulation matérielle sans les étudier plus en détail. Entre confrontation et exploration, ce livre vous propose des outils pour combattre le consumérisme et remettre les compteurs à zéro, pour un avenir plus épanoui.

Ryan et moi croyons fermement qu'en pointant du doigt nos défauts et en travaillant au grand jour sur nos problèmes, nous pouvons aider les autres à affronter les leurs et à surmonter la honte des décisions passées. (Je dirai même plus : ce livre nous donne le cran de vider notre sac.) Tout au long de ces pages, de nombreuses études ainsi que des avis d'experts viendront appuyer notre propos pour nous permettre de décortiquer toutes ces façades de fausses vérités, et de venir en aide à toutes celles et tous ceux qui dissimulent leur honte sous une montagne d'objets inutiles – comme nous le faisions, nous aussi.

Comment bénéficier pleinement de ce livre

Au fond, chaque bon livre a deux objectifs : *transmettre* un message important et *exprimer* un message profond sur le monde. Il arrive souvent que les ouvrages non fictionnels se contentent du premier. Bien que Ryan et moi souhaitions transmettre nos connaissances acquises au fil des années, nous tenons à les cimenter grâce à des histoires expressives, pour des leçons aussi concrètes que mémorables.

D'après l'écrivain Derek Sivers, « Un bon livre modifie votre esprit, un très bon livre modifie vos actions ». Je crois que nous avons écrit un bon livre, qui a le potentiel de changer votre esprit – toutefois, il ne tient qu'à vous de le rendre très bon. Alors, en lisant ces chapitres, soulignez et surlignez les passages qui vous parlent. Gribouillez des commentaires dans la marge. Achetez un nouveau carnet (ou, encore mieux, ouvrez enfin un des nombreux carnets que vous avez accumulés) et faites-y les exercices proposés à la fin de chaque chapitre. Et surtout, agissez.

D'après le « Cône d'apprentissage » de l'éducateur américain Edgar Dale, nous retenons :

10 % de ce que nous lisons,
20 % de ce que nous entendons,
30 % de ce que nous voyons,
50 % de ce que nous voyons et entendons,
70 % de ce dont nous discutons avec d'autres personnes,
80 % de ce que nous expérimentons personnellement,
95 % de ce que nous enseignons aux autres.

Si vous lisez ce livre sans en appliquer concrètement les leçons, alors vous passerez à côté de sa raison d'être. C'est bien de commencer par absorber l'information, mais seule *l'action* changera votre vie. Et si vous voulez vraiment retenir les informations de ce livre, parlez-en avec d'autres personnes (et même, envisagez de leur transmettre ce que vous avez appris).

Pour vous aider à retenir autant de leçons que possible, Ryan, le « mentor » des Minimalistes, a complété chaque chapitre par un petit bilan et cinq questions pour vous orienter dans vos réflexions. Ces questions s'accompagnent d'une liste de cinq choses « à faire / à ne pas faire » en lien avec le thème abordé – des actions précises que vous pourrez immédiatement introduire dans votre quotidien. Prenez le temps de bien répondre à ces questions, puis mettez en application les « à faire / à ne pas faire », avant de passer à la partie suivante – cela vous permettra d'assimiler votre lecture plus facilement.

Au fil des pages, vous constaterez sans doute qu'*Aimer les personnes, utiliser les choses* n'est pas un simple guide pratique – c'est aussi un guide explicatif. Notre objectif est que vous refermiez chaque chapitre en ayant retenu des conseils concrets sur *la façon* de changer votre vie, et les histoires passionnantes que vous lirez vous fourniront les exemples dont vous aurez besoin pour vous rappeler *pourquoi* le changement est nécessaire. L'association des solutions et des explications vous offrira la recette idéale pour une transformation durable.

I
RELATION AUX OBJETS

J'ai rencontré pour la première fois Jason et Jennifer Kirkendoll lors d'un de nos événements publics. Ils m'ont raconté s'être mariés à vingt-quatre ans, pleins d'espoir pour l'avenir. Avant de s'en rendre compte, ils vivaient le rêve américain : quatre enfants, deux chiens, un chat et une maison aux abords de Minneapolis. Jason travaillait pour une grande société d'assurance ; Jennifer était mère au foyer.

Malheureusement, le rêve a viré au cauchemar.

La maison ne suffisait plus pour leur mode de vie en constante extension. Alors ils en ont trouvé une plus grande, dans une banlieue plus éloignée, s'engageant pour un crédit sur trente ans, plus lourd, et pour des trajets plus longs.

L'expansion ne s'est pas arrêtée là. Pour conserver les apparences, ils changeaient régulièrement de voiture et encombraient leur dressing de vêtements de marque. Pour soulager leur anxiété, ils allaient faire du shopping le week-end. Ils abusaient de malbouffe, de télé-poubelle et de bêtises sur Internet, troquant une vie épanouissante contre des satisfactions éphémères.

Pourtant, ce n'était pas encore assez.

Avant d'avoir fêté leurs trente-cinq ans, Jason et Jennifer croulaient sous les problèmes. Les plus graves étant leurs soucis d'argent. Même avec les heures supplémentaires, les horaires inhumains de Jason ne suffisaient plus à les maintenir à flot, et Jennifer dut trouver un emploi à mi-temps pour garder les huissiers à distance : cartes de crédit, frais automobiles, prêts étudiants, frais de scolarité pour école privée, crédit de la maison.

Hélas, les soucis d'argent dissimulaient des problèmes beaucoup plus profonds.

Leur vie sexuelle était au point mort.
Leur vie professionnelle ne les satisfaisait pas.
Ils se cachaient mutuellement des achats.
Ils se mentaient à propos de leurs dépenses.
Ils ignoraient leurs désirs créatifs.
Ils se tenaient mutuellement pour acquis.
Ils étaient mesquins, amers.
Ils avaient honte de qui ils étaient devenus.

Dix ans après leurs noces, ils se sentaient anxieux, dépassés et stressés. Ils avaient perdu leur idéal de vue et gaspillé leurs ressources les plus précieuses (leur temps, leur énergie, leur attention) dans des babioles stériles. Les jeunes amoureux exubérants et pleins d'espoir qui avaient échangé leurs vœux avaient disparu dans le rétroviseur.

Bon.

La seule façon pour eux de tromper leur insatisfaction était de ne jamais descendre du tapis roulant hédonique – de dépenser de l'argent qu'ils n'avaient pas, pour acheter des choses dont ils n'avaient pas besoin, pour impressionner des gens qu'ils n'aimaient pas. Ils priaient leurs nouveaux dieux-objets sur l'autel du consumérisme.

Puis, le matin de Noël 2016, ils ont entrevu une nouvelle perspective. Face au sapin allégé de ses offrandes matinales, Jennifer zappait sur Netflix (comme tant de fois auparavant) quand elle est tombée sur *Minimalism: A Documentary About the Important Things*. Au fil de ce documentaire (réalisé par Matt D'Avella[1] et consacré à notre parcours, à Ryan et moi), elle s'est mise à comparer les vies simples présentées à l'écran avec les montagnes d'emballages, de boîtes vides et de cadeaux intacts qui jonchaient le sol de son salon. Moins de quatre heures s'étaient écoulées et ses enfants s'étaient déjà lassés de la moitié de leurs nouveaux jouets. Et le présent conjugal de rigueur offert par Jason (acheté avec *leur* carte de crédit) était déjà de retour dans sa boîte, remisé au fond d'un placard, à peine effleuré et déjà sans intérêt… à l'image de la plupart de leurs possessions.

Jennifer repensait à l'université.

La vie semblait si simple, à l'époque.

---

1. Si vous n'êtes pas encore fan de Matt D'Avella, rendez-vous service et abonnez-vous à sa chaîne YouTube YouTube.com/mattdavella. Il ne tardera pas à devenir votre réalisateur de film minimaliste préféré.

À quel moment est-ce que tout était devenu compliqué ?

Le mot *complexe* dérive de la racine latine *complect* : entrelacer deux ou plusieurs choses. Jason et Jennifer avaient entremêlé tellement de biens matériels, de distractions et d'obligations inutiles à leur vie quotidienne qu'ils ne parvenaient plus à différencier le superflu de l'essentiel.

De son côté, le mot *simple* partage une racine latine avec *simplex* qui signifie « n'avoir qu'une seule partie ». La simplicité est donc le contraire de la complexité, et ce que l'on appelle « simplifier » consiste en réalité à décomplexifier nos vies (retirer ce qui n'est plus utile aux structures complexes que nous avons créées), car tout ce qui est trop complexe finit par s'emmêler.

Jennifer le savait : pour que sa famille soit de nouveau heureuse un jour (et parvienne à retrouver le sens des vraies priorités), un changement s'imposait. Une simplification. Comme elle ignorait par où commencer, elle s'est tournée vers le monde virtuel.

Sur Internet, Jennifer a découvert de nombreuses personnes ayant simplifié leur vie grâce au minimalisme. Colin Wright (entrepreneur trentenaire du Missouri) a laissé tomber ses semaines de cent heures pour voyager autour du monde avec seulement cinquante-deux objets dans son sac à dos. Courtney Carver (épouse et mère d'une adolescente à Salt Lake City) s'est débarrassée de 80 % de ses possessions matérielles pour se concentrer entièrement au traitement de sa sclérose en plaques. Joshua et Kim Becker (des parents du comté de Phoenix) se sont séparés de tout le superflu pour fonder une association à but non lucratif et construire des orphelinats le long de la frontière entre le Mexique et les États-Unis. Leo Babauta (époux et père de six enfants à Guam) a arrêté de fumer, perdu quarante kilos et a fait déménager toute sa famille en Californie pour enfin vivre son rêve de devenir écrivain à temps plein.

La toile regorge de dizaines d'histoires inspirantes de ce genre. Malgré la grande diversité des profils (parents mariés, célibataires sans enfant, femmes et hommes, jeunes et vieux, riches et pauvres), Jennifer a remarqué au moins deux points communs récurrents. Premièrement, ces personnes mènent des existences délibérées et épanouissantes : il s'agit de personnes passionnées, déterminées à réaliser leurs projets, et aux vies beaucoup plus riches que tous les soi-disant « riches » que Jennifer avait pu rencontrer jusque-là. Deuxièmement, toutes ces personnes attribuent leur qualité de vie à cette chose appelée *minimalisme*.

Et, bien sûr, il y avait notre histoire à nous, les Minimalistes. À cette époque, Ryan et moi étions deux personnes lambda de trente-cinq ans (comme Jason et Jennifer) du Midwest (idem) qui étions parvenues à vivre le rêve américain (ibidem) avant de nous éloigner de notre style de vie surconsumériste pour mener une vie plus épanouissante et dotée de davantage de sens.

Face à ce nouveau monde merveilleux, Jennifer bouillonnait d'envie de faire table rase. De son côté, Jason restait sceptique, mais les preuves étaient accablantes et, au fond, il savait bien qu'ils devaient réagir.

Galvanisés par l'excitation (et la peur) de procéder à un grand tri, ils ont donc loué une benne et l'ont installée à côté de leur maison pleine à craquer. Pendant le week-end du Nouvel An, ils ont commencé par jeter tout ce qu'ils n'avaient pas utilisé au cours de la dernière année : vêtements, cosmétiques, jouets, livres, DVD, CD, matériel électronique, ustensiles, assiettes, tasses, mugs, accessoires pour animaux, outils, meubles, équipements coûteux – même une table de ping-pong. Tout devait disparaître.

Ils ont trié rageusement.
Après une semaine, leur maison paraissait différente.
Le désordre physique se dissipait.
L'encombrement visuel diminuait.
L'écho de leur maison semblait nouveau.
Était-ce le son de la simplicité ?

Le mois de janvier 2017 touchait à sa fin, Jason et Jennifer avaient presque terminé de débarrasser leur maison du superflu. Dans une semaine, la benne serait partie et des années d'entassement non intentionnel quitteraient leur vie pour toujours.

Ils accomplissaient des progrès notables. Leurs placards, leur sous-sol et leur garage s'organisaient. Les meubles remplissaient une fonction précise. Les choses étaient en ordre. Jason et Jennifer respiraient mieux. Riaient plus. Se montraient plus agréables. Se comportaient à nouveau comme une famille. Tout ce qu'ils possédaient avait un rôle, le reste avait disparu. Leur maison était redevenue un foyer. Leurs priorités retrouvaient le premier plan et, à cette pensée, une vague de calme les submergeait.

Soudain, l'inattendu.

Le mardi précédant l'enlèvement de la benne, celle-ci a pris feu (pour une raison toujours inconnue). Le temps que Jennifer et Jason reviennent du travail, leur maison avait été entièrement détruite par les flammes. Même ce qu'ils souhaitaient garder.

Heureusement, les enfants se trouvaient à l'école au moment de la conflagration, et les trois animaux ont pu s'enfuir par la trappe située à l'arrière de la maison. Mais tout le reste a disparu. Sans la moindre exception.

Les larmes aux yeux, Jason, Jennifer et leurs enfants ont observé les ruines brûlantes, le regard vide. Comment cela avait-il pu se produire ? Après toutes ces années de travail acharné, de réussite et d'accumulation, il ne leur restait plus rien. Rien du tout.

C'était terrifiant.
C'était déprimant.
C'était…
Libérateur ?

Les semaines précédentes avaient déjà entraîné leur capacité à trier et à jeter. À la suite de cet incendie, ils ont réalisé qu'ils pouvaient se séparer de tout. Absolument tout.

Leurs enfants étaient sains et saufs. Leur famille intacte. Et leur relation de couple, bien plus satisfaisante que quelques mois auparavant. Leur avenir n'appartenait qu'à eux. Pour la première fois de leur vie adulte, Jennifer et Jason n'étaient plus retenus par le mode de vie, les possessions et les attentes qui les avaient limités jusque-là. Ils avaient décomplexifié leur toile. Et tandis que l'incendie d'une benne avait réduit en fumée (littéralement) ce qui leur posait problème, ils se trouvaient projetés dans une vie simple.

Un mois avant, un tel revers de fortune les aurait dévastés. Or dans leur nouvelle perspective, ils ont vécu l'incendie comme une avancée importune. Désormais, et sans tous ces bâtons dans leurs roues, leur unique question se résumait à : *qu'allons-nous faire de cette nouvelle liberté ?*

Se libérer des impulsions

Je ne compte plus le nombre de personnes dont l'histoire ressemble à celle de Jason et Jennifer (sans l'incendie de benne, évidemment). La plupart d'entre nous, les Occidentaux, cherchons désespérément le bonheur dans des achats impulsifs, des plaisirs éphémères et les trophées de nos ostensibles réussites. En vérité, nos mauvaises décisions (et, ironie de la situation, notre insatisfaction) découlent de ce désir d'être heureux… car nous associons le bonheur à la gratification instantanée.

Or, le sens même du mot bonheur fluctue et varie selon les personnes. Pour certaines, il est synonyme de plaisir. Pour d'autres, d'épanouissement. Pour d'autres encore, de contentement ou de satisfaction. Pour certains penseurs érudits, de bien-être.

À cela j'opposerai toutefois que ces personnes ne cherchent pas le bonheur, mais la *liberté*. Et que le véritable bonheur – soit le bien-être durable – en est un produit dérivé.

La liberté. Ce simple mot évoque des myriades d'images : un drapeau flottant fièrement dans le vent, un héros de guerre de retour chez lui, un aigle planant au-dessus d'un canyon. Mais la liberté, la vraie, émeut au-delà de ces belles images et implique un élément plus abstrait.

Quand on pense à la liberté, on pense souvent à faire ce que l'on veut, quand on le veut.

Ce qu'on veut.
Quand on veut.

Réfléchissez deux minutes, et vous vous rendrez compte qu'il ne s'agit pas de liberté, mais de tyrannie auto-infligée.

(Livrée à elle-même, Ella, ma fille de six ans, sera ravie de faire « ce qu'elle veut » : jeter ses jouets à travers la pièce, regarder des vidéos YouTube à n'en plus pouvoir, se goinfrer de gâteau au chocolat, refuser de se brosser les dents, jouer sur la route, et j'en passe.)

S'ils font du bien sur le moment, ces choix malheureux s'accumulent… jusqu'au jour où nous récoltons les fruits pourris de nos erreurs. Au fil du temps, nos mauvaises décisions génèrent de mauvaises habitudes qui nuisent à nos relations, jusqu'à finalement nous éloigner de notre objet de quête initial.

J'en veux pour preuve toute la batterie d'euphémismes imaginés pour décrire notre manque de liberté.

Retenus.
Enchaînés.
Attachés.
Piégés.
Coincés.

En réalité, ce que nous entendons par là, c'est la perte de contrôle. Nous ne disposons plus de la discipline nécessaire pour nous libérer de nos entraves : nous sommes retenus par le passé, enchaînés à nos carrières, attachés à une relation, piégés par nos dettes, coincés dans cette ville à la noix.

Encore pire, certaines possessions et réussites donnent l'apparence de la liberté (voitures de sport flamboyantes, villas démesurées, promotions glorieuses) bien qu'elles n'en soient souvent qu'un simulacre. Mon concitoyen moyen se dresse sur sa pelouse minutieusement soignée, emprisonné derrière la clôture de son rêve américain.

Certes, ce tableau est un peu dramatique, mais il illustre un point important : la véritable liberté se niche au-delà des accessoires et des décors. Et pour l'atteindre, nous devons nous aventurer au-delà des magnifiques (mais trompeuses) clôtures que nous avons nous-mêmes érigées.

La véritable liberté implique tellement plus que les possessions matérielles, la richesse et la réussite au sens traditionnel ! Elle ne se décortique pas sur un tableur Excel – c'est une abstraction. Mais, contrairement à la distance et au temps, nous ne disposons pas d'unité pour la mesurer… Voilà pourquoi elle est si difficile à appréhender. Alors à la place, on se cantonne à ce que l'on peut compter : argent, babioles, clics sur les réseaux sociaux – des unités de mesure incapables d'apporter le sens, la rigueur et les récompenses de la véritable liberté.

Et plus nous poursuivons ce mirage, plus nous nous éloignons du but. Lorsque cela se produit, nous finissons même par nous sentir menacés par la liberté des autres. Alors nous protégeons notre magot, remettons en question quiconque approche la vie différemment de nous, et nous cramponnons fermement au statu quo, de crainte que le non-conformisme d'autrui fasse affront au nôtre. Si autrui est libre, alors nous ne le sommes pas.

Or la liberté des uns ne prive pas les autres de la leur. La vague montante de la liberté – la véritable – emporte tous les bateaux, gros ou petits, tandis que le mirage ne fait que les conduire à s'échouer.

Certes, à l'image du doudou qui sécurise un enfant, le mirage réconforte – seulement, ce n'est pas le doudou qui assure la sécurité de l'enfant. La sécurité provient de notre capacité à aller de l'avant, à nous libérer de nos entraves et à nous rapprocher de l'essentiel.

Le consumérisme titille

Nos possessions matérielles reflètent notre bien-être intérieur. Il faut donc commencer par régler son compte à notre désordre externe avant de penser à réparer nos autres relations et rapports essentiels.

Changer notre rapport aux objets n'est pas facile. Même moi, Minimaliste en titre, je lutte encore contre le chant des sirènes du consumérisme. J'aimerais pouvoir vous dire que Ryan et moi nous sommes débarrassés de nos possessions superflues, avons simplifié nos vies et n'avons plus jamais ressenti le désir d'acheter des biens matériels supplémentaires.

J'aimerais bien.

Mais cette veste, là, m'irait tellement bien.

Comme la paire de chaussures dans le bandeau de cet e-mail.

Partout où le regard se pose.

Le jean slim sur le panneau de l'autoroute.

Le shampooing de la pub à la télévision.

Le maquillage dans la vitrine de la pharmacie.

Les pilules de régime miracle vantées à la radio.

Le matelas dont votre podcast préféré fait la promo.

La télévision à écran plat dans le supplément de votre journal.

La maison de vacances présentée dans votre émission de rénovation immobilière.

La Mercedes-Benz sur votre fil Instagram.

La Rolex au dos de votre magazine.

Pourtant, une Rolex ne vous offrira pas plus de temps. Une Mercedes ne vous conduira pas plus vite à votre destination. Et une maison de vacances ne vous vaudra pas plus de jours de congé. En général, c'est même le contraire. Nous tentons d'acheter ce qui n'a pas de prix : le temps. Nous sommes prêts à travailler plusieurs centaines d'heures pour nous payer une montre hors de prix, plusieurs années pour rembourser une voiture de luxe, et toute notre vie pour pouvoir nous offrir une maison de vacances. En d'autres termes, nous sommes prêts à sacrifier notre temps pour une illusion de temps.

Ne vous méprenez pas, Rolex et Mercedes fabriquent sans doute des produits de haute qualité, et il n'y a rien de mal en soi dans les objets eux-mêmes. Le vrai problème réside dans l'idée que ces choses rendront votre vie plus belle, plus épanouissante ou plus complète. Or elles ne feront pas de vous une personne plus « complète ». Au mieux, les objets que nous introduisons dans nos vies nous aident à être plus productifs, ou bien nous apportent un confort supplémentaire. Autrement dit, ils peuvent améliorer une existence déjà épanouissante, mais ne peuvent pas lui apporter de sens si elle en est dénuée.

Petite histoire de la pub moderne

Le complexe industriel moderne nous chante qu'acquérir toutes les bonnes choses (la voiture, les produits de beauté, les vêtements) nous rendra heureux. Et le répète, encore et encore. D'après le magazine économique *Forbes*, les Américains sont exposés à quatre mille à dix mille publicités par jour.

(La simple recherche de cette statistique m'a d'ailleurs valu d'en voir plusieurs dizaines.)

Je ne dis pas que toute publicité est le diable par nature, ni même mauvaise, car toutes ne sont pas égales – leur éventail est large, depuis les publicités instructives à celles totalement destructrices.

En latin, *advertere* signifie « tourner vers », et c'est exactement l'objectif des pubs et des agences d'aujourd'hui : tourner votre regard vers leurs produits et services, à grands coups de budgets extravagants. Et si la demande pour un produit peine à absorber l'offre, aucun problème ! Une enveloppe bien garnie suffira à créer une fausse demande.

Ces dernières années, la dépense mondiale en publicité a dépassé les cinq cents milliards de dollars par an. Même le fait d'écrire tous ces zéros – 500 000 000 000 – ne permet pas de percevoir l'énormité de cette somme.

Bon. Ça pourrait être pire. Après tout, il ne s'agit que d'argent dépensé dans le but de transmettre des informations utiles, n'est-ce pas ?

Mouais.

Avant le XXe siècle, la publicité servait principalement à mettre en relation les producteurs de biens avec les consommateurs qui avaient vraiment besoin de ces biens. Mais ensuite, « [aux États-Unis] la publicité s'est largement développée au fur et à mesure que l'industrialisation augmentait l'offre en produits manufacturés. Avec l'objectif de profiter de ce taux élevé de production, l'industrie a dû recruter des employés qui deviendraient eux-mêmes des consommateurs des produits de cette industrie. Elle y est parvenue grâce à l'invention de [la publicité], conçue pour influencer le comportement économique de la population à grande échelle.[1] »

Dans les années 1920, grâce à Edward Bernays (parfois surnommé le père de la publicité et des relations publiques modernes), les publicitaires ont adopté la doctrine selon laquelle les instincts humains peuvent être « ciblés et exploités ». En bon neveu de Sigmund Freud, Edward Bernays s'est rendu compte que le ciblage des désirs inconscients des consommateurs (d'après lui les « motivations réelles de l'action humaine ») s'avérait beaucoup plus efficace en termes de ventes que la sollicitation de leur esprit rationnel (méthode classique). Depuis, nous avons connu un siècle d'agences de pub s'immisçant toujours plus loin dans les profondeurs de la psyché humaine.

Les publicitaires sont devenus si forts qu'ils parviennent même à nous vendre de la merde en nous persuadant que c'est bon pour nous. Littéralement. Il suffit d'observer l'omniprésence de la malbouffe.

La solution à des problèmes qui n'existent pas

Avance rapide jusqu'à aujourd'hui, avec l'un des exemples les plus flagrants de l'avidité et de l'influence toujours croissante des publicitaires : le

---

1. *Consciences sous influence, Publicité et genèse de la société de consommation,* Stuart Ewen.

Sildenafil, médicament fabriqué à l'origine pour traiter l'hypertension et dont les essais cliniques ont vite révélé l'inefficacité. En toute logique, cette inefficacité aurait dû en signer la disparition pure et simple.

C'était sans compter sur les publicitaires.

Dans les érections prolongées constatées chez plusieurs sujets mâles au cours des essais, les fabricants du Sildenafil ont identifié une solution en quête désespérée de son problème. Ils ont donc engagé une agence publicitaire qui s'est empressée d'inventer l'expression « dysfonction érectile », et *bingo !* le Viagra était né. D'un problème plutôt mollasson, on est passé à une pilule bleue qui rapporte trois mille milliards de dollars annuels.

Bien sûr, l'exemple du Viagra reste plutôt anodin. Il existe en revanche moult produits pharmaceutiques dont les effets secondaires si nombreux obligent à recourir à des paysages idylliques, à des sourires enjôleurs et à des acteurs incroyablement convaincants pour faire oublier des termes aussi rébarbatifs que « saignements rectaux », « amnésie » et « pensées suicidaires ».

Dans un monde sain d'esprit, induire en erreur pour vendre des médicaments nocifs serait un acte criminel. D'ailleurs, dans la réalité, c'est souvent le cas : il est illégal dans tous les pays du monde (à part aux États-Unis et en Nouvelle-Zélande) de faire de la publicité pour les médicaments.

Mais ici, nous laissons le tout-puissant dollar se mettre en travers de notre route.

Lors d'une interview pour le magazine *Forbes* en 1976, Henry Gadsden, alors PDG de Merck & Co[1], a expliqué préférer vendre des médicaments aux personnes en bonne santé, car elles disposent de plus d'argent. Depuis lors, de nouveaux « traitements » ne cessent d'inonder le marché.

Veuillez toutefois ne pas interpréter ce passage comme une diatribe anti-« pilule miracle ». D'après les différentes recherches, le Viagra semble un médicament relativement bénin, qui ne poserait pas vraiment de problème en soi. Ce sont les publicités payées qui posent problème.

De nombreuses agences publicitaires font ainsi appel à des rédacteurs, à des démographes, à des statisticiens, à des analystes et même à des psychologues dans le but de nous faire renoncer à l'argent amassé sur nos comptes bancaires. Une agence douée transformera même l'avertissement en argument de vente (« Consultez votre médecin si votre érection dure plus de quatre heures »).

Je ne sais pas pour vous, mais moi je consulterais plutôt ma femme.

Pour votre gouverne, le Viagra n'est bien évidemment pas l'unique produit à avoir été détourné de son utilisation initiale. Saviez-vous que les bains de bouche Listerine servaient auparavant de nettoyant pour sols, que le Coca-Cola a été conçu comme alternative à la morphine ou que l'objectif initial des

1. Ndt : Un des plus gros groupes pharmaceutiques américains.

Graham Crackers[1] était de détourner les jeunes hommes de la masturbation ?

Vendre la rareté

Pourquoi les publicités s'inscrivent-elles toujours dans l'urgence ?

Maintenant ou jamais !
À saisir !
Dans la limite des stocks disponibles !

Pour leur très grande majorité, ces limites artificielles induites par les publicitaires relèvent de l'imaginaire.

En vérité, si vous « loupez » les prétendues soldes, vous vous en sortirez très bien, car les marques réfléchissent en permanence à de nouveaux moyens de vous vendre quelque chose *aujourd'hui*. En même temps, quel autre choix ont-elles ? « Nous sommes désolés, madame la cliente, vous avez mis un jour de trop à vous décider et maintenant nous ne voulons plus de votre argent ! »

Bien sûr, à d'autres.

Pourquoi alors toutes les entreprises (ou presque) injectent-elles ce sentiment d'urgence dans leurs pubs ? Tout simplement parce que, comme Edward Bernays l'a admis il y a déjà un siècle, la tactique joue

1. Ndt : Biscuits à base de blé, non sucrés à l'époque de leur invention par le pasteur Graham au XIXe siècle.

sur notre nature primale : lorsqu'il perçoivent qu'il y a pénurie, les humains prennent des décisions plus rapides, voire imprudentes.

Quand notre priorité n° 1 consistait à ne pas mourir de faim, ok. Mais où est la logique quand il s'agit de sauter sur cette vente flash pour mettre la main sur un canapé, une console de jeux ou un sac à main ? Un objet aura beau être en super « promo » aujourd'hui, il sera à 100 % gratuit… si vous ne l'achetez pas. Ne pas acheter quelque chose, c'est vous éviter à l'avenir d'avoir à vous en débarrasser.

Un monde avec moins de pubs

Je me revois rouler entre Burlington et Boston, il y a quelques années, chatouillé par une étrange sensation. Le paysage se déployait, vierge, couleur d'émeraude, assez similaire à un fond d'écran zen ; un calme incroyable m'envahissait au fil des kilomètres.

Puis j'ai franchi la frontière entre le Vermont et le Massachusetts et j'ai compris l'origine de cette sérénité : je venais de traverser un État entier sans voir le moindre panneau publicitaire. Actuellement, ils sont interdits dans quatre États américains (l'Alaska, Hawaii, le Maine et le Vermont) et dans plus de mille cinq cents villes du monde, dont l'une des plus grandes : Sao Paulo, au Brésil.

À la suite du vote de sa loi « Ville propre » en 2007, la troisième plus grande ville du monde a fait décrocher plus de quinze mille panneaux d'affichage. Pour enfoncer le clou, trois cent mille publicités intrusives (pylônes, affiches, publicités sur les bus et les taxis) ont dû disparaître.

Et vous voulez savoir le plus surprenant ? Un sondage réalisé après l'application de la loi a révélé qu'une majorité des Paulistanos préfèrent la ville « propre ». En voici, une idée novatrice : et si on demandait aux gens ce qu'ils préfèrent au lieu de laisser le profit dessiner le paysage urbain ?

Malheureusement, conditionnés à penser que les pubs représentent une condition nécessaire à notre approvisionnement en « contenu », nous les avons acceptées comme une partie intégrante de notre quotidien. Après tout, c'est grâce à la publicité que les émissions de télé, les programmes radio, les articles en ligne et les podcasts sont disponibles gratuitement, pas vrai ?

Que nenni. La gratuité n'existe pas. Aux USA, chaque heure de télé diffusée est ponctuée de près de vingt minutes d'interruption, et cela vaut pour tous les types de médias. Dans la mesure où nous renonçons à deux de nos ressources les plus précieuses (notre temps et notre attention) pour recevoir le produit, peut-on encore le considérer comme « gratuit » ?

Si nous ne voulons pas que les publicités prennent d'assaut notre attention (ou celle de nos enfants), alors nous devons être prêts à payer les choses que nous associons à la gratuité.

Ainsi, Netflix, Apple Music et d'autres services similaires parviennent à éviter le schéma publicitaire classique en offrant un service valorisé par leurs utilisateurs. D'autres entreprises et individus (disons

Wikipédia et Bret Easton Ellis, au hasard) suivent une variante de ce modèle sans pub, surnommée « freemium », dans laquelle les créateurs fournissent gratuitement du contenu avec le soutien financier d'une partie de leur audience. (Au passage, c'est ce modèle qui permet de garder *The Minimalists Podcast* exempt de toute annonce publicitaire.)

Quelle que soit votre opinion sur Netflix, Apple Music, Wikipédia, Bret Easton Ellis ou toute entreprise ou personnalité du même acabit, il ne fait aucun doute que leur approche permet à la fois d'améliorer leurs créations en les exemptant de toute interruption et d'augmenter la confiance des utilisateurs, conscients que les créateurs ne sont pas soumis au bon vouloir des publicitaires. La communication plus directe qui s'instaure vient ainsi renforcer la relation, car c'est le consommateur qui est aux manettes (et non plus les annonceurs).

De plus, la démarche d'échange « argent contre création » nous force à réfléchir davantage au contenu consommé. En effet, quand on paye, on cherche d'abord à s'assurer qu'on va en avoir pour son argent. Pourquoi nous ne faisons pas la même chose à propos des programmations prétendues « libres » (nous ne les payons pas, mais recevons rarement en retour un contenu à hauteur de notre attention) demeure un mystère à mes yeux.

Que votre temps vaille dix, cent ou mille dollars de l'heure, vous dépensez probablement des dizaines de milliers de dollars annuels à consommer les messages des publicitaires. Si on y réfléchit bien, vous payez pour être la cible de la publicité. Hélas, l'attention mal placée n'est jamais remboursée.

Vous n'en avez pas besoin

En 2017, j'ai déménagé à Los Angeles pour mettre sur pied un studio d'enregistrement vidéo et de podcast pour *The Minimalists*. Dès mon arrivée dans la ville, j'ai constaté mon attirance pour ce que tout le monde possédait déjà : le plan de travail en granit, la Tesla, la paire d'Air Jordan en série limitée. (L'artiste néoconceptuelle américaine Jenny Holzer était bien inspirée lorsqu'elle a peint « *The unattainable is invariably attractive*[1] » sur le flanc d'une BMW « artistique » exposée au musée Porsche en Allemagne.) Même en bon minimaliste, l'irrésistible attrait du consumérisme me compliquait la tâche et j'avais bien du mal à résister : j'avais *besoin* de toutes ces choses. Heureusement, cela faisait déjà presque dix ans que je me préparais à affronter le royaume de Lamborghini, de Melrose Place et des centres commerciaux à trois étages.

S'il y a un message à retenir du minimalisme, c'est celui-ci : *vous n'avez sans doute pas besoin de ça*. Pourtant, nous nous persuadons que nous avons besoin de ce canapé, de cet appareil de cuisine, de cet eye-liner, de cette jupe, de cette statuette. Peut-être parce que l'évolution nous a appris à nous autoduper. D'après le philosophe analytique

1. Ndt : L'inatteignable est invariablement attirant.

Bernardo Kastrup, auteur de *More Than Allegory*, « la première instruction de l'esprit est de s'aveugler. […] Notre réalité repose sur un processus d'aveuglement incroyablement subtil. »

Si vous appliquez la pensée de Kastrup au monde matériel, c'est assez évident. Le foyer moyen abrite plusieurs centaines de milliers d'objets, dont la plupart nous encombrent sans participer à notre bonheur. Alors pourquoi diable nous y accrochons-nous ? La réponse est simple : à cause des histoires que nous nous racontons. Quelles histoires fragilisantes vous racontez-vous à propos des objets qui vous entourent ? Quelles nouvelles histoires valorisantes pourriez-vous inventer à la place ?

J'entends souvent les médias déplorer que le rêve américain soit de plus en plus inaccessible. Au contraire, il n'a jamais été aussi proche ! Seulement, nous ne cherchons pas à atteindre les bonnes choses.

Il était une fois un rêve américain modeste : grâce à un emploi modeste et à force de travail, on pouvait se construire une maison modeste sur un terrain modeste et vivre une vie modeste. Et ça suffisait. Aujourd'hui en revanche, nous voulons tout, tout de suite : une maison plus grande, une voiture plus grande, une vie plus grande ; des achats frénétiques, de somptueux repas et des moments de vie à faire pâlir Instagram. Et quand on devient accro à l'afflux de dopamine qui accompagne chaque nouvel achat, assez ne suffit jamais.

C'est combien, *assez* ?

Ne pas se poser la question, c'est poursuivre l'excès, aveuglément.

Habitués que nous sommes à nous abreuver directement aux mamelles de la consommation.

Acquérir, consommer, se faire plaisir. Plus, plus, toujours plus.

C'est combien, *assez* ?

Ne pas répondre, c'est ignorer comment procéder.

Ne pas savoir quand nous arrêter.

Les désirs irréfléchis nous mènent par le bout du nez.

Naturellement, *assez* dépend de chaque personne.

Assez fluctue et évolue avec nos besoins et nos conditions de vie.

Votre *assez* comprend peut-être un canapé, une table basse et une télévision.

Une table à manger pour six.

Une maison avec trois chambres.

Un garage pour deux voitures.

Un trampoline dans le jardin.

Quoi, c'est trop ?

Assez varie avec le temps.

Le *assez* d'hier est peut-être le *trop* d'aujourd'hui.

C'est combien, *assez* ?

Moins, c'est la privation.

Plus, c'est la tentation.

Assez, c'est l'équilibre parfait entre les deux,

la rencontre de l'intention et du contentement, l'endroit où la convoitise cède sa place à la création de sens.

Bien sûr, vous pouvez courir après plus.

Mais ce n'est pas parce que vous le pouvez que c'est une bonne idée.

Assez devient *assez* quand vous le décidez.

Six questions à se poser avant un achat

Chaque fois que vous vous séparez d'un euro, vous renoncez à un petit peu de votre liberté. Si vous gagnez quinze euros de l'heure, alors ce café à trois euros vous a coûté douze minutes et cet iPad à huit cents euros, une semaine. Quant à cette nouvelle voiture à trente mille euros, elle vient de vous coûter presque une année entière de liberté.

À votre avis, que préférerez-vous, une fois sur votre lit de mort ? Une voiture ou une année de vie supplémentaire ? Je ne dis pas qu'il faut rejeter en bloc le café, le matériel électronique ou les voitures. Je possède les trois. Mais je vous invite à interroger davantage les choses que vous introduisez dans notre vie. Car ne pas être prêt à tout interroger, c'est risquer de succomber à tout.

Alors, avant de vous lancer dans un nouvel achat – avant d'introduire une nouvelle possession dans votre vie –, prenez le temps de vous poser les six questions suivantes. Ne laissez pas trop vite la caisse enregistreuse avaler votre argent si durement gagné.

1. Pour qui est-ce que j'achète ?

Si nos objets n'expriment pas notre personnalité réelle mais bien celle que nous fantasmons, nous commettons aussi en parallèle l'erreur de les laisser façonner notre identité. Nous brandissons nos marques préférées dans un effort futile de symboliser notre individualité : *tu vois cette chose flambant neuve ? C'est la personne que je suis !* Ces logos nous donnent l'impression d'être uniques. À nous, comme à tout le monde.

Une fois encore, pourtant, les marques ne sont pas le problème en soi. Nous avons tous besoin de trucs, d'affaires, d'objets. Alors nous comptons sur des entreprises pour répondre à ce besoin. Le problème survient lorsque nous ressentons une pression qui nous pousse à acquérir, comme si de nouvelles babioles nous offraient un raccourci vers une vie plus complète.

Cette pression extérieure ne devrait certainement pas donner le signal de la consommation, au contraire. C'est le signe qu'il est temps de faire une pause et de se demander : *Pour qui est-ce que j'achète cette chose ?* Cette nouvelle chose est-elle pour vous ou destinée à projeter une certaine image ? Si elle est vraiment pour vous (et que cet achat a du sens), foncez, achetez. Ne nous privons pas de ce qui rend la vie plus belle ! Mais s'il s'agit simplement de manifester une sorte d'équanimité consumériste, alors vous entravez vous-même la liberté que vous tentez d'acheter.

2. Ceci va-t-il rendre ma vie plus belle ?

Je ne possède pas beaucoup d'objets, mais chacun d'entre eux rend ma vie plus belle. Chacune de mes affaires (depuis ma voiture et mes vêtements jusqu'à mon matériel électronique) occupe une fonction utilitaire ou ajoute une esthétique positive à mon existence. Autrement dit, cet achat va-t-il remplir une fonction précise ou amplifier ma joie et ajouter du sens à ma vie ? Si la réponse est non, il n'en vaut pas la peine.

3. Puis-je me le permettre ?

Si vous devez l'acheter à crédit : non, vous ne pouvez pas vous le permettre. Si vous devez contracter un prêt : non plus. Si vous êtes déjà endetté : idem. Le fait que vous *puissiez* acheter quelque chose aujourd'hui ne signifie pas que vous pouvez vous le permettre.

Qu'en est-il alors de l'achat d'une maison ou du financement des études ? Il s'agit d'exceptions, ne croyez-vous pas ? Certes, il s'agit de dettes *différentes* (et, disons, plus constructives qu'un crédit à la consommation), mais qui restent des dettes. Après tout, la sagesse populaire veut que l'emprunteur soit à la merci du prêteur ! Notre objectif devrait donc consister à rembourser nos dettes aussi vite que possible. C'est un point de vue inhabituel, je le sais, or c'est cette « habitude » des États-Unis qui leur vaut aujourd'hui de comptabiliser plus de quatorze mille milliards de dollars de dette. Nous aborderons de nombreuses idées fausses concernant l'endettement dans le chapitre « Relation à l'argent ».

4. Est-ce le meilleur usage que je puisse faire de cet argent ?

Cet argent pourrait-il vous servir à autre chose ? Quelles sont les alternatives ? Dans sa chanson intitulée *Good Life*, l'auteur-compositeur Andy Davis énonce une certaine vérité à propos du détournement culturel de nos finances : « *Nous galérons à payer notre loyer, car les jeans coûtent cher* »[1]. Bien sûr, vous pouvez peut-être vous permettre d'acheter ces pantalons à un prix aberrant, mais votre argent ne serait-il pas plus utile ailleurs ? Au hasard, dans un plan épargne retraite ou dans des vacances en famille ? Si c'est le cas, évitez cet achat et placez vos finances dans quelque chose de plus approprié.

5. Quel est le véritable coût de cet achat ?

Nous en avons parlé dans l'introduction, le vrai coût d'un objet s'étend bien au-delà du prix affiché sur l'étiquette. (Dans le milieu, on appelle ça le prix de revient complet.) Pour nous, les profanes, il s'agit du coût réel de possession, incluant aussi bien les coûts de stockage et d'entretien que le coût psychologique. Quand on additionne le tout, on découvre le vrai prix… souvent bien au-dessus de nos moyens.

---

1. "We struggle to pay rent / 'cause jeans are expensive."

6. Est-ce que la meilleure version de moi-même achèterait ça ?

Il y a quelques années, mon amie Leslie faisait la queue à la caisse de son épicerie habituelle, fouinant à la recherche de son porte-monnaie en vue de procéder à un achat impulsif. Cette pause forcée lui a offert le temps de s'interroger sur l'objet qu'elle avait en main. Elle l'a observé attentivement et s'est demandé : *Que ferait Joshua à ma place ?* À sa place, aurais-je acheté cet objet ? *Non*, a-t-elle conclu avant de s'empresser de le remettre en rayon.

Plus tard, elle m'a raconté cette anecdote en riant. Aurait-elle bientôt besoin d'un de ces bracelets « QFJAMP ? » (Que ferait Jésus à ma place ?) pour mettre un frein à sa consommation compulsive ? Nous avons beaucoup ri. Toutefois, j'ai vite réalisé que je ferais mieux de me poser plus souvent la question, moi aussi (comme beaucoup d'autres).

Attention, je ne vous conseille pas de vous demander en permanence *Que ferait Joshua à ma place ?* Surtout pas ! Personnellement, j'opterais plutôt pour : *Que ferait la meilleure version de moi-même dans cette situation ?* Alors, que ferait la meilleure version de vous-même dans cette situation ? Elle ne l'achèterait pas ? Vous savez ce qu'il vous reste à (ne pas) faire.

À première vue, se poser ces six questions avant d'effectuer un nouvel achat peut sembler enquiquinant. Pourtant, avec le temps, cette habitude portera ses fruits : l'encombrement de votre foyer se verra limité et vous disposerez de plus d'argent pour ce qui compte vraiment. Après tout, la façon la plus simple de se désencombrer reste de ne pas s'encombrer.[1]

Les règles minimalistes pour vivre avec moins

Si les règles sont parfois arbitraires, restrictives, lourdes, elles restent souvent utiles au moment d'opérer un changement. En effet, lorsqu'on décide de simplifier, on se retrouve souvent coincé avant même de commencer, car face à toute une accumulation de choses (plus ou moins utiles), il est difficile de distinguer ce qui rend la vie plus belle du reste. Faire un grand tri s'avère donc quasi impossible sans quelques règles pour nous orienter dans la bonne direction.

J'aimerais pouvoir vous fournir une liste des cent objets que vous devez posséder, mais le minimalisme ne marche pas comme ça. Ce qui rend ma vie plus belle peut très bien encombrer la vôtre. De plus, les choses qui ajoutaient de la valeur à votre existence autrefois ne le font plus nécessairement aujourd'hui : il s'agit donc de remettre continuellement en question aussi bien les choses que nous acquérons que celles auxquelles nous tenons.

1. Pour télécharger gratuitement un fond d'écran de smartphone ou d'ordinateur qui résume ces questions, rendez-vous sur minimalists.com/wallpapers. Lorsque vous faites la queue à la caisse, ou avant de cliquer sur « Régler mon panier », vous aurez ainsi un petit moyen esthétique de vous rappeler de prendre le temps de bien réfléchir à chaque achat.

Parce que le minimalisme n'est pas l'antidote au désir et parce que, comme la plupart des gens, Ryan et moi agissons encore sur des impulsions, nous avons dressé la liste des règles minimalistes pour vivre avec moins et nous nous y référons pour résister aux sirènes du consumérisme et parvenir à nous organiser. Ces règles – la règle au cas où, la règle de la saisonnalité et plus d'une douzaine d'autres – vous seront présentées tout au long de ce livre.

Je tiens à préciser que les règles qui fonctionnent pour Ryan et moi ne vous seront peut-être d'aucune aide. C'est notre recette pour une vie simple, et comme toute recette, elle est à ajuster à votre convenance. Si vous trouvez la règle du 30/30 trop stricte, celle du 20/20 trop inflexible ou celle du 90/90 trop restrictive, n'hésitez pas à déterminer vos propres paramètres en fonction de votre niveau de confort actuel.

Il est toutefois important de vous forcer un peu afin d'entraîner vos muscles du tri. Avec le temps et la croissance de ces muscles, vous serez en mesure d'adapter les règles pour augmenter le défi. Avant de vous en rendre compte, vous risquez de devenir plus minimaliste que *The Minimalists*. (C'est déjà arrivé des dizaines de fois !)

LA RÈGLE « ADIEU LE SUPERFLU »

Tout ce que vous possédez peut se diviser en trois catégories.

Les essentiels. Peu de possessions relèvent de cette définition. Il s'agit du strict nécessaire, sans lequel vous ne pouvez pas vivre : la nourriture, le logement, les vêtements. Les détails varient, mais il s'agit de *besoins* universels pour la plupart.

Les non-essentiels. Dans un monde idéal, la majorité de vos possessions appartiendraient à cette catégorie. Il s'agit des objets que vous *voulez* dans votre vie, car ils la rendent plus belle. À proprement parler, vous n'avez pas besoin d'un canapé, d'une lampe ou d'une table à manger, mais ces objets valent la peine d'être possédés car ils améliorent, augmentent ou amplifient votre expérience de la vie.

Le superflu. Malheureusement, la plupart de vos possessions tombent dans cette dernière catégorie. Ce sont les objets que vous *aimez* – ou plus précisément que vous *croyez* aimer, qui se font souvent passer pour indispensables alors qu'ils vous entravent. Le secret consiste à s'en débarrasser pour laisser la place au reste.

LA RÈGLE DU « AU CAS OÙ »

C'est une manie, on conserve des choses « au cas où ». On bourre nos bagages d'un tas de choses

au cas où on en aurait besoin au cours de nos vacances. À la maison, on s'accroche à des kilomètres de câbles, à des dizaines de boîtes, d'adaptateurs et de prises en tous genres au cas où on en aurait besoin dans un avenir inexistant.
Pourtant, on a rarement besoin de conserver la plupart de ces choses. À vrai dire, on ne les utilise même quasiment jamais – elles restent là, prennent de la place, encombrent, alourdissent.
D'où la bien nommée **règle du « au cas où »**, alias règle du 20/20. Rien de plus simple. Débarrassez-vous de chaque objet que vous pouvez remplacer pour moins de vingt euros en moins de vingt minutes depuis l'endroit où vous vous trouvez. Jusqu'à présent, cette règle s'est vérifiée dans 100 % des cas pour Ryan et moi, et nous avons constaté sa validité chez des centaines d'autres personnes.
Au premier abord, elle semble réservée aux privilégiés. C'est vrai, qui peut se permettre de dépenser vingt euros à chaque fois qu'il ou elle veut remplacer un objet ? Est-ce que ça ne va pas coûter des centaines d'euros par an ? Eh bien non, car il se trouve que nous ne remplaçons que très rarement les objets éliminés : la plupart nous sont parfaitement inutiles.
Au cours des dix dernières années, *The Minimalists* n'ont remplacé que cinq objets « au cas où » (une paire de ciseaux, un ouvrage de référence, un économe, un kit de manucure et un short de sport) et nous n'avons jamais dépensé plus de vingt euros ou parcouru plus de vingt minutes de trajet pour

les remplacer. Plus important, la centaine de dollars dépensée pour racheter ces objets nous a octroyé la permission de nous débarrasser de centaines d'objets inutiles qui occupaient de la place dans nos maisons – et dans nos esprits.
Il existe sans doute des exceptions. Mais nous sommes convaincus que cette règle fonctionne 99 % du temps, pour 99 % des objets et 99 % des gens – vous y compris. Pensez-y. À quoi vous cramponnez-vous, au cas où ? Ne seriez-vous pas soulagé de vous en séparer une bonne fois pour toutes ?

LA RÈGLE DU « MATÉRIEL D'URGENCE »

Il existe tout de même une poignée d'objets « au cas où » qu'il vaut mieux conserver : le matériel d'urgence.
Ce matériel inclut un kit de premiers secours, des câbles de démarrage, quelques bidons d'eau potable, etc. Si vous vivez dans un climat froid, des chaînes pour les pneus, un kit de signalisation ou une couverture de survie peuvent s'ajouter à cette liste. On a beau espérer n'avoir jamais besoin de s'en servir, un niveau minimum de préparation permet de conserver une relative tranquillité d'esprit.
De quoi avez-vous *vraiment* besoin en cas d'urgence ? Réfléchissez bien avant de répondre à cette question. On a vite tendance à qualifier beaucoup d'objets de « matériel d'urgence »... Or, sans grande surprise, la plupart des urgences n'en sont pas.

En plus, malgré toute l'anticipation du monde, impossible de se préparer à tout.

LA RÈGLE DU « EN PRÉVISION »

Jusqu'à maintenant, nous avons donc établi que vous devez sélectionner avec davantage de soin votre matériel d'urgence et vous débarrasser du superflu conservé « au cas où ». Toutefois, en matière de stock, je tiens à présenter une troisième catégorie, baptisée « en prévision ». Il s'agit généralement de consommables qui, bien qu'on ait tendance à les apparenter aux fourbes « au cas où », en diffèrent sensiblement. Parce que vous *savez* que vous allez les utiliser.

Personne n'achète une feuille de papier toilette à la fois, une goutte de gel douche à la fois ou une dose de dentifrice à la fois. On achète un petit stock de ces produits en prévision du moment où on en aura besoin.

Le secret du tri consiste à faire la distinction entre les babioles conservées « au cas où » vous en auriez besoin, et les produits achetés « en prévision » du moment où vous en aurez besoin.

Déballer une nouvelle vie

Près de dix ans après l'expérience de la fête des cartons de Ryan, nous avons décidé de formaliser une étude de cas afin d'observer ce qu'une analyse similaire révélerait de la vie d'autres personnes.

En une décennie de tournées (à discuter de minimalisme avec des centaines de milliers d'individus dans des centaines de villes), nous avons collecté d'innombrables récits de grand débarras. Nous avons appris de la bouche des personnes concernées que notre histoire est loin d'être unique, et que le consumérisme affecte des existences tout autour du globe. Cependant nous n'avions pas pris la mesure de la quantité de secrets, d'émotions et de souffrance cachés sous ces montagnes d'objets.

Sur place, les gens nous ont raconté comment ils avaient simplifié leur vie grâce aux méthodes présentées sur notre blog, et quelques courageux s'étaient même embarqués dans des versions modifiées de la fête des cartons. Mais nous n'avions pas formellement collecté ces récits. Chaque anecdote avait beau renforcer notre conviction selon laquelle les gens vivent mieux avec moins, nous avions besoin de davantage de données pour écrire de façon documentée. Résultat : l'étude de cas de la fête des cartons a vu le jour.

En mars 2019, nous avons dressé une liste de quarante-sept participants (un groupe composé d'individus et de familles, sélectionnés parmi notre audience en ligne) qui allaient passer la majeure partie du mois d'avril à s'atteler à la montagne d'affaires accumulées chez eux. Cependant, comme empaqueter la maison entière n'était pas forcément idéal pour tous les participants, nous leur avons proposé trois options.

Option 1 : fête des cartons intégrale. À l'exemple de Ryan, on empaquette toute sa maison comme si on déménageait. Pendant les trois semaines suivantes, on ne déballe que les objets qui améliorent le quotidien.

Option 2 : fête des cartons monopièce. Pas besoin d'être aussi radical que Ryan. Une fête des cartons de vingt et un jours dans une seule pièce permet souvent d'enclencher la dynamique de désencombrement.

Option 3 : fête des cartons multipièce. Vous ne voulez pas empaqueter l'intégralité de votre maison, mais souhaitez quand même désencombrer votre bureau, votre garage et votre salle de bains ? Ou peut-être votre chambre, votre cuisine et votre salon ? C'est vous qui voyez !

Une fête n'en étant une que si elle est partagée, nous avons demandé aux quarante-sept participants de festoyer en même temps : avril 2019. Comme le 1er avril tombait un lundi, nous avons guidé les fêtards dans leur empaquetage le week-end précédent. Les 30 et 31 mars, donc, tout ce beau monde a récupéré assez de cartons pour emballer toutes ses affaires, et a passé le week-end à faire semblant de préparer un déménagement. À partir du 1er avril et jusqu'au 21, chaque fêtard a ensuite déballé tout ce dont il avait l'utilité ou qui lui faisait plaisir. Les fêtards pouvaient communiquer entre eux via un réseau privé afin de partager leurs expériences, leurs galères et leurs photos avec les autres participants.

Ryan et moi avons observé leur progression. À la fin du premier jour, nous avons demandé à chacun de nous décrire son processus et avons été très surpris par la diversité des stratégies, dont certaines n'avaient absolument rien à voir avec celle de Ryan.

Nathalie Pedersen, une fêtarde intégrale de Deerfield (État du Wisconsin) nous a écrit : « Nous avons commencé par la cuisine puis progressé dans toute la maison. Ça nous a pris plus longtemps que prévu, mais quelle satisfaction une fois que tout a été empaqueté ! ».

Abigail Dawson, une fêtarde multipièce de Fairfax (État de Virginie) nous a raconté : « Je vis dans un appartement à une chambre avec mon mari – qui n'est pas minimaliste – et nous avons empaqueté ensemble toutes les affaires de la cuisine et de la chambre (à part ses vêtements) ! »

Ellie Dobson, une fêtarde intégrale de Roswell (État de Géorgie) nous a expliqué : « Je suis minimaliste depuis quelques années déjà, donc ça ne m'a pris qu'une heure ou deux. Une fois toutes mes affaires emballées je me suis demandé "Ok, et maintenant ?" ».

Bonne question.
Et maintenant ?

Une fois toutes les affaires installées dans leurs nouvelles maisons en carton, les fêtards ont dressé l'inventaire des objets déballés en ce premier jour si crucial. En toute logique, ce devaient être ceux qui ajoutaient le plus de valeur à leur vie, pas vrai ?

En réalité, la plupart des familles ont découvert que leurs objets les plus précieux étaient ceux qui leur étaient les plus utiles.

Holly Auch, une fêtarde multipièce de Brunswick (État du Maryland) a déballé ses « essentiels : brosses à dents, dentifrice, brosse à cheveux, tenues pour elle et ses deux jeunes enfants, couches, lingettes. Des ustensiles pour préparer et servir la nourriture, assiettes, bols, fourchettes, cuillères, couteaux, sachets de congélation, ouvre-boîte, bol mesureur, éponge magique, Ibuprofène, jouets pour le bain, shampooing, torchons, serviettes de bain, calendriers, stylos, règle, verre à vin (!), chargeur de téléphone, oreillers, couvertures, veilleuse, cafetière et ustensiles pour le café ([s]a vie), vitamines, tasses pour bébé, papier toilette et lingettes jetables (entraînement à la propreté en cours). »

Ian Carter, un fêtard multipièce de Fleet (Hampshire, Angleterre) a déballé son « ordinateur, quelques dossiers financiers, un unique stylo, un scanner, une guitare basse ». Comme il recevait des amis à dîner ce soir-là, il a aussi dû déballer « plusieurs assiettes, une bouilloire, du thé, du café, des verres et des couverts ». L'expérience a fourni à Ian et ses invités un sujet de conversation tout trouvé pour la soirée.

D'autres fêtards n'ont déballé qu'une poignée d'objets le premier jour : Autumn Duffy, une fêtarde monopièce de Toano (État de Virginie), a déballé « une robe, un pull, [s]es produits d'hygiène quotidienne », tandis qu'Ellie Dobson a déballé « tout [s]on matos de camping parce qu['elle] partai[t] camper ce jour-là. Sauf qu'une fois tout sorti, [elle a] réalisé n'avoir pas besoin d'en emporter la majeure partie. »

Une fois la fête terminée, les participants ont eu l'occasion de déterminer la prochaine étape de leurs affaires superflues : vente, don, recyclage, conservation. Beaucoup ont choisi de s'en débarrasser, certains en ont conservé quelques-uns pour l'avenir. Vous découvrirez la suite de leur histoire au fil de ces pages.

BILAN : LES OBJETS

Salut ! Ici Ryan Nicodemus. Vous me retrouverez à la fin de chaque chapitre pour vous aider à méditer sur son contenu et à envisager des façons d'appliquer au quotidien les leçons de ce livre.

Pour en tirer le meilleur parti, je vous fais les deux recommandations suivantes :

1. Procurez-vous un petit carnet qui vous accompagnera dans la lecture de ce livre. Vous pourrez y noter des commentaires, des idées et y réaliser les exercices. N'oubliez pas de dater vos notes afin de pouvoir suivre votre progression.

2. Trouvez un (ou plusieurs) partenaire(s) à qui rendre des comptes au cours de votre aventure. À vous de décider si vous effectuez ces exercices ensemble ou si vous préférez prévoir une plage horaire hebdomadaire pour vous retrouver

autour d'un café (ou par téléphone) et discuter des réponses et des réflexions inscrites dans votre carnet.

Le carnet de route et le partenaire vous aideront à rester impliqué dans ces bilans – et plus vous vous impliquerez dans le processus, plus vous en tirerez évolution et développement. Vous êtes à un geste de reprendre le contrôle !

Maintenant que Joshua a eu l'occasion d'explorer pleinement les conséquences de notre rapport aux objets sur nos vies, je voudrais prendre un petit moment pour que nous évaluions ensemble l'influence de ce rapport sur *la vôtre* en particulier. Pour cela, je vous propose quelques questions et exercices.

Les questions à se poser

Commencez par répondre aux questions suivantes. Je vous demande de faire preuve d'honnêteté, de considération et de rigueur. Le futur vous saura apprécier vos efforts, votre réflexion et votre sincérité.

1. Qu'est-ce qu'« assez » pour vous et votre foyer ? Soyez précis : nombre de chambres, de télévisions, de manteaux dans le placard. Réfléchissez aux choses qui améliorent *vraiment* votre vie.

2. De quoi avez-vous peur de vous séparer ? Pourquoi ?

3. Que vaut votre liberté ? Qu'êtes-vous prêt à abandonner pour elle ?

4. Quel est le coût réel (au-delà du coût financier) de la conservation de vos biens matériels ?

5. Dans quelle mesure vous débarrasser du superflu vous permettra de faire la place à une vie plus agréable et riche de sens ? Soyez précis. Plus votre vision est claire, plus votre tri sera efficace.

À faire

Qu'avez-vous appris de votre rapport aux objets dans ce chapitre ? Qu'allez-vous retenir ? Quelles leçons vont vous encourager à vous séparer du superflu et à vivre de façon plus délibérée ? Voici cinq propositions à mettre en application dès aujourd'hui :

– **Comprenez les avantages.** Dressez la liste des avantages que vous allez tirer d'une vie moins encombrée.

– **Définissez vos règles.** Parmi les règles minimalistes pour vivre avec moins présentées dans ce chapitre, identifiez celles que vous voulez suivre. Si un point précis ne correspond pas à votre situation, n'hésitez pas à le modifier ou à en créer un nouveau.

– **Créez votre « budget objets ».** Pour vous aider à réguler le nombre de vos affaires, créez votre « budget objets » en suivant ces étapes simples :

* Choisissez la pièce à désencombrer.

* Ouvrez votre carnet à une page vierge et écrivez tout en haut le nom des trois catégories : essentiel, non-essentiel, superflu (règle « **adieu le superflu** »).

* Placez chaque objet de la pièce dans une de ces catégories.

* Demandez-vous honnêtement si chaque objet classé comme essentiel l'est vraiment. Si ce n'est pas le cas, changez-le de catégorie.

– **Renoncez à vos affaires.** À ce point, vous aurez sur les bras un paquet de babioles à donner ou à recycler. Attention, on se fait facilement rattraper par les émotions ! Alors si vous tenez à un objet en particulier tout en sachant que le moment est venu de lui dire au revoir, imaginez qu'il s'enflamme d'un coup. Ou le bonheur qu'il pourrait apporter à la vie d'une autre personne. (Si vous craignez d'oublier un jour le souvenir associé, prenez-en une photo pour vous aider à vous le remémorer plus tard.)

– **Trouvez vos soutiens.** Dès aujourd'hui, trouvez au moins une personne qui va vous soutenir dans votre cheminement : un ami, un membre de votre famille, un voisin, un collègue. Vous pouvez aussi vous tourner vers une communauté numérique de gens ouverts d'esprit désireux d'aider leur prochain (entre autres, Minimalist.org). En outre, il existe toujours la possibilité de faire appel aux services d'un organisateur ; ces professionnels sont les premiers à reconnaître que la meilleure façon de se désencombrer est de se séparer des objets.

À ne pas faire

Pour finir, passons en revue les obstacles. Voici cinq astuces pour éviter de réencombrer votre vie :

– Ne vous attendez pas à vous débarrasser de tout en une fois. Acquérir toutes ces possessions a exigé du temps, vous en séparer en exigera aussi.

– Ne laissez pas les attentes d'autrui dicter vos décisions concernant *vos* affaires. Les seules attentes auxquelles vous devez prêter attention sont les vôtres.

– Ne partez pas du principe que vous serez malheureux sans un objet. À vrai dire, si vous n'êtes pas heureux avec vous-même, aucun objet n'y changera quoi que ce soit.

– Ne vous accrochez pas à des choses simplement au cas où vous en auriez besoin un jour.

– Ne vous contentez pas de *ranger* vos affaires – réduisez leur nombre ! Le rangement vire souvent à l'encombrement organisé.

2
RELATION À LA VÉRITÉ

En 2008, ma mère a emménagé en Floride pour échapper aux terribles hivers du Midwest qui avaient tourmenté ses soixante-trois premières années. Deux jours avant Noël, elle m'a laissé un message vocal paniqué. Quand je l'ai rappelée un peu plus tard dans la soirée, après une journée de travail chargée, elle m'a annoncé entre deux sanglots qu'un cancer de stade 4 rongeait son organisme. « Impossible ! » ai-je pensé tout haut. Incapable de trouver les mots pour la réconforter, je me suis ensuite contenté de fixer le téléphone, paralysé d'impuissance et de déni.

À la suite de cette terrible nouvelle, j'ai passé la majeure partie de l'année 2009 à Saint-Pétersbourg avec ma mère, à la trimballer de médecin en médecin, pour tenter en vain d'empêcher son cancer de se métastaser. Elle s'affaiblissait et, de mon côté, je faisais de mon mieux pour réparer notre relation ténue. Il faut dire que son alcoolisme avait lourdement pesé sur mon enfance. Certes, elle avait réussi à se sevrer au cours de mes années de lycée mais les dégâts de la décennie précédente – la boisson, l'incertitude, les mensonges – avaient endommagé nos liens. J'avais quitté la maison le jour de mes dix-huit ans, et il ne lui avait pas fallu longtemps pour retrouver le chemin de la bouteille.

Je me souviens de lui avoir rendu visite à la prison du comté le jour de mon vingt et unième anniversaire. Un mois plus tôt, elle avait été arrêtée pour conduite en état d'ivresse (pour la seconde fois) et condamnée à soixante jours d'incarcération. Malgré tout, elle avait réussi à convaincre les gardiens de transformer la zone des visites en salle d'anniversaire improvisée. Je regrette de ne pas avoir de photo de cette journée irréelle : ma mère se dressant fièrement du haut de son mètre quarante-neuf, vêtue de son uniforme orange estampillé *Warren County Correctional Facility*, me présentant un bouquet de ballons multicolores devant un décor de murs blancs digne d'un hôpital psychiatrique et une rangée d'agents pénitentiaires baraqués ; moi et mon mètre quatre-vingt-huit, vacillant vers cette petite femme pour l'embrasser, avant de partager un gâteau d'anniversaire industriel à la vanille avec une poignée de détenues.

Au cours des années suivantes, il me semble qu'elle est de nouveau parvenue à se sevrer. Cependant, à l'image d'un enfant qui éviterait d'approcher de la gazinière après s'y être brûlé, je suis resté prudent et à bonne distance de la source de ma souffrance. Cet évitement a porté préjudice à notre relation. Mon cœur et mon esprit se livraient un combat acharné. Si mon esprit me poussait à garder mes distances, mon cœur n'a jamais cessé d'aimer Chloe Millburn.

Après tout, maman était facile à aimer. Elle était gentille, aimante et attentionnée. Chaque Thanksgiving, elle organisait un festin pour les gens (terriblement) moins chanceux que nous, et ce en dépit de ses soucis financiers et de ses démons personnels. Une église locale lui prêtait sa cuisine et son gymnase, une patrouille de scouts apportait les tables et les chaises. Les magasins du coin faisaient don de dindes, de jambons, de boîtes de farce, de sachets de purée lyophilisée, de conserves de cranberries, de sauce et de boissons gazeuses. Une couturière fournissait les nappes et les serviettes de table. Un des membres de l'église de maman prêtait une kyrielle d'assiettes et de couverts. Chaque année, elle mettait ses problèmes de côté pour nourrir plus de deux cents personnes dans cette cafétéria de fortune. Mais sa bienveillance ne se manifestait pas seulement en périodes de fête – elle irradiait en permanence à travers les failles, comme une ampoule d'un millier de watts piégée dans une boîte noire – elle n'attendait qu'une raison de briller.

Une crise de l'appartenance

Quand on commence à affronter ses excès matériels, on se retrouve souvent confronté à une cascade de vérités profondes et inattendues. Et si la vérité est simple, la simplicité n'a rien de facile. En effet, il nous est *facile* de nous cacher derrière nos faiblesses, nos excuses et nos objets, mais cela nous empêche de vivre en harmonie avec la vérité.

Pourtant nous préférons souvent nous cacher, parce que l'alternative (affronter notre imperfection, nos manques et nos fêlures) est écrasante. Alors nous nous créons une façade, bâtie sur des mensonges et des exagérations, sans rapport avec la réalité. Plus nous compliquons nos existences avec ces non-vérités, plus nous nous sentons anxieux et déprimés... et plus il devient urgent de simplifier afin d'exposer la vérité enfouie sous les mensonges de la complexité.

Lorsque j'ai rencontré le journaliste Johann Hari pour discuter de son livre *Chaque dépression a un sens – Causes méconnues et soins novateurs*[1], il m'a expliqué qu'il s'agit moins d'un problème de dépression et d'anxiété que d'une crise de sens. D'après lui, la dépression peut provenir de neuf causes (dont deux d'ordre biologique) et, au cours du siècle passé, la perte de sens compte parmi les principaux facteurs ayant contribué à faire exploser les cas de dépression dans le monde occidental.

C'était sans doute le cas de ma mère. Sa tombée en dépression et dans l'abus de différentes substances a eu lieu lorsqu'elle a perdu le contact avec un travail valorisant, les autres gens et les valeurs importantes (trois des neuf causes avancées par Hari), ce qui a entraîné une perte d'espoir (une autre cause). Et s'il lui arrivait de se détourner volontairement de l'alcool, c'était à chaque fois pour courir vers quelque chose qui avait du sens à ses yeux. D'après Johann Hari,

1. Traduction française par Marion Bally, publiée chez Actes Sud.

« le contraire de l'addiction n'est *pas* la sobriété, mais la connexion. »

J'ai évoqué ce sujet avec Pete Buttigieg, le maire de South Bend (État de l'Indiana), pendant sa campagne de 2020. Comme moi, il vient d'une ville industrielle du Midwest ayant connu de nombreux déboires depuis la désindustrialisation de la région et la flopée de problèmes qui s'en est suivie. En discutant avec plusieurs milliers de ses citoyens, le maire a réalisé que la cause sous-jacente de ces problèmes (de la hausse du taux de criminalité à l'usage de drogues, en passant par le chômage et le délabrement) est « une crise d'appartenance ». En gros, au temps où tout marchait comme sur des roulettes à South Bend, les gens avaient la sensation d'appartenir à un tout qui les dépassait : ils appartenaient à une force de travail et à une communauté qui leur donnaient de l'espoir pour l'avenir. Quand ils ont perdu cet espoir, la situation a changé. Et quand le désespoir s'impose, nous inventons une fausse vérité à propos du monde autour de nous – une prophétie autoréalisatrice selon laquelle « plus rien n'a de sens et ça ne va pas s'améliorer, alors autant abandonner ».

C'est ce qui est arrivé à ma mère. Au lieu d'affronter la vérité (la vie est dure et tout ce qui a du sens s'accompagne d'un certain degré de difficulté), elle a développé un nihilisme qui a tout saturé (nous sommes pauvres, les temps sont durs et nous n'avons pas ce que nous voulons : l'alcool est la seule échappatoire à ce malheur). Nous succombons tous à ce genre de raisonnement à un moment donné.

Nous cherchons tous une solution de facilité pour nous soustraire au désordre de la vérité.

Jason Segedy, un urbaniste de la ville d'Akron (État de l'Ohio), une autre des villes de l'ancienne *Rust Belt* qui a affronté son lot de défi depuis les années 1970, explique avec beaucoup de pertinence pourquoi ce problème n'est pas uniquement de nature économique. « La plupart de ces régions ne manquent ni de gens ni d'activité économique. Elles ne manquent pas non plus de richesse, et de nombreuses personnes accèdent à une formation supérieure. Malgré ce qu'en disent beaucoup d'universitaires qui ne vivent pas ici, Dayton [ou South Bend ou Akron] ne va pas disparaître. Le problème n'est pas l'absence de richesse ou d'activité économique, pas plus que celle d'emplois ou d'opportunités. Le problème provient de l'extrême disparité géographique entre les centres urbains et les zones périphériques. Et ces disparités sont plus criantes dans la *Rust Belt* que n'importe où ailleurs dans le pays. » En d'autres termes, pour une multitude de raisons, le lien s'est rompu, au propre (géographique) comme au figuré (interpersonnel).

Bien évidemment, ce manque de lien ne se limite pas au Midwest industriel. Nous observons la même déconnexion dans tout le reste des USA (pas seulement dans les quartiers pauvres et laissés pour compte comme celui où j'ai grandi). Dans son ouvrage *Deep Economy: The Wealth of Communities and the Durable Future*, l'environnementaliste Bill McKibben explique que l'augmentation de la surface au sol de l'habitat d'une personne est inversement proportionnelle au nombre de ses amis proches et de confiance. Autrement dit, plus nous habitons de grandes maisons, élevons notre statut social et augmentons notre richesse, plus nous nous éloignons de ce qui nous rend vivants : communauté, coopération, communication, participation, résolution des problèmes et expériences enrichissantes.

Une vérité classée X

En dépit de ses problèmes, ma mère était donc une femme aimante, et le trait de caractère qui la représentait le mieux était un incroyable sens de l'humour, cumulé à l'esprit affûté d'une humoriste politiquement incorrecte. Ses blagues créaient un décalage hautement incongru avec son allure de paroissienne respectable au petit chapeau impeccable.

Au cours de ses dernières années, et tandis qu'elle réfléchissait à sa vie, elle a souvent répété vouloir écrire ses mémoires, qui seraient intitulées *Classé X : l'histoire non censurée d'une ex-nonne, ex-hôtesse de l'air, ex-secrétaire, ex-épouse et ex-alcoolique*. Elle ne s'est jamais lancée, mais je me souviens avec chaleur des grandes lignes qui ont façonné mon enfance.

Quand j'étais petit, rien ne faisait plus plaisir à maman que de nous sortir des blagues salaces, à mon frère Jerome et à moi, ainsi qu'à la bande de gamins du quartier qui en permanence allaient et venaient dans la maison.

Nous vivions dans un quartier peuplé presque exclusivement de personnes noires. Je dis « presque », parce qu'il y avait deux exceptions : maman et moi, les deux seuls Blancs. Même mon frère Jerome était noir (d'ailleurs, aux dernières nouvelles, il l'est toujours). Ce n'est pas un détail que j'aurais mentionné, n'eût été le sens de l'humour irrévérencieux de ma mère.

Quelques semaines avant mon treizième anniversaire, maman a décidé de nous emmener, Jerome, moi et une poignée de nos copains prépubères du quartier, fêter le début de l'été avec un barbecue. Nous sommes donc partis à la queue leu leu direction Pleasant Park, situé sur Pleasant Street, munis d'un fin sac en plastique rempli de charbon, de saucisses, de petits pains et de condiments. Avec le recul, le nom du parc et de la rue (*pleasant* signifie agréable) prêtait à rire vu le délabrement de notre quartier. Que la frontière est mince entre l'ambition et l'ironie !

Mes copains et moi dribblions sur l'asphalte en décomposition, envoyant entre deux poteaux rouillés des ballons confectionnés avec des sweat-shirts bas de gamme, tandis que maman faisait cuire les saucisses sur la petite grille en métal du parc. Bientôt les assiettes en carton furent sorties, les petits pains bourrés de conservateurs coupés en deux et le déjeuner servi. Nous tartinions nos hot-dogs de ketchup et de moutarde quand mon ami Judton, un garçon minuscule et très curieux, s'est mis à fixer son assiette, puis ma mère.

— D'où viennent les saucisses ? lui a-t-il soudain demandé.

Un sourire espiègle a traversé le visage de ma mère. Son regard a glissé de mon frère à moi, avant de revenir sur Judton.

— Ça dépend du genre de saucisse.

— Du genre de saucisse ? a répété mon ami.

— Les saucisses normales viennent des cochons. (Elle s'est interrompue pour ménager son effet.) Les extra longues viennent des cochons noirs.

Tout le parc a éclaté de rire. Comment cette vieille blanche toute petite pouvait-elle être aussi cool ?

Oui, je sais, cette blague joue sur des stéréotypes, mais maman n'a jamais eu l'intention de déprécier qui que ce soit. Au contraire : ses traits d'esprit étaient sa façon d'aimer les gens. Et il se trouve que les enfants du quartier l'adoraient, pas malgré ses blagues douteuses mais grâce à elles, justement.

Quelqu'un a dit « Seul l'humour triomphe des pires difficultés de la vie. » Kafka, il me semble. Ou peut-être que j'invente, je ne sais plus vraiment. Je pourrais jurer avoir lu cette phrase dans ma jeunesse, mais je n'ai jamais réussi à retrouver la citation exacte. Quoi qu'il en soit, elle me paraît pleine de sagesse. Les vrais diseurs de vérité de nos sociétés ne sont pas nos politiciens ampoulés ou nos grands chefs d'entreprise, mais des comédiens comme Dave Chapelle, Jerrod Carmichael et, sans aucun doute, ma mère.

Enfant, bien sûr, j'avais l'habitude de ses réparties inappropriées. Et parce qu'elle était si à l'aise avec les sujets illicites et avec son propre corps (et partante pour aborder n'importe quel sujet sans jugement ni honte), j'ai eu la chance de ne jamais me sentir restreint ou gêné par la sexualité, l'intimité ou les sujets sensibles. Ses histoires salaces m'ont éclairé sur les joies et les tourments de la vie post-pubère bien avant que je ne me rase le moindre poil.

Après cinq années « atrocement ennuyeuses » pendant lesquelles elle était mariée à Jésus (voilà comment elle décrivait sa vie au couvent), maman a emménagé à Chicago avec sa meilleure amie, ma marraine, Robyn, pour devenir hôtesse de l'air et découvrir le monde – ou tout du moins les parties du monde situées dans le périmètre du delta du Mississippi. Non seulement elle y a rencontré son premier mari (Brian, riche play-boy propriétaire d'une chaîne de magasins d'alimentation aux Bermudes et qui la trompait ouvertement et fréquemment) mais, de toute évidence, le mouvement de l'amour libre qu'elle y a découvert a contribué à façonner sa vie post-virginité autant que ses voyages.

Maman était blonde, petite, mignonne, confiante et gentille. Elle recevait donc une attention illimitée de la part des hommes, surtout des célébrités qui embarquaient sur ses vols. Et comme elle était indépendante et ne s'embarrassait pas de tabous, elle ne voyait aucun souci à prendre du bon temps avec eux pendant ses heures de pause à l'aéroport international O'Hare. Un de ces hommes se trouve avoir été Jim Brown, célèbre joueur de football professionnel et, d'après ma mère, « un homme doux et drôle, grand à plus d'un titre ». Elle a même rencontré un certain Laurence Tureaud, plus de dix ans avant qu'il ne devienne le célèbre Mister T. À cette époque, il n'était qu'un jeune videur de club couvert de chaînes en or, qui travaillait au bar situé au rez-de-chaussée du gratte-ciel où elle vivait. Elle ne m'a jamais raconté de détails, mais je lisais entre les lignes.

Hélas, même aux meilleures périodes, tout n'était pas rose. Pour dix Jim Brown, il y avait forcément un minable, comme le père Pete, le charmant prêtre qui l'a mise enceinte avant de la forcer à avorter. Maman a eu beau surmonter ce type de violence à plusieurs reprises, elle n'a jamais voulu se laisser définir par son statut de victime. Elle ne l'a jamais caché (elle en parlait et exprimait sans fard le poids de ses expériences) mais a toujours refusé de rester prisonnière du passé. Dans *L'infinie comédie*, roman sur l'addiction et la solitude, David Foster Wallace écrit « La vérité te libérera. Mais pas avant d'en avoir fini avec toi ». Il s'agit de mon extrait préféré car il associe cette platitude banale à la réalité. Oui, pour maman, parler de la vérité (en dépit de sa noirceur) s'avérait à la fois difficile et libérateur. Et de cette liberté naissait ce sens de l'humour qui illuminait jusqu'aux instants les plus sombres.

Pour mon dix-neuvième anniversaire, maman m'a présenté un cadeau emballé dans un papier extravagant, orné de nœuds, de rubans et de serpentins. Sous toutes ces décorations, j'ai découvert une paire de lunettes Groucho. Celles avec un gros nez, des sourcils et une moustache, qu'on trouve dans les magasins de déguisement, vous voyez ? Sauf qu'à la place du nez se trouvait un énorme pénis en semi-érection.

Maman et moi avons passé la majeure partie de la décennie suivante à tenter de nous refourguer mutuellement cette paire de lunettes. Je les ai fait livrer là où elle travaillait comme secrétaire. Quelques mois plus tard, elle a payé un coursier pour qu'il me les remette en main propre au beau milieu d'une réunion professionnelle. Le cycle n'a pas cessé avec la nouvelle de son cancer : je lui ai envoyé les lunettes en Floride, accompagnées d'une carte « Bon rétablissement ». Lors de ma visite suivante, je suis entré dans sa chambre d'hôpital pour la trouver avec sept kilos de moins, les cheveux clairsemés par la chimiothérapie, redressée dans son lit, affublée d'épaisses lunettes garnies d'un gigantesque pénis. Alors oui, les situations les plus pénibles de la vie exigent un peu de légèreté. Pour que nous ne nous étouffions pas dans nos sanglots.

Gardez à l'esprit qu'il s'agit d'une femme qui, d'un côté, a souffert d'alcoolisme pendant la plus grande partie de la seconde moitié de sa vie. De l'autre, elle nourrissait les sans-abri, donnait sans compter de son temps aux associations caritatives et assistait à la messe catholique chaque semaine, sobre ou non. J'ai presque l'impression de parler de deux femmes différentes. Mais ne sommes-nous pas tous plusieurs personnes à la fois ? Tour à tour pieux pêcheurs, connards aimants et authentiques imposteurs ? Nous sommes la multiplicité – des êtres en trois dimensions dans un monde d'attentes en deux dimensions.

Et parce que nos vies sont à ce point enchevêtrées, il est possible d'aimer plus que tout et de faire souffrir en même temps. En vérité, c'est même aux personnes que nous aimons le plus fort que nous causons le plus de souffrance. Nous négligeons trop souvent ce que nous aimons, et quand on néglige trop souvent quelque chose, il finit par se briser.

Le confort est un menteur

Mon mariage a pris fin bien avant sa fin officielle. Au début, je l'ignorais. Ensuite, au fil des années et tandis que mon insatisfaction augmentait, je ne trouvais tout simplement pas le courage d'y mettre un terme. Ni de dire la vérité. Alors j'ai menti. J'ai fait comme si tout allait bien et comme si la situation allait s'améliorer d'un coup de baguette magique – voilà le mensonge dont je me suis convaincu.

Inutile de vous dire qu'ignorer le problème n'est pas la solution. Ok, on ne veut pas surréagir… mais sous-réagir n'en est pas une meilleure option pour autant. Dans une salle de cinéma en feu, vous n'allez pas paniquer et piétiner les autres spectateurs pour atteindre la sortie. Et malgré tout le confort de votre siège, vous n'allez pas non plus continuer à regarder le film comme si de rien n'était.

Mon mariage était confortable. À vingt-sept ans, si j'avais dû lui attribuer une note, je lui aurais donné un bon 6 sur 10 – juste assez pour m'en contenter. Or je n'étais ni content, ni heureux, ni joyeux ; simplement assez confortable pour ne rien changer. Parce que si je changeais, je connaîtrais l'inconfort. Et qui en a envie ? Pourtant, lorsqu'on se penche sur toutes les réussites du passé, on se rend compte que les grandes personnalités naissent de l'inconfort. La vérité jaillit de l'inconfort – il expose les failles, les imprécisions, les incongruités – tandis que le confort ment.

Keri et moi nous sommes rencontrés au lycée et avons commencé à sortir ensemble lorsque j'avais dix-neuf ou vingt ans. Je ne sais plus exactement, ça s'est fait petit à petit. Avant que je m'en rende compte, nous avions emménagé ensemble et notre relation s'était laissé emporter par son propre élan. Nous nous sommes fiancés, mariés, avons construit notre première maison, accumulé des crédits à la consommation, vécu une vie que nous ne désirions pas vraiment. Nous suivions des étapes prédéterminées au lieu de tracer notre propre route.

Accordez-moi le cliché suivant : nous nous aimions… sans être amoureux. Or il se trouve que les clichés s'ancrent souvent dans de profondes vérités. D'après le Dr Christopher Ryan, auteur de *Sex at Dawn* et *Civilized to Death*, les relations intimes reposent sur trois éléments essentiels : la chimie, la compatibilité et l'amour. Les humains tendent à engager des relations sur la base d'un (parfois deux) de ces facteurs. Peut-être à cause d'une attirance sexuelle initiale (chimie), d'intérêts partagés (compatibilité) ou d'une connexion profonde qui propulse la relation vers l'avant (l'amour). Avec le temps cependant, l'absence de l'un de ces trois éléments engendre une profonde insatisfaction, puis de la souffrance.

Ceci reste vrai même si un ou deux de ces facteurs s'avèrent très puissants. Vous pouvez avoir une très bonne alchimie sexuelle (chimie) et vivre une relation peu épanouissante par ailleurs. Vous pouvez vous accorder parfaitement niveau finances et mode de vie (compatibilité) et ne pas être satisfaits de votre relation. Vous pouvez tenir très fort l'un à l'autre (amour) et ne pas vouloir former un couple. J'étais concerné par ce dernier cas de figure : j'aimais et respectais énormément Keri. Mais l'amour ne suffit pas. Une relation heureuse s'appuie sur ces trois piliers, or l'étincelle du début ne s'est jamais transformée en flamme. Et surtout, nous étions incompatibles sur un nombre incalculable de plans : nos désirs, nos intérêts, nos objectifs, nos croyances, nos valeurs… rien ne concordait. D'où la frustration montante qui a suivi nos vœux de mariage.

J'avais trop peur d'affronter la vérité de notre relation, la vérité de son non-fonctionnement. Au lieu de prendre mon courage à deux mains et de proposer à Keri d'aborder la terrible discussion sur notre couple et ses déficiences, ma lâcheté a fini par me pousser à aller chercher ailleurs ce qui me manquait. D'ailleurs, c'est souvent la raison pour laquelle les gens trompent leur partenaire. Aussitôt le plaisir disparu, le déficit relationnel réapparaît. Et la spirale des mensonges s'enclenche.

Le mythe de *la* bonne personne

Dans mon livre préféré sur les relations, intitulé *Some Thoughts About Relationships*, Colin Wright souligne une série de « politiques relationnelles » sur lesquelles se construisent toutes les relations (intimes ou autres) dotées de sens. On trouve parmi elles la « politique de la dispute », la « politique de la jalousie » et la « politique de l'infidélité ». Ma préférée s'intitule « politique de l'homme ou de la femme de toute une vie » :

« Dès notre plus jeune âge, beaucoup d'entre nous avons entendu parler de LA personne : une personne mystique qui se trouverait sur terre pour nous, et nous seuls. La grande aventure héroïque de notre vie consisterait donc à trouver cette personne, où qu'elle soit. (Et si on en croit la culture populaire, cette quête sera jalonnée de moult épisodes comiques et situations dramatiques.)

Dans la vraie vie, en revanche, ce concept de personne unique ne se contente pas d'être irrationnel… il peut s'avérer nocif. L'idée qu'il y aurait quelqu'un, quelque part, sans qui vous ne seriez pas "entier" implique l'impossibilité d'être entier tout seul. Cela implique aussi que toute personne qui ne serait pas LA personne ne serait qu'une étape vers ce magnifique accomplissement – horrible façon d'envisager les relations, non ? »

Colin Wright poursuit en expliquant que nous sommes tout à fait capables d'aimer plus d'une personne au cours de notre vie. Voire en même temps. Après tout, on peut bien aimer à la fois ses enfants, son partenaire et ses parents. Conclusion, LA personne n'existe pas. « C'est *vous*, LA personne, explique-t-il. Vous êtes la seule personne au monde à pouvoir vous accomplir et vous satisfaire, à pouvoir garantir votre bonheur. Toutes les autres représentent (je l'espère) de merveilleuses potentialités supplémentaires. Vous êtes né entier, vous mourrez entier et, entre les deux, vous seul décidez avec qui vous avez envie de passer votre temps. »

Dès le début de notre relation, Keri et moi étions si déterminés à trouver quelqu'un qui nous « compléterait » (espérant chacun parvenir à couler l'autre dans le moule de notre propre système de croyances) que nous n'avons pas réalisé que nous étions déjà complets, chacun de notre côté. Et comme nous n'étions pas honnêtes à propos de notre compatibilité, notre relation a asphyxié nos qualités collectives au lieu de les démultiplier. Nous avions des vues diamétralement opposées sur des questions essentielles : enfants, communauté et finances faisaient partie des sujets sur lesquels nous ne parvenions pas à trouver de terrain d'entente. Le ressentiment résultant de ces griefs a fini par déborder sur le reste de nos vies et engendrer une vague de mécontentement non exprimé.

Aucun de nous n'avait « tort » ; nous avions simplement des visions différentes. Si vous aimez le rock et moi le jazz, aucun de nous n'a raison ou tort… Nous n'assisterons pas au même concert, voilà tout.

Nul doute que Keri et moi aurions dû aborder les questions existentielles avant de prêter serment :

Nos valeurs concordent-elles ?

À quoi ressemble ton partenaire idéal ?

Comment fais-tu face aux défis et épreuves ?

Quels sont les points sur lesquels tu ne transigeras jamais ?

« Mieux vaut tuer Godzilla quand il est encore bébé. N'attends pas qu'il ait envahi la ville. » Si Keri et moi avions suivi ce conseil avisé de Tony Robbins[1] (nous poser les questions importantes dès le début), nous ne nous serions probablement pas mariés. Mais nous l'avons fait, et ensuite j'ai ignoré tous les panneaux de sortie, toutes les opportunités de mettre fin à la relation sans aggraver nos souffrances. Huit ans plus tard, Godzilla avait atteint sa taille adulte et guettait à l'orée de notre mariage, prêt à le réduire en miettes. Nous nous mentions à nous-mêmes.

Quand les valeurs respectives de deux personnes les entraînent dans différentes directions, l'un des deux scénarios suivants finit par se réaliser : soit la première personne se conforme et sacrifie son bonheur, soit la deuxième personne se laisse convaincre et sacrifie son bonheur. Dans les deux cas, le chagrin attend au tournant. Et faire semblant que tout va bien ne fait qu'empirer la situation.

Un autre cliché me paraît opportun ici : « Ce n'est pas toi, c'est moi ». Dans le cas de mon mariage, « Ce n'était pas elle, ni moi – c'était *nous* », semble plus approprié, bien que moins cinglant. Keri était une bonne amie et, malgré mes bonnes intentions du début, je me suis transformé en mauvais mari car je ne parvenais ni à trouver le bonheur en voyageant dans sa direction, ni à me résoudre à rompre notre relation.

Ironie de la situation, nous avons tous deux veillé à la survie de notre couple par peur de blesser les

---

1. Ndt : Célèbre coach en développement personnel américain.

sentiments de l'autre. L'honnêteté détruirait notre mariage, pensions-nous, comme si la vérité était méchante ou mauvaise et que la seule option pour avancer consistait à masquer la réalité aux yeux du monde. Or la vérité est la seule chose capable de préserver une relation. Même lorsqu'elle est dérangeante, difficile ou douloureuse, la vérité est la colle qui renforce le lien.

Erreurs et mauvaises décisions

J'ai trompé ma femme le lendemain du décès de ma mère. J'aimerais pouvoir vous dire que c'était une erreur, mais ce n'était pas le cas. C'était bien pire. L'adultère est un acte méprisable, la plus profonde des trahisons, une sorte de meurtre. Sauf que dans ce cas, même une fois la relation liquidée, anéantie, la victime continue de souffrir. En plus, il ne s'agit jamais uniquement d'une « erreur » : un épisode d'infidélité (même unique, même minime) découle d'une série de mauvaises décisions implicites.

Un politicien commet un crime financier, se fait attraper et déclare avoir « commis une énorme erreur ». Une femme d'affaires omet une grosse partie de ses revenus et fait une déclaration similaire aux impôts. Un adolescent part sans permission en virée avec la voiture de sa mère puis avoue son « erreur ».

Or nous parlons ici de mauvaises décisions.

Cocher la mauvaise réponse à une interrogation écrite : erreur ; ne pas réviser pour cette interro : mauvaise décision. L'erreur n'est pas commise intentionnellement, la mauvaise décision, si – et souvent sans considération pour les conséquences.

Minimiser les mauvaises décisions en les qualifiant d'erreurs permet d'atténuer la chose, d'aider à encaisser. De renier notre responsabilité ou notre faute, à grand renfort d'hypocrisie. Résultat, nous sommes beaucoup plus susceptibles de recommencer.

Nous commettons tous des erreurs. Nous prenons tous de mauvaises décisions. Elles font partie de l'expérience humaine. Nous devrions célébrer les unes et apprendre des autres… sans les confondre. En admettant nos dérapages et en reconnaissant la responsabilité de nos torts, nous progresserons sur la voie la plus noble en nous délestant au passage du poids de nos mauvaises décisions. Certes, c'est plus difficile que de se contenter de noyer le poisson, mais il s'agit du meilleur chemin à suivre.

Le coût des mensonges

Un conte de fées bien raconté n'en devient pas plus vrai pour autant. Malheureusement, une des principales caractéristiques du genre humain est sa faculté à mentir.

« Les gens mentent afin que les autres forment des croyances erronées à leur sujet », explique le neuroscientifique Sam Harris, auteur de *Mensonges* [1] (d'après lui le mensonge – même le plus minuscule

1. Le Cherche Midi, 2017.

des plus pieux – n'est *jamais* approprié[1]). Au fond, nous mentons pour devenir quelqu'un que nous ne sommes pas.

Le plus surprenant dans cette histoire ? Nous sommes plus susceptibles de mentir à nos amis proches et à notre famille. Dans une étude intitulée *Everyday Lies in Close and Casual Relationships*, les professeurs Bella DePaulo et Deborah Kashy ont découvert que 10 % des communications entre époux sont trompeuses. À première vue, on aurait pourtant tendance à croire qu'on est plus honnête avec les personnes qu'on aime, n'est-ce pas ? Or, d'après une étude du *Journal of Psychology* intitulée *Deceptive Behavior in Social Relationships*, « les gens mentent lorsque leur comportement manque aux attentes que l'on a à leur sujet. Comme les partenaires proches nourrissent plus d'attentes réciproques, la probabilité que ces attentes soient déçues et que des mensonges soient prononcés s'avère donc plus élevée dans les relations étroites que dans les relations occasionnelles. » Plus simplement dit, nous prenons pour acquises les personnes qui nous sont les plus proches.

Quelle que soit la manière de le présenter, les êtres humains entretiennent un rapport compliqué à l'expression de la vérité. Dès l'âge de quatre ans, nous découvrons le pouvoir de la tromperie. Nous commençons par de « pieux mensonges » destinés à tester les limites de la vérité, et tandis que ces

---

1. Sauf s'il s'agit d'un mensonge d'autodéfense destiné à éviter une violence physique.

limites reculent, nous apprenons à induire en erreur, à tricher et à manipuler les autres avec des faussetés. Cependant, nous ne comprenons pas tout de suite le coût de nos mensonges. Pas plus que nous ne saisissons le pouvoir miraculeux de la vérité.

Mentir se révèle aussi tentant que trop manger – c'est facile et on obtient une récompense immédiate. Le mensonge nous évite la culpabilité, épargne notre responsabilité et nous détourne de nos propres faiblesses du moment ; il crée un raccourci vers une récompense à court terme. Hélas, en réalité, il n'existe pas de raccourcis, seulement des lignes droites. Et la vérité est la ligne la plus droite qui soit. Je trouve l'image suivante très parlante : dire la vérité est aussi difficile que planter son jardin – au lieu d'investir notre temps et nos efforts pour récolter les fruits d'un potager sain l'année prochaine, on préfère souvent grignoter une cochonnerie sans attendre.

La minisérie *Chernobyl* (produite par HBO) débute par une question simple : quel est le prix de nos mensonges ? Au cours de ces cinq épisodes magnifiquement concoctés, nous découvrons que nos mensonges nous coûtent *tout*. Ils nous dépouillent de notre intégrité, de notre honneur, de notre droiture, de notre vertu et de notre confiance. Ils nous coûtent nos amitiés et nos amours, nos riches expériences et nos interactions de valeur, notre respect et notre liberté. Et dans des cas extrêmes comme celui de *Chernobyl*, des vies humaines.

De son côté, la vérité exige un travail acharné, des efforts assidus et une gratification repoussée dans le temps, mais pour atteindre un état d'esprit si génial que ce travail en vaut *toujours* le prix.

Dans son livre, Sam Harris déclare « l'honnêteté est un cadeau que nous pouvons faire aux autres. C'est aussi une source de puissance et un moteur de la simplicité. Lorsque l'on s'apprête à dire la vérité, quelles que soient les circonstances, on sait qu'il n'y a pas besoin de beaucoup de préparation préalable. On peut être soi-même, tout simplement. »

L'honnêteté est un moteur de la simplicité. Prenez le temps de méditer cette phrase, sans oublier que simplicité et facilité sont deux choses différentes.

Il n'existe pas de vérité unique

Parler de « la vérité » s'avère compliqué, car elle revêt une signification différente selon les personnes. Il est vrai que le chocolat est votre parfum de glace préféré, tout comme il est vrai que deux plus deux font quatre. Certaines « vérités » sont des opinions subjectives, d'autres des faits objectifs.

D'un côté, on se réfère parfois à des réalités subjectives (la religion ou les préférences alimentaires par exemple) comme à une croyance ou à une vérité personnelle – en témoigne la phrase maintes fois répétée « Il faut vivre selon *sa propre* vérité ! ». Ces différentes affirmations ne peuvent pas être « fausses » car il s'agit de perspectives. Après tout, vous n'auriez pas l'idée de dire à une personne que son amour pour la glace à la vanille est faux.

De l'autre, les vérités objectives (la gravité ou l'arithmétique, par exemple) relèvent de l'ordre des principes, des règles ou des lois. Elles s'appliquent à tous en permanence et ne requièrent pas que l'on y croie ; elles sont universellement vraies, en dépit des idées de chacun. Vous pouvez bien penser ce que vous voulez, deux dollars plus deux dollars feront toujours quatre dollars.

Qu'elles soient subjectives ou objectives, une chose concerne toutes les vérités : plus elles sont difficiles, plus elles sont dures à admettre – surtout après avoir été masquées par des mensonges.

Certaines vérités sont exprimées publiquement, d'autres restent cachées. La plus grande partie de ce que vous avez lu dans l'introduction de ce livre (les difficultés de Ryan et les miennes face au consumérisme, à l'insatisfaction et aux dysfonctionnements de l'enfance) appartient à la première catégorie. Il s'agit de vérités difficiles que nous avons néanmoins souhaité partager avec le monde entier au cours de ces dix dernières années – pas d'un bloc, mais petit à petit, repoussant progressivement les limites de notre zone de confort, une révélation à la fois.

D'autres vérités ont été plus compliquées à aborder, même avec le temps. Avant cette année, Ryan ne m'avait jamais raconté en détail sa dépendance aux opiacés, cette marotte à cinq mille dollars qui a alimenté sa descente aux enfers. Au fil de ces pages, nous allons continuer à coucher ces vérités sur le papier, à repousser les limites de nos zones de confort respectives, à exprimer des vérités gardées bien enfouies – et qui, pour la plupart, nous font honte.

Honte et insignifiance

Il est temps d'aborder la question de la honte et donc, par ricochet, celle de la culpabilité. Ces deux termes ont beau être souvent utilisés de façon interchangeable, ils sont intrinsèquement différents. La culpabilité concerne nos actions : nous avons enfreint une règle, blessé les sentiments de quelqu'un ou agi en désaccord avec notre moi idéal, et nous nous sentons mal à ce propos. La honte concerne *la personne que nous sommes* – notre identité.

« La honte nous informe d'un état interne d'inéquation, de déshonneur ou de regret », explique Mary Lamia, rédactrice pour le magazine *Psychology Today*. C'est pour cela que nos vérités enfouies sont si difficiles à avouer. Nous pensons que si nous les laissons éclater, elles révéleront notre incompétence ou notre impuissance et nous rendront vulnérables, inutiles.

Or la vérité libère. Certes, c'est inconfortable… mais l'inconfort disparaît avec le temps, tandis que la honte perdure et s'autoalimente.

En effet, si nous pouvons dépasser notre culpabilité en reconnaissant nos erreurs et nos mauvaises décisions (*je reconnais avoir foiré, passons à autre chose*), la honte s'attarde après la confession car le monde connaît désormais la vérité (*je ne suis pas la personne que je prétendais être*) : nous ne sommes pas aussi exceptionnels que l'image parfaite que nous avions projetée. Pour empirer encore la situation, cette chute en disgrâce bousille au passage notre sens de la signifiance[1], qui est un besoin humain fondamental.

Bien que chaque personne trouve sa signifiance à sa manière, toutes ne sont pas justifiées (pas plus qu'elles ne sont nocives, d'ailleurs). Il existe de nombreuses façons, bonnes et mauvaises, de se sentir unique, valorisé ou spécial. Il se trouve simplement que, ici encore, le chemin le plus vertueux se révèle le plus difficile : la signifiance *se gagne*.

Dernièrement, ma fille Ella a marqué les deux seuls buts de son équipe de football. Immédiatement après le match, sa mère et moi l'avons félicitée pour son *habileté* ; nous avons toutefois bien pris soin de ne pas la complimenter sur son *talent* inné. « Tu as joué un super match ! » est plus puissant que « Tu es très forte ! » La première formule félicite et valorise les actions, la deuxième commente les capacités. Et comme la spécificité participe d'un sens sain de la signifiance, nous avons développé ce qui avait rendu le jeu d'Ella « super » (en l'occurrence, nous avons cité cinq exemples précis de ses actions, détaillé sa façon de les effectuer et expliqué pourquoi nous en étions fiers). La signifiance gagnée se renforce au fil du temps, car notre amour propre augmente au fur et à mesure que nous tirons de nos efforts un sens de nos compétences, de notre épanouissement et de notre raison d'être. D'ici un an, Ella sera une

1. Ndt : Fait d'avoir du sens, de l'importance.

meilleure joueuse de football et elle aura acquis au passage un solide sens de sa valeur propre.

Le chemin contraire[1] est pavé de gratification instantanée. Ce genre de signifiance éphémère nous pousse à recourir à des comportements toxiques dans l'espoir d'entretenir une miette d'attention (*Hé ! Regardez-moi !*), comme si crier assez fort nous rendait plus importants. Puis, quand crier ne fonctionne plus, nous recourons à des combines stupides : les posts sur Facebook de nous bourrés, les tweets pour faire le buzz, les selfies semi-dénudés sur Instagram. Rien qui fasse progresser l'humanité.

Et finalement, quand l'inoffensive recherche d'attention cesse de fonctionner, on pousse encore plus vers l'obscène. Au mépris des barrières éthiques et morales, on recourt aux insultes, à l'automutilation et même à la violence. Si ces moyens sont infaillibles pour qu'on se sente important sur le moment, ces brèves bulles de signifiance disparaissent très vite après leur apparition. La gratification instantanée n'est jamais vraiment gratifiante – du moins pas à long terme.

D'accord, les comportements destinés à attirer l'attention en attirent beaucoup (comme un accident de voiture devant lequel tous les automobilistes ralentissent pour bien profiter du spectacle), mais nul ne reste pour admirer le nettoyage des lieux – et la personne en quête d'attention se retrouve seule face à ce grand sentiment de vide, qui vient en

1. Ndt : Soit celui de l'*unearned significance* (signifiance non gagnée).

retour alimenter l'impression d'insignifiance à l'origine de son geste. Naturellement, cette dernière amplifie à son tour la honte que la personne cherchait à fuir.

Cela étant dit, la honte n'est pas toujours une mauvaise chose. Et même elle peut s'avérer utile dans la mesure où elle encourage à mieux agir. À certains moments, il est parfaitement approprié de se sentir honteux – notamment quand on agit de façon répétée contre les intérêts de son futur soi. Vous rêvez de devenir écrivain mais n'écrivez jamais ? Vous voulez retrouver la forme mais ne faites jamais de sport ? Vous espérez une promotion sans jamais faire d'efforts ? La honte est la réponse naturelle, votre sanction émotionnelle.

Malheureusement, il arrive bien trop souvent que notre réaction face à la honte ne soit pas de corriger nos actions, mais de battre en retraite, de nous effacer, de ruminer et de renier l'existence même du problème. Constamment entretenu, ce cercle défaitiste engendre des regrets à propos des (in)actions du passé, et du désespoir à propos de l'avenir.

Le secret pour gérer la honte consiste donc à trouver la signifiance *non* dans la personne que vous imaginez ou dans celle que vous étiez, mais dans la meilleure version de vous-même. Puis à aligner vos actions avec cette version. Commencez par admettre vos mauvaises actions, afin de résoudre la question de la culpabilité perpétuelle. Ensuite, allez plus loin. Refusez de vous cacher. Vous devez assumer, chaque jour, par de petites touches, sans rien de spectaculaire. Vous devez être déterminé à besogner dans la besogne, même lorsque ce n'est ni amusant, ni sexy, ni stimulant. Vous devez vous comporter de façon à mériter la fierté du futur vous. Pas du futur quelqu'un d'autre, du futur *vous*, parce que c'est à force d'essayer de coller aux idéaux des autres que vous avez engrangé toute cette honte.

Comme chaque personne rencontrée au cours de votre vie, vous avez prononcé d'innombrables mensonges. Vous avez commis des erreurs et pris de mauvaises décisions. Dorénavant, vous n'avez plus besoin de mentir. Vous valez mieux que ça. Vous avez la capacité de vous montrer honnête (avec vous-même et avec les autres) et la possibilité d'accorder de l'importance à la vérité. Parce que ne pas accorder d'importance à la vérité, c'est n'accorder de l'importance qu'à vous-même. Bref, si vous tenez vraiment aux autres, tenez à la vérité. Il n'y a pas d'autre option.

Oui, j'ai pris de mauvaises décisions dans ma vie, moi aussi. J'ai été fainéant. J'ai menti. J'ai même trompé ma première épouse. Mais le passé ne présage pas de l'avenir et je ne suis pas obligé de rester celui que j'étais. Je peux apprendre de lui et lui être reconnaissant – pas fier, reconnaissant – pour ses erreurs, sans pour autant les reproduire.

Voici une poignée de questions à vous poser avant de continuer : avez-vous honte de vouloir changer de carrière à cause du regard des autres, ou fuyez-vous quelque chose ? Avez-vous honte de votre corps à cause des normes esthétiques actuelles, ou n'êtes-vous pas aussi en forme que vous le souhaiteriez ? Avez-vous honte de votre production créative en comparaison avec celles des autres, ou parce que vous savez pouvoir mieux faire ? Avez-vous honte de ne pas être marié parce que la société attend de vous que vous le soyez, ou cherchez-vous un partenaire avec qui partager votre vie ?

Ces questions d'ordre moral n'appellent pas une réponse universelle. Conclusion, vous seul pouvez répondre pour vous – ce qui vous semble immoral peut me paraître complètement normal. Et vice-versa. Alors nous ferions mieux de passer moins de temps à laisser les attentes des autres modeler nos désirs, nos comportements et, au bout du compte, nos vies. Cela ne pourra jamais qu'engendrer de la culpabilité et de la honte : il est impossible de vivre sa vie en se conformant aux valeurs conflictuelles de tout le monde. Tant que vous ne faites de mal à personne, autant vivre en harmonie avec vos propres standards – tout le reste mène au malheur. Pour le dire de façon abrupte, vivez en harmonie avec vous-même et vous n'aurez jamais à effacer votre historique de navigation.

Une vérité plus précieuse que le silence

Toutes les vérités ne revêtent pas le même degré de nécessité. On confond transparence, franchise et vérité. Or si toutes les trois incarnent une forme d'expression de la vérité, elles présentent d'importantes différences et leur amalgame nous porte préjudice.

Pour vous donner un exemple, de nombreuses voix exigent la « transparence de l'administration ». Or certains aspects administratifs (au hasard, les codes nucléaires) doivent rester secrets pour la protection de tous. En revanche, un gouvernement honnête et responsable ne serait pas de refus. C'est pareil dans nos vies privées. Si j'étais totalement transparent, je me ferais une joie de vous indiquer mon adresse postale, mon numéro de sécurité sociale et le nom de jeune fille de ma mère. Mais ce niveau vertigineux de détails n'est pas seulement inutile – il est dangereux.

La franchise peut connaître des excès, elle aussi. Si je me mettais soudain à déambuler dans l'espace de coworking où je rédige ce livre, et à dire à chacun ce que je pense de sa tenue et de ses choix alimentaires, ma franchise en deviendrait odieuse. (Et avouons-le, je me comporterais comme un vrai connard.) Il vaut mieux que la plupart des choses restent non dites : parce qu'elles seraient inutilement blessantes, parce que le prix serait trop élevé ou parce qu'elles ne feraient pas progresser le bien commun (souvent les trois en même temps).

Cela ne veut pas dire que vous devez mentir si quelqu'un vous demande comment vous trouvez sa nouvelle chemise. Mais, même là, vous pouvez vous montrer honnête sans pour autant l'écraser sous votre franchise. Nul besoin d'être méchant pour parler franchement.

Il existe aussi des vérités dont le prix de la révélation s'avérerait trop élevé. Si je vous disais que je suis républicain, alors la moitié des lecteurs américains reposeraient ce livre sur-le-champ ; idem si je vous disais que je suis démocrate (en réalité, je suis catégorisé comme « indépendant » et cela aussi a un prix). Or mes opinions politiques n'ont quasiment rien (voire rien du tout) à voir avec le message que j'essaye de transmettre ici. Autrement dit, elles deviendraient des obstacles sur la route d'une vérité plus importante : je n'essaye pas d'exprimer une idéologie politique, mais de communiquer un ensemble d'idées – de montrer aux lecteurs comment vivre une vie plus riche de sens, quel que soit leur bord politique.

Et si je vous disais que je n'aime ni les oignons, ni la plage, ni les enfants ? Même si c'était vrai (et je vais laisser planer le doute), en quoi le fait de l'avouer ici, sur cette page, serait-il d'une quelconque utilité pour l'humanité ? Certaines vérités sont donc aussi bien enfouies là où elles sont, car elles ne feraient qu'ajouter au vacarme ambiant et entraver la route des choses qui ont du sens. Mon ami, l'écrivain Nate Green, m'a dit un jour : « Parle seulement quand tes mots ont plus de valeur que le silence. » Si nous devions vivre selon ce mantra, nous serions tous bien plus attentifs à la parole des autres, et chaque mot prononcé aurait plus de poids que le précédent.

Attention, le silence n'est pas non plus une solution miracle. Sur la route d'une vie épanouissante, certaines vérités doivent impérativement être affrontées à haute voix. Pensez-y. Quelles vérités craignez-vous de reconnaître publiquement, tout en sachant que vous en libérer rendra votre vie plus belle ? À première vue, ces confessions pourront sembler dures, voire égoïstes (et il est inconfortable d'admettre avoir mené une vie en désaccord avec la personne que vous voulez être), mais c'est l'unique chemin vers la meilleure version de vous-même.

Déballer la vérité

Revenons à notre fête des cartons. À la fin du premier jour de l'expérience, nous avons demandé à chaque fêtard l'impact des dernières vingt-quatre heures sur son rapport à la vérité. Sans surprise, dans la mesure où tous les avaient passées à s'occuper principalement d'objets, ces révélations initiales s'axaient surtout sur des questions matérielles.

Mae Frankeberger, une fêtarde monopièce de Brooklyn (New York) nous a ainsi déclaré : « J'essaye d'être consciente de ce que j'ai et de ce que j'introduis dans mon existence, mais il m'arrive de ne pas considérer chaque élément autant que je le devrais. Une grande partie du travail qu'il me reste à accomplir consistera à réfléchir franchement à ce qui compte pour moi. »

Christin Hewitt, une fêtarde intégrale d'Atlanta (État de Géorgie), a reconnu : « Même en tant que minimaliste autoproclamée, j'ai fermé les yeux sur la quantité de choses accumulées au cours de ces douze derniers mois ! Au fil du tri, je me suis rendu compte que je n'avais pas besoin de la plupart des objets. »

Kaitlin Mobley, une fêtarde multipièce de Savannah (État de Géorgie) nous a avoué « Mon rapport à la vérité évolue constamment car, malgré ma prise de conscience, je cède encore à la pression sociale qui me dicte ce que je "dois" avoir chez moi ».

Tandis que le calendrier défilait et que nos participants poursuivaient le déballage de leurs affaires, d'autres vérités émergeaient. À la fin de chaque semaine, Ryan et moi venions aux nouvelles pour les inciter à laisser toutes ces possessions derrière eux et discuter de l'effet « révélateur » de l'expérience sur leurs vérités inconsciemment enfouies.

Après une semaine de dépaquetage, Ellie Dobson a abouti à une grande découverte à propos de son partenaire et elle : « Notre relation est évasive, a-t-elle expliqué. Nous prétendons nous connaître alors qu'en réalité, nous évitons de nous regarder ».

Après deux semaines, Luke Wenger, un fêtard intégral de Lenexa (État du Texas), a contemplé le stock de cartons toujours intacts avant de conclure : « Quelle que soit la vérité, je doute qu'elle se trouve dans l'une de ces boîtes ».

Après trois semaines complètes, de nombreux participants reconnaissaient volontiers avoir besoin de beaucoup moins d'objets qu'ils ne l'imaginaient et, au passage, avaient déballé certaines problématiques inattendues. Par exemple, une participante s'est rendu compte de ses difficultés à « trouver un équilibre » dans sa vie, tandis qu'une autre a reconnu avoir « toujours des difficultés à distinguer la vraie "vérité" de ce qu'on [lui] a appris à croire ».

Piégés par la peur

Dès le premier jour de déballage, Holly Auch (rencontrée au chapitre précédent) a réalisé une vérité frappante à propos de son rapport aux possessions matérielles. « Je compte sur les objets pour combler un vide que je redoute d'explorer. »

Le thème de la peur revient souvent chez les personnes commençant à regarder leurs affaires en face. Nous craignons de soulever le rideau, non pas à cause des objets eux-mêmes, mais par peur du travail à accomplir pour mener une vie plus épanouissante une fois tous ces objets hors de notre route. Pourtant, si on ne fait pas le premier pas – si on ne s'attaque pas à tout ce qui encombre notre route – on ne laissera jamais la place à la vérité.

Alors, comment dépasser cette peur ?

À l'image d'Holly, on commence par la reconnaître. Par dire la vérité. Tout le monde a des peurs. Certaines sont évidentes (araignées, vertige, ex-partenaires...) et d'autres moins concrètes, comme la peur de la perte : perte des objets. Perte de reconnaissance. Perte des amis. Perte du statut. Perte de l'amour.

La peur nous piège, nous empêche de grandir. Elle nous empêche d'aider les autres, de vivre des existences heureuses, satisfaisantes, épanouies. La peur est l'antithèse de la liberté : elle est contraignante par définition.

Holly n'est pas la seule participante à avoir verbalisé cette peur de la séparation. Beaucoup d'autres personnes ont exprimé des réponses similaires, dont Leslie Rogers, une fêtarde multipièce d'Athens (État de Géorgie). « Je reliais beaucoup de mes souvenirs et émotions à des objets. Mais comme je ne gérais pas correctement mes émotions, je ne prenais pas soin de ces objets qui restaient entreposés dans des cartons posés par terre. Certains ont été cassés, d'autres abîmés par mes chats. J'ai dû me débarrasser de plusieurs objets à valeur sentimentale et, surprise, ça m'a fait du bien ! Je procrastinais uniquement par peur. »

À l'exemple de Leslie, nous nous accrochons souvent aux objets par crainte de nous en séparer. En réalité, ce ne sont pas ces objets que nous redoutons réellement de perdre, mais ce qu'ils pourraient signifier pour nous à l'avenir. Résultat, nous nous accrochons à quelque chose qui n'existe pas encore.

Lorsqu'on exprime ses peurs à haute voix pour la première fois, elles semblent souvent absurdes. Essayez. Dites : « J'ai peur de me débarrasser de cette chemise ou de ce chargeur de téléphone, car cela aura un gros impact sur ma vie ».

Ridicule, pas vrai ?

Voici donc une question évidente à se poser lorsqu'on s'accroche à quelque chose tout en ayant besoin de connaître la vérité : *de quoi ai-je peur ?*

Essayez.

Je n'arrive pas à dire *non* à cette personne. De quoi ai-je peur ?

Je n'arrive pas à écrire le roman que je rêve d'écrire. De quoi ai-je peur ?

Je n'arrive pas à apprendre à jouer de l'instrument dont j'ai toujours eu envie de jouer. De quoi ai-je peur ?

Je n'arrive pas à faire de l'exercice et à manger sainement. De quoi ai-je peur ?

Je n'arrive pas à quitter un emploi que je déteste pour vivre ma passion. De quoi ai-je peur ?

Je n'arrive pas à me séparer de ma collection de pièces. De quoi ai-je peur ?

Je n'arrive pas à [à vous de remplir]. De quoi ai-je peur ?

La réponse à cette question s'avère presque toujours illogique :

J'ai peur que les gens ne m'aiment pas.

Ils ne vont plus me respecter.

Les personnes que j'aime ne vont plus m'aimer en retour.

Vraiment ? Les gens ne vont pas vous apprécier parce que votre chemise n'affiche pas le bon logo ? Ils ne vont plus vous respecter parce que vous arrêtez de mettre du mascara ? Arrêter de vous aimer parce que vous conduisez une voiture moins clinquante ? Si oui, vous ne fréquentez pas les bonnes personnes. Mais il est beaucoup plus probable que vous ayez vous-même fabriqué ces peurs qui vous empêchent de mener votre vie à votre guise.

Les gens bien se fichent de l'aspect de votre véhicule, de votre adresse ou de la marque de vos vêtements.

J'ai tout de même une bonne nouvelle pour vous : les peurs se dépassent. En réalité, la plupart sont de fausses peurs. Les humains ont développé leur réponse de peur pour se protéger d'un danger imminent. Or ces jours-ci, il semble que nous craignions presque tout : une légère baisse de la Bourse, un commentaire négatif sur les réseaux sociaux, la simple idée de se débarrasser d'un objet. Si nous choisissons de vivre avec la peur, nous pouvons aussi choisir de vivre sans. Tout ce que nous avons à faire, c'est en prendre la décision consciente. Lorsqu'un obstacle se dresse sur votre chemin, demandez-vous : *de quoi ai-je peur ?*

De nombreuses personnes ont déjà choisi de se débarrasser de leurs peurs et de mener une vie plus épanouissante ! Ne vous contentez pas de me croire sur parole – essayez.

Faites quelque chose d'inhabituel.

Donnez votre chemise préférée.

Débarrassez-vous de votre télévision.

Recyclez vos vieux appareils électroniques.

Jetez vos vieilles lettres et cartes postales.

Vivez votre vie, en mieux.

De quoi avez-vous peur ?

Il est temps de vous éloigner de ce qui vous empêche d'être heureux et libre – en commençant par l'excès matériel dans votre quotidien. Après tout, vous invoquez la peur uniquement par crainte de la rigueur qu'implique une vie riche de sens.

La nuit après l'accident

Au Pinellas County's Suncoast Hospice, l'atmosphère était si épaisse qu'on respirait avec difficulté. Les plafonniers diffusaient leur éclat doux et tranquille. Ma chaise jouxtait le lit de maman, son petit lieu de vie décoré de babioles et de gentillesses disposées avec soin pour lui rappeler la maison : cadres photo, œuvres d'art, chapelets. À côté de nous, une machine à écran LED pixélisé contrôlait ses signes vitaux. La machine était éteinte. Je pleurais pour la première fois de ma vie adulte.

Alors que les larmes me brûlaient les joues et que les premiers rayons du soleil d'octobre perçaient les stores en longues flèches monotones, j'ai demandé pardon au corps sans vie de ma mère. La paix irradiait de son visage bienveillant, bien que trop froid au toucher. Pas gelé, simplement inanimé – la température d'un objet, pas d'une personne. Arrivés sans crier gare, mes sanglots jaillissaient, hors de contrôle, réaction naturelle à l'image de plaques tectoniques se déplaçant en moi, un tremblement d'émotion.

Allongée là, elle semblait minuscule, fragile, comme si sa gigantesque personnalité n'avait jamais influé sur la taille de son corps. Je voulais la serrer dans mes bras, soulever son corps frêle et épuisé, et le porter, lui redonner vie d'une manière ou d'une autre, la ramener au monde des vivants, lui dire à quel point je l'aimais, à quel point j'étais désolé de ne pas savoir comment réagir et de ne pas être l'homme adulte que je prétendais être, de ne pas être aussi fort qu'elle le pensait. Je voulais lui dire que j'aurais aimé faire autrement. Je voulais lui crier tout cela, le crier au monde entier. Parfois, on ignore comment aimer les personnes que l'on aime avant qu'elles disparaissent de nos vies.

« Je suis désolé », sanglotais-je, la chemise trempée par les émotions. J'étais seul dans la pièce avec ce qu'il restait de ma mère – sa chair, mais pas elle. Elle n'était pas absente. Elle n'était plus là, tout simplement. Je répétais « je suis désolé. Je suis désolé.

Je suis désolé » en me balançant d'avant en arrière sur ma chaise, comme un patient d'hôpital psychiatrique.

Étrange catharsis que ces pleurs, cette libération de chaque spasme de culpabilité, de rage, de regret. Mais aussi un nouveau départ pour moi, une page tournée que j'ignorais devoir tourner.

Finalement, mes larmes se sont taries et l'heure est venue de partir ; je n'avais plus rien à dire ou faire. Juste avant que je hèle un taxi pour retourner à l'appartement de ma mère, son infirmière, Tosha, m'a arrêté dans le couloir. Elle avait dû voir les dégâts sur mon visage. Elle m'a longuement serré dans ses bras sous les clignotements d'un néon. Le lendemain, nous couchions ensemble. C'est la seule et unique fois où j'ai trompé qui que ce soit. Or en matière d'infidélité, tout ce qui dépasse zéro est un affront à la vérité.

Un homme ne trompe pas sa femme sans une sérieuse dose de haine envers lui-même. Bien sûr, il y a d'autres raisons (désespoir, frustration, compulsion, luxure), mais la pression incessante de la haine de soi les surpasse toutes. C'est à cause de ça que je suis allé voir ailleurs. J'avais beau ne pas en avoir conscience à l'époque, je détestais la personne que j'étais devenue. Et je me mentais depuis des années. Je voulais que cela cesse. Inconsciemment, je voulais tout faire éclater.

J'évitais la vérité depuis si longtemps qu'elle a fini par me rattraper. Et je ne suis pas le seul à en avoir souffert, tous mes proches en ont pâti. Mon mariage a souffert parce que mon refus d'admettre notre incompatibilité nous avait entraînés dans une direction où nous ne voulions pas aller. Ma relation avec ma mère a souffert parce que j'étais trop occupé à réussir (tout du moins, selon ce que je pensais être la réussite) et que je ne pourrais jamais rattraper ce temps perdu avec elle. Mes amitiés et ma communauté ont souffert, parce que j'étais centré sur moi-même et sur mes réussites superficielles et brèves. Ma créativité a souffert, car j'étais davantage préoccupé de consommation que de création, creusant dans mon âme un trou béant que les babioles ne peuvent combler.

J'ai passé ma vingtaine à courir après le statut social, la réussite et le matérialisme. Hélas, chaque promotion, chaque accomplissement, chaque nouvel achat m'éloignait un peu plus de la vérité. J'aurais aimé savoir qu'acheter une voiture de luxe ne ferait pas de moi une meilleure personne. J'aurais aimé me demander ce qui comptait au lieu de laisser les attentes extérieures dicter ma façon d'utiliser mon temps, mon argent et mon attention. J'aurais aimé en prendre conscience, seul dans une pièce vide : chacun de nous est déjà une personne entière – tout le reste doit servir uniquement à développer, améliorer ou intensifier notre vie – pas à l'entraver.

LA RÈGLE DES DIX POSSESSIONS LES PLUS CHÈRES

Avez-vous déjà pris le temps d'évaluer l'importance des possessions physiques dans votre vie, comparée à celle de tout le reste ? Je vous fiche mon billet que vous la surestimez. Pour illustrer ce point, nous avons inventé la **Règle des dix possessions les plus chères**, librement inspirée d'un exercice mental présenté dans l'ouvrage intitulé *Spent: Sex, Evolution, and Consumer Behavior* du psychologue évolutionniste américain Geoffrey Miller.

Prenez un instant pour rédiger la liste de vos dix achats matériels les plus chers des dix dernières années. Au hasard : votre voiture, votre maison, vos bijoux ou vos meubles, parmi tout ce que vous possédez ou avez possédé au cours de la décennie passée. Sortez les grosses factures.

À côté de cette liste, dressez un autre top 10, celui de tout ce qui rend votre vie plus belle. N'oubliez pas de considérer aussi les expériences, comme contempler un coucher de soleil avec une personne aimée, regarder vos enfants jouer au baseball, faire l'amour avec votre partenaire, dîner avec vos parents et ainsi de suite.

Soyez honnête avec vous-même.

Ces listes ne présenteront sans doute que de rares points communs. Voire aucun.

LA RÈGLE DE LA COMBUSTION SPONTANÉE

Vos possessions matérielles engendrent plus de stress que vous ne l'imaginez. Plus vous vous encombrez d'achats accumulés, plus votre mécontentement mijote. Jusqu'au point d'ébullition. Heureusement, vous pouvez réagir avant.

J'en veux pour preuve la règle de la combustion spontanée, fondée sur une question simple : si cet objet s'enflammait soudainement, seriez-vous soulagé ? Si oui, autorisez-vous à vous en débarrasser. Le plus amusant avec cette règle, c'est qu'elle s'applique à tout sans exception, des objets au numérique, en passant par la carrière et les relations humaines. La question mérite d'être appliquée à tous les aspects de votre vie, car sa réponse vous aidera à reconnaître honnêtement ce qui compte à vos yeux et ce dont vous devriez vous délester.

BILAN : LA VÉRITÉ

Salut tout le monde ! C'est encore Ryan. Après les révélations difficiles de ce chapitre, il semble assez clair que la vérité n'est jamais nette et propre. Elle est crue. Parfois moche. Souvent désagréable. Mais la vérité est la vérité, et c'est ce que nous voulons explorer aujourd'hui – comment votre rapport à la vérité vous affecte. Je vous ai donc préparé les exercices suivants. Prenez le temps d'effectuer soigneusement chacun d'entre eux, réfléchissez bien à ce qu'ils exigent de vous. Ils vous permettront de trouver la vérité dans le chaos de la vie quotidienne.

Et rappelez-vous – notez vos réponses dans votre journal (et datez les entrées afin de pouvoir mesurer votre progression). Une fois que vous aurez terminé, prévoyez un temps de partage avec votre binôme.

Les questions à se poser

1. Quelle vérité essentielle dissimulez-vous en ce moment même ?

2. Comment la dissimulation de la vérité a-t-elle provoqué du mécontentement ou nui à vos relations ?

3. Quelle est la pire chose susceptible d'arriver si vous dites la vérité ? La meilleure ?

4. Quelles conversations difficiles devez-vous aborder afin d'éviter de prendre de mauvaises décisions supplémentaires ?

5. Comment la vérité va-t-elle vous aider à grandir ? Comment les mensonges vous en empêchent-ils ?

À faire

Dans ce chapitre, qu'avez-vous appris sur la vérité ? Qu'allez-vous retenir ? Quelles leçons vont vous encourager à faire preuve de davantage d'honnêteté au quotidien ?

Voici cinq propositions à mettre en application dès aujourd'hui :

– **Reconnaître.** Écrivez les mensonges que vous souhaitez faire éclater.

– **Se mettre mal à l'aise.** Parmi ces mensonges, lequel vous met le plus mal à l'aise ? Comment comptez-vous l'affronter ?

– **Éliminer.** Aujourd'hui, choisissez celui que vous souhaitez arrêter de porter. Quelles actions allez-vous entreprendre pour l'éliminer ?

– **S'excuser.** Qui vos mensonges ont-ils blessé ? Contactez les personnes concernées pour leur présenter vos excuses. Comment cette expérience va-t-elle impacter votre relation à l'avenir ?

– **Guérir.** Demandez pardon aux personnes ayant subi vos mensonges. Comprenez qu'elles n'ont aucune obligation de vous pardonner et que cela peut prendre du temps. Sauf que désormais, la vraie guérison peut commencer.

À ne pas faire

Pour finir, parlons des périls de la malhonnêteté. Pour gagner en honnêteté, voici cinq choses à éviter à partir de maintenant :

– Croire que tout va bien et que la situation va s'arranger d'elle-même.

– Vous persuader que dissimuler la vérité améliore la situation ou vos relations.

– Vous isoler pour éviter de dire la vérité.

– Surenchérir pour couvrir les mensonges précédents.

– Partir du principe qu'il est impossible de retrouver la confiance des autres – cela exige du temps et des démonstrations répétées d'honnêteté.

3
RELATION À SOI

Je n'ai jamais connu la dépression. Jusqu'à un beau jour de 2019. Avant l'arrivée de ce nuage noir (dont je désigne désormais l'apogée sous le sobriquet de « Nouvelle Grande Dépression »), je m'étais toujours considéré comme un indécrottable optimiste. Des années durant, j'étais *le* boute-en-train par excellence, *la* personne capable de voir le côté positif de tous les revers de la vie. Évidemment, je connaissais des périodes de tristesse, de mélancolie et de deuil (comme tout le monde) mais, même aux moments les plus sombres, mon chagrin ne dégénérait pas en dépression. Je suis toujours parvenu à traverser les creux, sans m'y attarder, pour retrouver les sommets au plus vite – à me sourire dans le miroir quand je n'avais pas le moral, à faire du sport quand j'étais émotionnellement à plat et à modifier mon langage quand je me trouvais en pleine ornière psychologique.

Même au cours du chaos de la vingtaine, dans l'impitoyable jungle de l'entreprise, je trouvais le moyen de m'enchanter des rencontres les plus inintéressantes. Chaque matin, vers cinq heures, avant d'emprunter l'immense ascenseur vers le onzième étage, avant de parcourir les couloirs éclairés au néon et de slalomer entre les rangées de box similaires, avant d'atteindre mon bureau, d'allumer mon ordinateur et mon BlackBerry et de jongler entre e-mails, tableurs et messages instantanés, j'entrais dans le café situé dans l'atrium de mon immeuble, accueilli par le somnolent « Comment ça va, ce matin ? » de rigueur.

Et chaque jour, je répondais par un sourire, une pause et la même emphase : « Génial ! Et vous ? »

J'admets que cette réplique prenait souvent les gens par surprise – surtout au début. Ils s'attendaient aux classiques « Bien » ou « Ça va, merci » et, à la place, m'entendaient répondre avec un enthousiasme plutôt inattendu de la part d'un client matinal. Le comédien George Carlin a dit un jour que lorsqu'on vous demande comment vous allez, il faut toujours répondre « Super ! », parce que ça rend heureux vos amis et énerve vos ennemis. Bien que cette idée me plaise, ce n'était pas le but de ma réponse, qui n'était jamais hypocrite. En effet, je me sentais d'humeur géniale chaque matin, car je m'efforçais de *remarquer* les miettes d'extraordinaire dans la banalité du quotidien.

Des années avant ma rencontre avec le minimalisme, j'ai découvert que ma *routine* correspondait à la définition du dictionnaire : régularité, banalité, ordinaire. Or, si la vie que je menais n'avait rien de remarquable, des choses aussi simples que l'achat d'un café pouvaient devenir – *devaient* devenir – des expériences remarquables, l'occasion de vivre l'instant présent, aussi bref soit-il.

Certains baristas trouvaient mon enthousiasme irritant (voire rébarbatif), mais avec le temps, presque tout le monde s'y faisait. « Génial ? » répétaient-ils comme si le mot lui-même était une devinette. Mais un sourire ne tardait pas à apparaître sur leur visage : génial, ouais, ça me plaît !

N'hésitez pas à me l'emprunter, c'est gratuit et ça fait du bien à tout le monde !

Sur mon gobelet, le personnel a fini par troquer « Joshua » pour « Monsieur G. ».

L'art de remarquer

Je ne voulais pas seulement que les gens me *perçoivent* comme heureux. Une personne malheureuse qui sourit reste malheureuse. Au lieu de ça, je répondais avec verve parce qu'au fond, je sais bien que je suis nul en « instant présent ». Mais je sais aussi qu'en recourant au langage, au ton, aux inflexions, aux gestes et aux expressions faciales adéquates, nous pouvons modifier notre état intérieur pour apprendre à remarquer et à apprécier le moment présent, même avec ses imperfections nues. Le rôle du minimalisme s'avère particulièrement utile sur ce point. En éliminant les distractions physiques autour de nous, nous pouvons regarder à l'intérieur de nous-mêmes et entamer le processus de désencombrement mental, émotionnel, psychologique et spirituel.

Il est difficile de *remarquer* et d'*apprécier*, surtout sous les bombardements matériels de notre quotidien. *Remarquer* sollicite des ressources précieuses (attention, énergie, concentration). *Apprécier* requiert tout cela et davantage – la reconnaissance des qualités extraordinaires qui se nichent partout, surtout dans l'ordinaire. Ces deux actions exigent une présence physique et mentale, incroyablement fugace dans notre monde si rapide.

On ne peut traiter qu'une quantité donnée d'informations à la fois, et on a tendance à se retrouver englué dans sa propre tête, sa propre histoire, sa propre vie, comme si tous les autres n'étaient que les figurants bénévoles de notre histoire, comme s'ils n'étaient pas en proie aux mêmes luttes. Alors on avance dans la vie en trébuchant, on ignore le présent. Moi le premier. J'ai négligé tant d'instants, à vivre dans le passé ou dans l'avenir. Or la vie est une collection de moments présents. Et les délaisser, c'est délaisser la vie elle-même.

Naviguer.
Faire défiler.
Rédiger des e-mails.
Écrire des textos.
Poster.
Tweeter.
Mettre à jour.
Répondre.
Visionner à nouveau.
Réagir.

Dans notre monde moderne, il ne s'agit que d'une infime partie des options disponibles pour dilapider l'instant. Bien sûr, elles n'ont rien de mal *en soi*.

Jusqu'à ce qu'elles se mettent à entraver les expériences plus riches de sens. La plupart d'entre nous ignorent la beauté naturelle qui nous entoure, désireux que nous sommes de trouver une beauté artificielle dans l'éclat de notre minuscule écran[1].

Et je ne parle même pas de toutes les options prétechnologiques :

Ruminer.
S'inquiéter.
Se tracasser.
Ressasser.
Analyser.
Stresser.
Agoniser.

Comme vous le voyez, ce problème n'a rien de nouveau. Depuis que l'être humain a trouvé le moyen de baragouiner quelques syllabes au fond d'une grotte, il a aussi trouvé celui de détourner son attention de l'instant. Simplement, nous n'avons jamais disposé d'autant de possibilités de divertissement.

Retour à l'instant présent

Aujourd'hui, plus de dix ans après que Monsieur G. a cessé de fréquenter ce café, je peine toujours à vivre l'instant présent avec conscience, à remarquer

1. Pour en savoir davantage sur les distractions technologiques, rendez-vous au chapitre « Relation à la créativité ».

ce qui se trouve juste devant moi. Comme tout le monde, je navigue entre les distractions, l'apaisement et l'ennui. Heureusement, peiner n'est pas une fatalité ; au contraire, c'est une excellente raison de s'efforcer consciemment de vivre dans l'« ici et maintenant ». Si c'était naturel, nous n'aurions pas besoin de fournir autant d'efforts. Par chance, il existe quelques techniques pour nous ramener dans le présent – très utiles quand je dérive… et je dérive beaucoup.

S'agissant de présence, deux de mes plus grandes influences proviennent d'individus aux croyances diamétralement opposées que j'ai découverts via leurs écrits : le pasteur Rob Bell et l'athée Sam Harris. D'ailleurs, les deux ont fait une apparition dans *The Minimalists Podcast*.

Pour éviter l'atrophie, il est important de se confronter à des opinions opposées – afin de défier et renforcer la nôtre. En matière de points de vue spirituels, ces deux intellectuels bien connus du public américain occupent chacun une extrémité du spectre. Rob Bell, ancien pasteur ultramédiatisé originaire de Grand Rapids, est célèbre pour son ouvrage controversé *Love Wins*. Sam Harris, lui, neuroscientifique et professeur de méditation, est célèbre pour ses critiques de la religion (ainsi que pour son accrochage public avec Ben Affleck sur le plateau de l'émission *Real Time with Bill Maher*).

Dans son premier livre (*Velvet Elvis: Repainting the Christian Faith*), le pasteur relate une histoire dans laquelle Dieu enjoint à Moïse de grimper au sommet d'une montagne. Moïse s'exécute et, une fois qu'il est là-haut, Dieu lui commande d'« être sur la montagne ».

J'imagine bien Moïse, un peu ennuyé. « Je t'ai entendu la première fois quand tu m'as dit de grimper au sommet de la montagne ! J'ai obéi, et maintenant ? »

Et Dieu de répondre, aussi ennuyé : « Contente-toi d'être sur la montagne. »

Déconcerté par la redondance de la requête divine, Moïse a probablement froncé les sourcils : Dieu n'attendait-il donc pas de lui qu'il se rende au sommet pour y envisager sa prochaine action ? Non, en effet. Dieu ne voulait pas le voir préoccupé, dressé tout là-haut à se demander comment il allait redescendre, comment il allait payer ses factures ou s'il avait bien éteint les lumières avant de partir.

Dieu voulait que Moïse *soit* sur la montagne – pour profiter de l'instant. Ce qui est impossible quand on bloque dans un état de planification perpétuelle. Ou d'inquiétude perpétuelle. Ou de quoi que ce soit de perpétuel.

Nul besoin de partager les valeurs de Rob Bell (ou de Sam Harris) pour trouver un sens à cette parabole modernisée. Cette histoire nous rappelle simplement que les humains affrontent les mêmes difficultés depuis des milliers d'années. Avant la télévision, avant Internet, avant les smartphones, avant YouTube et Instagram, nous trouvions déjà à nous distraire. Cela fait partie de la condition humaine. Ce que Rob Bell illustre ici, c'est que lorsqu'on prend le temps de s'arrêter, on peut apprécier le moment. Grimper au sommet d'une montagne exige d'énormes efforts, alors autant en profiter, même pour quelques minutes seulement. La pause compte autant que l'action effectuée. Sans cela, nous ne faisons que cocher les éléments d'une liste de tâches à exécuter.

Pour profiter de la vie, nous devons donc nous engager à être sur la montagne. Je ne dis pas qu'il ne faut pas planifier ou travailler dur. Seulement, nous pouvons aussi prendre plaisir à la planification et au travail en eux-mêmes quand ils s'exécutent depuis un lieu de pleine conscience.

Dès que possible,
ne vous attardez pas sur le passé.
Ne vous inquiétez pas de l'avenir.
Soyez sur la montagne.
Soyez. Simplement.

Les ennemis de la présence

Dans son dixième ouvrage (*How to Be Here: A Guide to Creating a Life Worth Living*), Rob Bell explore la joie de vivre dans le moment présent. Il y aborde aussi ses trois ennemis – l'ennui, le cynisme et le désespoir :

« L'ennui est mortel. Il dit : *Il n'y a rien d'intéressant à faire ici*. Il révèle nos croyances à propos du monde dans lequel nous vivons. L'ennui est mortel car il reflète une vue statique et fixe du monde – un monde fini.

Si le cynisme en diffère légèrement, il n'en est pas moins mortel. Le cynisme dit : *Il n'y a rien de nouveau à faire ici.* Le cynisme se présente souvent comme une sagesse alors qu'il émane d'une blessure. Souvent, le cynique a essayé de faire quelque chose de nouveau mais a rencontré un échec, s'est fait huer, et cette douleur le pousse maintenant à critiquer et à ridiculiser, car cela ne comporte aucun risque pour lui. Si vous maintenez une chose à distance en prenant bien soin de la tourner en dérision, alors elle ne peut pas vous blesser.

Puis vient le désespoir. Tandis que l'ennui peut s'avérer assez subtil, et le cynisme apparaître comme plutôt intelligent, voire amusant, le désespoir s'apparente à un gros vide dans le cœur. Le désespoir dit : *Rien de ce que nous faisons ne compte*. Le désespoir reflète la peur pénétrante que tout soit vain et que nous ne fassions, en définitive, que gâcher notre temps. »

Si je devais compléter ces pensées, j'ajouterais :

Lorsqu'on s'ennuie, on est ennuyeux.

Lorsqu'on est cynique, on est fainéant.

Lorsqu'on se morfond dans le désespoir, on n'est pas là.

Mais bien sûr, quand je dis « on », je parle de moi.

Lorsque je m'ennuie, je suis ennuyeux.

Lorsque je suis cynique, je suis fainéant.

Lorsque je me morfonds dans le désespoir, je ne suis pas là.

D'après Bell, ces « maladies spirituelles » que représentent l'ennui, le cynisme et le désespoir « nous coupent de la vérité la plus primaire : nous sommes ici ». Elles nous éloignent de l'instant présent, nous privent du recul requis pour apprécier la beauté de l'instant.

C'est toujours maintenant

De son côté, Sam Harris envisage la valeur du moment en considérant l'inévitable : la mort. Dans son célèbre discours *It Is Always Now*, il se confronte aux concepts de mortalité et de priorité :

« La plupart d'entre nous nous efforçons de ne pas penser à la mort. Mais il y a toujours un coin de notre esprit qui sait que cela ne pourra pas durer éternellement. Une part de nous qui sait que nous nous trouvons à une seule visite chez le médecin, à un seul coup de téléphone d'un rappel brutal de notre propre mortalité, ou de celle de nos proches.

Une des vérités que les gens tendent à réaliser dans ce genre de moments, c'est qu'ils ont gâché beaucoup de temps quand leur vie était normale. Ce n'est pas seulement comment ils ont occupé ce temps. Ce n'est pas qu'ils l'ont passé à travailler ou à vérifier leurs e-mails de façon compulsive. C'est qu'ils accordaient de l'importance aux mauvaises choses. Ils regrettent ce qu'ils considéraient alors comme important. Quand leur vie était normale, leur attention était accaparée par des inquiétudes insignifiantes, jour après jour. »

Ce qui me ramène à ce petit café en bas de mon bureau, plus de dix ans en arrière. À l'occasion, un sceptique me lançait : « Et qu'est-ce qui vous rend si *génial* ? », comme s'il y avait une explication incroyable (peut-être venais-je d'avoir une promotion ou de gagner au loto ?). Or je répondais avec honnêteté : « Je suis vivant, et si vous leur prêtez attention, même les expériences les plus banales vous sembleront extraordinaires ».

Aux yeux d'un cynique lambda, un comportement aussi enjoué apparaîtra sûrement comme énervant ou déconnecté du « vrai » monde. Aux miens c'était (et c'est toujours) un moyen d'être attentif, de faire des pauses, de trouver des étincelles de joie dans le moment présent. La capacité à se satisfaire de la répétition des activités est un superpouvoir.

Dernièrement, pourtant, j'ai eu du mal à retrouver monsieur Génial dans mes interactions quotidiennes. Un peu comme s'il m'avait abandonné (sans mot d'au revoir ni adresse où faire suivre son courrier), laissant une profonde dépression dans son sillage.

Le prix des mauvaises décisions

Je suis récemment tombé sur un *meme* assez représentatif de mes récentes tribulations : sur scène, une rock star hurle un « Comment ça va ce soir ? » auquel toute la foule répond par un *WOOUUUUU* survolté… à l'exception d'un type, dans le fond de la salle, qui lâche « Ben en fait, ces derniers mois ont été plutôt difficiles… »

C'est peu de le dire.

L'année suivant la signature du contrat pour ce livre a été la plus dure de ma vie. De loin. Curieusement, pourtant, elle avait commencé sur une note positive.

Été 2018, je venais de souffler mes trente-sept bougies et vivais une période idyllique. Je n'avais même pas besoin d'*essayer* d'être dans l'instant, ça me venait naturellement. Ma vie créative coulait de source, mes relations personnelles et professionnelles florissaient. Ma capacité à contribuer à des causes louables était plus grande que jamais. Et après plusieurs années de petits désagréments de santé, j'étais de nouveau au top de ma forme : je dormais bien, j'étais plein d'énergie, de concentration et d'un calme qui rendait mes jours productifs et agréables. Sans exagération, l'été 2018 a été le meilleur de ma vie d'adulte.

Comment avais-je atteint un tel sommet ? La réponse n'a rien de sexy. Cela m'a demandé une décennie d'étapes progressives, d'habitudes modifiées et d'échecs répétés. De me séparer d'une multitude de biens matériels afin de laisser la place à la vie. D'abandonner une existence alimentée par les attentes des autres. De faire correspondre mes actions à la personne que je souhaitais devenir, de me concentrer sur mes valeurs plutôt que sur mes pulsions[1]. Pour vivre une vie riche de sens, je devais vivre en harmonie.

Or ça n'avait pas toujours été le cas. Du tout.

Jusque-là, je ne pouvais pas me vanter d'avoir bien traité mon corps. Il faut dire qu'entre mes six ans et mes onze ans, mon poids a doublé – à peu près

1. Voir le chapitre « Relation aux valeurs ».

à l'époque où l'alcoolisme de ma mère est devenu insoutenable. Face au chaos qui envahissait mon univers, la nourriture était le seul élément sous mon contrôle. Céréales et gâteaux industriels, sandwichs au beurre de cacahuète et à la confiture, cheeseburgers, frites... à ça, je pouvais me raccrocher. Résultat, mon poids a grimpé en flèche. En quelques années, j'avais atteint le stade de l'obésité morbide et j'étais littéralement l'enfant le plus gros de mon école.

À l'adolescence, il m'est apparu de façon évidente que la plupart des filles délaissaient les garçons en surpoids pour leurs homologues plus minces. J'ai donc maigri, grâce à une méthode tout sauf saine : j'ai arrêté de manger. Là encore, j'éprouvais une sensation de contrôle, de pouvoir me bâtir des certitudes. Hélas, la sous-nutrition, combinée aux assauts de la puberté, composait le terreau idéal pour la maladie. J'étais constamment malade. Je me disais qu'au moins, je perdais ma graisse.

Avec mon mètre quatre-vingt-huit et mes soixante-trois kilos, je suis entré au lycée plutôt svelte, de presque cinquante kilos plus léger que l'année précédente. Les autres élèves ne m'ont pas reconnu. (Un camarade m'a tout de même demandé si je n'étais pas de la famille de Josh Millburn.) C'était comme si j'avais une nouvelle identité. Je pouvais être n'importe qui.

Malheureusement, comme j'avais perdu du poids rapidement (sans modifier mes habitudes, mon éducation ou mon état d'esprit), je l'ai repris dès la fin du lycée. Un kilo après l'autre, j'étais de nouveau en surpoids au début de la vingtaine. Ventre, double menton et bourrelets. Le stress du monde de l'entreprise n'aidait pas. J'ai adopté de mauvaises habitudes sans m'en rendre compte : je grignotais à longueur de journée des snacks achetés au distributeur, éliminais le sport et l'activité physique de ma routine et dormais le minimum requis. Au royaume des affaires, qui avait le temps de se préoccuper de sa santé ? L'ascension de l'échelle professionnelle exigeait ma personne tout entière, j'ai donc laissé le reste de côté.

En chemin, j'ai accepté chaque traitement pharmaceutique proposé par les docteurs. La médecine moderne semblait avoir une solution rapide pour tous les maux. Des problèmes de peau causés par un mauvais régime alimentaire ? Voilà, prenez une pilule. Oh, elle ne fait pas effet ? Tenez, essayez celle-ci. Quoi, des effets secondaires ? Pas de panique, nous avons aussi une pilule pour ça.

Les conséquences de tous ces raccourcis annulaient tous leurs avantages éphémères. Chaque cachet apportait son lot d'effets secondaires pires que les maux traités : sécheresse cutanée, démangeaisons, plaques, bouche sèche, desquamation, inflammation du blanc de l'œil, douleurs articulaires, douleurs dorsales, vertiges, somnolence, nervosité, altération des ongles de pied et de main, dépression, pensées suicidaires (pour seulement un des médicaments que j'ai pris).

Pas un seul des médecins n'a suggéré un changement de régime alimentaire ; j'ai dû arriver à cette conclusion tout seul. Avant cela, j'écoutais pieusement les ordres, prenais toutes les pilules, crèmes, inhalations ou potions prescrites. Me soumettre à leurs solutions s'avérait plus simple que les remettre en question. Et beaucoup plus simple que reprendre le contrôle de ma vie et changer mes habitudes.

Je ne pensais pas mes habitudes mauvaises. Pas vraiment. Après tout, je ne fumais pas, ne buvais pas, ne prenais pas de drogues récréatives ni n'avais de relations sexuelles non protégées – toutes les questions standard posées par les médecins en guise de bilan de santé. Malheureusement, elles n'étaient pas bonnes non plus. Je ne savais pas vraiment ce que *sain* voulait dire. On m'avait enseigné la pyramide alimentaire, mais on ne m'avait pas prévenu des dangers des aliments transformés, de l'abus de médicaments ou de l'importance de l'origine de la nourriture. Bon sang, à vingt et un ans, je pensais qu'en mangeant assez de frites, j'avais ma dose de légumes pour la journée.

Régime minimaliste

Même de nos jours, les spécialistes peinent à se mettre d'accord sur la définition du meilleur régime alimentaire. Un site Internet recommandera un régime paléo, l'autre un régime à base de végétaux et un troisième un régime pauvre en glucides. Après avoir navigué parmi tous ces conseils contradictoires, on éteint son ordinateur et on retourne à ses beignets d'Oréo (totalement végan, au passage).

Dans l'épisode n° 134 de *The Minimalists Podcast*, intitulé *Régimes minimalistes*, nous avons animé une discussion entre un athlète végan, Rich Roll, qui ne mange que des végétaux ; un médecin carnivore, le Dr Paul Saladino, qui ne mange que des animaux (ce n'est pas une façon de parler) ; et un médecin omnivore, le Dr Thomas Wood, qui, comme 99 % des habitants de la planète, mange à la fois des végétaux et des animaux. Et ces trois spécialistes avaient beau être des modèles de santé, ils exprimaient des opinions radicalement opposées.

Au lieu d'organiser un débat houleux, j'ai préféré m'intéresser à ce qui mettait ces trois experts d'accord. Malgré leurs approches différentes, ils s'accordaient sur le fait que les aliments transformés ne sont pas l'idéal pour une vie saine. Tout comme le sucre, le gluten, les substances chimiques, les huiles raffinées ou l'élevage intensif. Ils s'accordaient aussi sur le fait que chaque être humain est génétiquement unique et qu'en conséquence, deux personnes suivant le même régime peuvent obtenir des résultats très différents.

Pas surprenant que la santé soit si compliquée. Ce qui marche pour vous pourrait ne pas marcher pour moi ? C'est épuisant. Alors, au lieu de prescrire un modèle de style de vie unique, autant commencer par se concentrer sur des principes universels. Voici donc le cadre de base d'un régime minimaliste sain :

Mangez de la vraie nourriture.
Ne mangez ni trop, ni trop peu.
Évitez les aliments inflammatoires.

Restez à bonne distance des huiles raffinées[1].

Évitez les aliments transformés.

Ne mangez pas d'aliments qui vous font du mal.

Concentrez-vous sur le problème, pas sur les symptômes.

Mangez des végétaux biologiques et des animaux nourris à l'herbe.

Achetez local autant que possible.

Si les résultats sont susceptibles de varier, un cadre bien défini nous permet de construire la maison qui correspond le mieux à nos désirs.

Vers vingt-cinq ans (j'avais arrêté d'attendre la prescription de la pilule miracle qui réglerait tous mes problèmes et m'étais résolu à effectuer mes propres recherches), j'ai modifié mon alimentation afin d'éliminer les causes de mon obésité. Pour moi, cela signifiait supprimer le sucre, le pain et les aliments transformés ; cela signifiait aussi manger surtout des végétaux, éviter de grignoter, manger seulement deux repas quotidiens et jeûner seize heures par jour.

---

1. Tenez-vous à distance de l'huile de colza, de l'huile de soja, de l'huile de carthame, de l'huile de maïs, de la margarine, etc., car elles sont raffinées à l'aide de produits chimiques nocifs. Préférez les alternatives biologiques comme l'huile d'olive extra-vierge, l'huile d'avocat, l'huile de coco ainsi que le beurre et le suif produits à partir d'animaux élevés en plein air et nourris à l'herbe.

Se gérer soi-même

Vers vingt-cinq ans, j'avais beau avoir repris le contrôle de mon poids, je continuais à écouter les conseils pharmaceutiques de mon médecin sans les questionner, chercher de deuxième avis ni écouter mon propre corps. Contre l'acné du visage, on m'a prescrit plusieurs cures d'Accutane, un médicament désormais interdit aux États-Unis ; il était si puissant que je devais effectuer une prise de sang mensuelle pour vérifier que mon foie tenait le choc. Je l'ignorais à l'époque, mais cette acné provenait principalement d'une intolérance aux produits laitiers : quand j'ai supprimé le lait, le fromage et les yaourts de mon alimentation, mes boutons ont disparu.

Pour traiter l'acné nodulaire sur mon crâne, on m'a ensuite prescrit du Bactrim, un antibiotique prétendu bénin. (Or, cette acné elle aussi était provoquée par une allergie, au soja, cette fois ; après élimination du tofu, de l'edamame et des autres produits à base de soja de mon alimentation, elle a disparu.) À vingt-sept ans, et après plusieurs années de consommation quotidienne de cet antibiotique, j'ai commencé à subir une avalanche de nouveaux symptômes : allergies saisonnières, multiples sensibilités chimiques, allergies alimentaires, problèmes digestifs, fatigue chronique. Quelques années plus tard, l'usage excessif d'antibiotiques a provoqué la dangereuse prolifération d'une bactérie du nom de *Clostridium difficile* dans mes intestins (elle tue plus de vingt-neuf mille Américains par an).

J'étais loin de me douter que la plupart de mes problèmes de santé (sinon tous) émanaient d'un déséquilibre de mon microbiome intestinal (dysbiose) et de l'inflammation qui en résultait. D'après le Dr Chris Kresser, auteur de *Unconventional Medicine*, le microbiome influence notre santé générale, via les allergies, l'immunité, la santé osseuse, la santé cérébrale, le cancer, les maladies cardiovasculaires, les différents types de diabète, la santé gastro-intestinale, l'auto-immunité, l'obésité, la santé de la peau et les problèmes de thyroïde (liste non exhaustive). D'après *Nutrients* et d'autres revues scientifiques révisées par des pairs, il a également été prouvé à de nombreuses reprises que la dysbiose intestinale entraîne une augmentation des inflammations dans le corps humain.

Toujours d'après le Dr Kresser, huit principaux facteurs perturbent le microbiome (tous en lien avec notre vision du monde moderne et ses solutions miracles) : les antibiotiques, certains produits pharmaceutiques, les naissances par césarienne, le régime alimentaire occidental, les aliments génétiquement modifiés, la perturbation des rythmes de sommeil et circadiens, le stress chronique et les infections chroniques existantes. Rien de surprenant, donc, à ce que je sois resté en mauvaise santé même une fois mes kilos perdus : au début de la vingtaine, je cochais l'ensemble de ces critères[1].

À ce point, vous vous demandez sûrement ce que tout ça a à voir avec le minimalisme. En un

1. Si vous souhaitez en apprendre davantage sur la santé intestinale, je vous conseille la lecture de *Healthy Gut Healthy You*, du Dr Michael Ruscio, une plongée très digeste en plein cœur du sujet, qui met la compréhension de ses nombreuses complexités à la portée de tous.

mot : tout. Le minimalisme est une pratique de la vie intentionnelle. Cela commence par les objets, puis ça finit en programme de gestion de notre vie. D'ailleurs, si je pouvais remonter le temps et partager mon savoir actuel avec le Joshua de ma jeunesse, je me focaliserais sur ce mot : intendance.

Dès mon plus jeune âge, j'ai traité mon corps sans considération, comme s'il était à la fois jetable et indestructible. Je n'étais pas un bon intendant de mon vaisseau. Je ne connaissais pas mon propre corps, comme s'il y avait une sorte de « moi » qui existait séparément. Je ne savais pas faire autrement.

Hélas, mon attitude n'a pas changé avec les années, car je ne savais toujours pas comment faire autrement. Même quand je me croyais sain, je prenais mauvaise décision sur mauvaise décision – aliments « light » suremballés, sucres, huiles raffinées et substances chimiques ; surconsommation d'antibiotiques et d'autres produits pharmaceutiques ; très peu d'exercice et de sommeil ; quantités obscènes de stress professionnel et relationnel ; une vie dont je n'étais pas fier et dont je finirais par payer le prix. À l'image de l'excès matériel, nos problèmes de santé ne disparaissent pas si on les ignore – l'encombrement et la maladie augmentent avec chaque année qui passe.

Apprendre à lâcher prise pour se soigner

Marta Oriz, l'une de nos participantes à l'étude de la fête des cartons (originaire de la ville de Mexico), souffrait de soucis de santé notables avant de simplifier sa vie, il y a environ un an. « J'ignorais les signaux évidents que m'envoyait mon corps », nous a-t-elle expliqué au cours de la première semaine de déballage. Si elle adhérait déjà depuis trois ans à certains tenants du minimalisme (elle avait donné de nombreux objets qui n'ajoutaient plus de valeur à sa vie, par exemple), le fait de s'attaquer de front à toutes ses possessions lui a révélé de nombreux dysfonctionnements de santé : excès de stress, mauvaise alimentation, manque de sommeil et d'exercice, et importants problèmes digestifs, pour n'en citer qu'une poignée.

Même après sa première rencontre avec le minimalisme, Marta avait continué à « se surimpliquer, surtravailler, surconsommer, se suralimenter ». Elle le constatait, tout en dépaquetant ce dont elle avait besoin. « Je continuais à en faire trop à tous les niveaux, et j'en payais le prix physique et mental. Je me suis poussée à la limite. » Elle nous a déclaré que sans la simplification, elle aurait sûrement « dépassé cette limite » – et ce sous-entendu nous a semblé aussi clair que menaçant.

« Éliminer le vacarme de ma vie m'a permis d'entendre ce qui comptait vraiment – mon bien-être. » Aujourd'hui, Marta poursuit son tri, un jour à la fois. Tout en se confrontant à ses excès au cours de sa « fête », elle s'est engagée à « établir des limites claires, manger plus sainement, acheter plus intentionnellement et prêter attention à ce que [s]on esprit et [s]on corps [lui] disent. »

Marta reconnaît que ce changement d'état d'esprit n'est pas survenu uniquement parce qu'elle a mis ses affaires dans des cartons. Ni uniquement parce qu'elle a fait don de vieux habits il y a quelques années. Non, c'est plutôt que tout ce qui absorbait la majeure partie de son *attention* a disparu et laissé la place à l'*intention*. Elle a ainsi pu se concentrer sur son bien-être au lieu de combler sa vie de distractions matérielles. Ce léger revirement a eu un impact considérable sur sa santé générale, sans lui coûter un centime. Dans un sens, apprendre à se débarrasser équivaut donc à une sorte de médicament gratuit.

La nourriture qui guérit

D'après le Dr Thomas Wood, membre émérite du service de pédiatrie de l'Université de Washington et directeur scientifique de *Nourish Balance Thrive* (société en ligne qui se sert de tests biochimiques avancés pour optimiser les performances des athlètes), « les meilleurs médicaments sont gratuits : alimentation saine, exercice, sommeil, lumière du soleil ». Abordons ces « médicaments » l'un après l'autre, en commençant par la base de la santé : la nourriture.

Beaucoup d'athlètes, de médecins et de chercheurs vous le diront : pour retrouver le contrôle de votre santé, vous devez d'abord reprendre celui de votre alimentation, car ce que vous introduisez dans votre corps alimente votre vie entière. Apprendre à considérer la nourriture comme du carburant, et non plus comme un divertissement, permet de se libérer de l'impulsion. À la place, vous rechargez votre corps quand il en a besoin, un peu comme vous rechargez votre réservoir d'essence lorsqu'il est vide. Vous ne remplissez pas votre réservoir à outrance juste parce qu'aujourd'hui c'est *cheat day* ou que vous avez envie de vous « faire plaisir ». D'ailleurs, il est temps de cesser de considérer le fait de se bourrer de poison comme un « plaisir ». Le véritable plaisir consiste à traiter son corps avec respect, à le nourrir afin de bien vivre. Nous devons vivre pour la joie de l'instant présent, pas dans l'attente du prochain « plaisir ». (Sans vouloir jouer les rabat-joie, un *cheat day* par semaine équivaut à sept semaines de triche par an… Je ne sais pas pour vous, mais je n'aimerais pas que ma femme me trompe autant. Et pourtant, nous ne cessons de tricher envers nous-mêmes.)

Cela signifie-t-il que nous ne pouvons pas apprécier nos repas ? Bien sûr que non. Mais pour parler franchement, quoi que nous mangions, nous apprécions rarement la nourriture qui pénètre dans notre bouche. Au lieu de ça, nous fonçons au drive, nous grignotons sur le pouce ou par ennui et nous empiffrons en faisant plusieurs choses à la fois.

La semaine dernière, dans la salle de repos de mon espace de coworking, j'ai vu un homme massif dévorer une pizza entière en regardant Netflix sur son iPad. Déjà, son repas était loin d'être sain, et surtout, l'expression sur son visage était on ne peut plus éloignée de la joie. Elle relevait davantage de la défaite, comme si sa routine du midi consistait à s'échapper. Même le plaisir semblait manquer au processus[1].

Cela vous surprendra peut-être, mais j'apprécie beaucoup plus mes repas depuis qu'ils sont « sains », et la raison ne tient que partiellement à la nourriture elle-même. Bien sûr, je pourrais vous parler des techniques pour une alimentation saine et gourmande, ou du bien-être ressenti par le simple fait de ne pas culpabiliser après avoir englouti un festin, mais je préfère prendre le temps de vous parler des plats dont je raffole – ceux que je partage avec d'autres. Au lieu de grignoter devant la télé, ou de m'empiffrer dans ma voiture, mon vrai plaisir reste un repas partagé autour de la table.

L'exercice qui guérit

L'alimentation a beau être la base, elle ne peut, à elle seule, garantir une santé optimale. Même avec une alimentation parfaite, une personne sédentaire n'aura pas une vie saine. En matière de bonne santé, alimentation et activité physique sont aussi inséparables que Thelma et Louise.

« Faire de l'exercice » peut être intimidant. Poussez la porte de la salle de gym de votre quartier et vous serez immédiatement confronté à un choix vertigineux :

1. Bien sûr, je me reconnais dans cet homme. Sans vigilance, moi aussi je suis impulsif, compulsif et distrait à la moindre occasion.

Devrais-je commencer par du cardio ?
Quels poids soulever ?
Combien de séries, de pauses ?
À quoi sert cette machine ?
Aujourd'hui, c'est « leg day » ou « arm day » ?
Comment me muscler le dos ?
Bon sang, c'est quoi ces trucs ?

Face à un tel déferlement, s'enfuir de la salle semble parfois la meilleure option. En réalité, l'idée de base de l'exercice est on ne peut plus simple.

D'après les experts interrogés sur ce sujet (entre autres Ben Greenfiel, une des « cent personnes les plus influentes dans les domaines de la santé et du fitness » d'après le site *Greatist*'s ; le Dr Ryan Green, médecin formé à la Mayo Clinic et spécialisé en performance humaine ; et ma femme, Rebecca Shern, fondatrice du site *Minimal Wellness*), le secret pour acquérir une forme physique de base tient à un seul mot : mouvement. Nul besoin d'exercice physique complexe, simplement d'exercice. Alors, que vous soyez plutôt salle de gym ou parc, piscine ou lac, trottoir ou sentiers de randonnée, le seul impératif est de bouger au quotidien, de façon régulière, pour garder la forme, surtout dans nos sociétés de plus en plus sédentaires qui privilégient le confort et la praticité au bien-être et à la santé. Et je ne parle même pas du fait qu'on dort beaucoup mieux la nuit quand on fait assez d'activité physique pendant la journée.

Le sommeil qui guérit

Le Dr Matthew Walker, auteur de *Pourquoi nous dormons : ce que la science nous révèle pour mieux dormir*, attribue le statut de crise sanitaire à notre déficit collectif de sommeil : « Il ne semble pas y avoir le moindre organe majeur de notre corps, ni processus de notre cerveau, qui ne soit optimisé par le sommeil (et, à l'inverse, fortement détérioré par le manque de sommeil). Et le nombre incalculable de bienfaits que nous procure chaque nuit ne devrait plus surprendre personne. » Il avance également que les êtres humains sont les seules créatures à « se priver délibérément de sommeil sans raison valable ». Et pourtant, entre le travail, les loisirs, la fête ou nos diverses occupations, nous nous inventons toujours plus d'excuses… et le sommeil en pâtit, car il n'est pas aussi attirant que ses alternatives. Or, sans sommeil, impossible d'être au top. Un manque de sommeil ne devrait donc jamais être érigé en fierté – c'est une preuve d'irresponsabilité !

Nul besoin d'atteindre la perfection, surtout dans la mesure où nombre d'entre nous subissent des circonstances qui empêchent le sommeil parfait (enfants en bas âge, anxiété, horaires de travail compliqués) : autant l'oublier tout de suite. Heureusement, même face à ces défis, nous pouvons agir sur ce qui se trouve à notre portée (contrôler ce qui est contrôlable) pour améliorer notre sommeil. Comment ? Le Dr Walker propose des conseils simples, et vous pourrez raisonnablement en incorporer quelques-uns à votre routine du coucher afin d'améliorer votre sommeil général :

Couchez-vous et levez-vous à la même heure chaque jour.

Pendant la journée, sortez profiter de la lumière du soleil.

Prévoyez huit heures de sommeil par nuit, non négociables.

Maintenez une température fraîche dans votre chambre (18 °C).

Installez des rideaux occultants dans la pièce où vous dormez.

Évitez l'alcool et les autres sédatifs (la sédation n'est pas le sommeil).

Limitez la caféine, surtout après midi.

Utilisez des bouchons auditifs et un masque pour les yeux afin de vous préserver du bruit et de la lumière[1].

Tamisez les lumières et éteignez tous les écrans une heure avant de vous coucher.

Le soleil qui guérit

Si un éclairage excessif en soirée risque de nuire au sommeil nocturne (spécialement la lumière bleue émanant des écrans), il est crucial de recevoir assez

1. Ma femme utilise aussi une machine à bruits blancs, car l'ambiance relaxante l'aide à bien dormir.

de lumière du soleil dans la journée, car elle constitue notre quatrième « médicament gratuit ».

Vous remarquez sans doute le schéma qui se dessine – tous ces « médicaments gratuits » sont inextricablement liés les uns aux autres : alimentation et exercice, exercice et sommeil et, bien sûr, sommeil et lumière. D'après une étude menée dans une clinique spécialisée en médecine du sommeil par les Drs Jeanne F. Duffy et Charles A. Czeisler, « le rythme circadien des animaux et des humains s'établit sur des cycles de quasiment vingt-quatre heures et doit se réinitialiser au quotidien pour rester synchronisé au temps de notre environnement extérieur. » D'après Kristen Stewart et le Dr Samuel Mackenzie, rédacteurs pour l'*Everyday Health*, notre rythme circadien se dérègle car « nos horloges internes, qui contrôlent notre rythme de sommeil, sont sensibles à la lumière… Des critères comme la quantité de lumière du soleil à laquelle nous sommes exposés pendant la journée et le type d'éclairage auquel nous sommes exposés la nuit influencent donc nos schémas de sommeil. »

Nous percevons trop de lumière bleue la nuit, et trop peu de lumière du soleil le jour. Sachant que les Américains se déplacent (sous le couvert de leurs véhicules) entre leur maison, leur bureau et des espaces publics intérieurs, on estime que nous passons en moyenne 93 % de notre temps en intérieur, alors que nos lointains ancêtres passaient toute leur journée au soleil. « Soit on vit dans une région où la luminosité est limitée une grande partie de l'année, soit nos emplois du temps surchargés ne nous permettent pas de passer plus de temps au soleil », explique Justin Strahan, cofondateur de JOOVV, une entreprise qui fabrique des appareils de thérapie à la lumière rouge. « Je parie que vous ne lisez pas ceci assis dans un parc, sur la plage ou dans votre jardin... Si vous ne sortez que quelques heures par semaine, vous recevez très probablement trop peu de lumière naturelle. Ce manque implique des risques beaucoup plus élevés que ce que la plupart des gens s'imaginent, et peut entraîner de nombreux symptômes dont l'insomnie, la fatigue et la dépression.

Alors, s'il est important d'éviter la lumière bleue la nuit (elle nuit à la production de mélatonine, qui nous aide à rester endormis), il s'agit également de rechercher la lumière du soleil pendant la journée, et ce dès les premières lueurs. D'après une étude réalisée par une organisation du nom de Sleep Health, non seulement les personnes exposées aux rayons du soleil matinal dorment mieux, mais elles se sentent en général moins déprimées et stressées que celles qui n'en reçoivent pas suffisamment. Alors, au réveil, ouvrez grands vos volets et allez boire votre café sur la terrasse. Ou, encore mieux, sortez faire le tour du quartier dès le saut du lit. Vous vous sentirez mieux, dormirez mieux et réduirez votre niveau de stress. »

Succ-stress ?

Le Dr Simon Marshall, professeur de médecine comportementale à l'Université de Californie (San Diego), rassemble les « médicaments gratuits » cités dans ce chapitre sous l'acronyme SEEDS, pour *Sleep, Exercise, Eating, Drinking and Stress management* (sommeil, exercice, alimentation, hydratation et gestion du stress).

Dans son *SEEDS Journal*, le Dr Marshall (qui a travaillé pour les centres américains pour le contrôle et la prévention des maladies et publié plus d'une centaine d'articles scientifiques) se focalise sur le besoin d'introduire progressivement les changements comportementaux et d'éviter les bouleversements radicaux et soudains, bien moins susceptibles de tenir à long terme :

« Pour chacun de ces piliers de la santé, pensez à un minuscule geste à votre portée… Se concentrer sur de *petites* actions permet d'atteindre l'état d'esprit approprié, et d'enclencher la dynamique pour d'autres changements. Bref, les progrès appellent les progrès. »

Cela vaut aussi pour le minimalisme. On ne peut pas se contenter de simplifier une fois et s'attendre ensuite à vivre une vie simple, à perpétuité. Le minimalisme requiert des changements progressifs, étalés dans le temps, qui commencent par notre relation aux objets (ceux auxquels nous nous accrochons et ceux que nous consommons) puis s'étendent à nos autres « rapports » – vérité, soi, valeurs, argent, créativité et personnes.

La partie la plus captivante de l'acronyme du Dr Marshall réside à mes yeux dans la lettre finale : « S », pour [gestion du] Stress. En effet, s'il est essentiel que nous profitions de nos « médicaments gratuits », il l'est tout autant d'éviter les poisons qui nous stressent.

Mon ami le Dr John Delony, titulaire de deux PhD (dont un en conseil), compare le stress à un détecteur de fumée. Il m'a un jour expliqué : « Si ta cuisine est en feu, éteindre l'alarme incendie ne va pas sauver ta maison ». Dans cette même veine, lorsque nous sommes stressés, il est tout à notre honneur de chercher à pratiquer des techniques de respiration ou des postures de yoga, utiles et apaisantes sur le moment… mais qui se contentent de réduire au silence le signal de détresse. Or, si on ne s'attaque pas ensuite à l'étincelle qui a fait flamber notre anxiété, les flammes continuent leur opération de destruction.

On dit que « *nothing exceeds like excess* » (rien n'excède comme l'excès), mais il est également vrai que *rien ne stresse comme la réussite*. Vouloir réussir, réussir, toujours réussir jette les fondations du stress et de l'anxiété. Dans un monde soumis à la perfusion caféinée des médias ininterrompus, difficile de garder son calme. D'ailleurs, si vous cherchez à vous stresser, voici toute une série de techniques infaillibles :

Consommer plus.
Rêver de choses non essentielles.
Tout considérer comme précieux.
Refuser de lâcher prise.
Fixer le rétroviseur.
Zapper.
Lire avec soin le contenu des réseaux sociaux.
Vivre dans votre boîte mail.

Vous focaliser sur la productivité.
Comparer les accomplissements.
Désirer plein d'objets.
Négliger votre sommeil.
Oublier l'activité physique.
Rejeter l'aide.
Garder rancune.
Allonger votre *to-do list*.
Embrasser le perfectionnisme.
Vous maintenir occupé à tout prix.
Vous dépêcher.
Vous endetter.
Aller au supermarché.
Abaisser votre niveau d'exigence.
Dépenser plus.
Économiser moins.
Penser seulement à vous.
Dire « oui » à tout.

Peut-être qu'en faisant l'inverse (créer davantage, consommer moins, économiser plus d'argent, éviter de se surcharger, investir en l'espèce humaine), nous avons une chance de ramener le calme dans nos vies – sans retirer les piles de l'alarme incendie, mais en nous attaquant aux flammes qui rongent notre bien-être.

Passages douloureux

En septembre 2018, au moment où je me sentais au top de ma forme (juste avant ma Nouvelle Grande

Dépression), Ryan et moi sommes partis donner une conférence à Sao Paulo, au Brésil. Après l'événement, nous avons profité de la cuisine locale… et bu de l'eau du robinet. Je n'ai pas tardé à succomber à un épisode d'intoxication alimentaire. Hélas, contrairement à une intoxication classique, les effets de celle-ci ont duré plusieurs semaines, puis plusieurs mois après mon retour à Los Angeles : douleurs intestinales, éruptions cutanées, acné, diarrhée, ballonnements, inflammation, confusion mentale, hypersomnie, baisse de libido, léthargie. Puis la dépression, si absolue que j'avais l'impression d'être pris au piège dans un bocal géant oublié en plein soleil ; j'apercevais le soulagement et la liberté, juste de l'autre côté de la paroi de verre, hors de ma portée.

La dépression a paru frapper soudainement. Or, en y regardant de plus près, elle s'impose par étapes abruptes. Malgré l'impression de soudaineté, on ne dégringole pas de la colline d'un coup. Vient d'abord la tristesse. Puis l'incapacité à rester productif. Ensuite, toutes les fonctions du quotidien deviennent laborieuses. Finalement, avec un peu de malchance, on se retrouve sur YouTube à taper « comment faire un nœud coulant ».

Il va sans dire qu'il ne s'agissait pas simplement de chagrin, ou même de désespoir ; c'était ma première véritable expérience de dépression invalidante. En janvier 2019, je me réveillais chaque jour avec regret. La différence avec ma vie quelques mois auparavant était vertigineuse, et c'en était d'autant plus difficile à gérer : j'avais chuté depuis le plus haut sommet vers la plus sombre des vallées, et j'ignorais comment retrouver la lumière du jour. Un voile indéchirable recouvrait ma vie et affectait tous les éléments de mon bien-être. Ma production créative avait chuté de 90 %. Ma capacité à aider les autres avait disparu et prendre soin de moi était devenu une véritable corvée. Pour couronner le tout, mes relations en pâtissaient ; j'avais l'impression d'être un poids pour chaque personne autour de moi : ma femme, ma fille, mes amis, mes collègues.

Sachant qu'en temps normal, la tourista disparaît en une ou deux semaines, mon cas rendait les médecins perplexes. Et la coloscopie n'a pas fourni de réponse. Rapidement toutefois, des tests complémentaires ont révélé une prolifération d'*Escherichia coli* et d'autres bactéries opportunistes dans mon côlon, probablement en provenance de l'eau bue au Brésil. D'autres tests ont confirmé que les « mauvaises » bactéries (*protéobactéries, Bacteroidetes, Biophile wadsworthia*) avaient pris la place des « bonnes » (*Bifidobacterium, Akkermansia, Ruminococcus*), désormais indétectables ou carrément disparues, provoquant une sévère dysbiose intestinale. Puis une endoscopie non invasive a révélé plus d'une centaine de petits ulcères dans mon intestin grêle.

À l'heure où je rédige ces pages, nous n'avons toujours pas trouvé comment guérir mes intestins. J'ai essayé le jeûne, les régimes ultrarestrictifs et différents protocoles antimicrobiens sans effet probant. Finalement, j'ai accepté de recourir (non sans réticence) à une cure d'antibiotiques « ciblés » (Rifaximine et Néomycine), ce que j'avais souhaité éviter dans la mesure où mes années de surconsommation d'antibiotiques sont très probablement la cause initiale de mes problèmes intestinaux. Malheureusement, ce traitement n'a pas marché non plus.

Sur le chemin de la guérison, les leçons du programme en douze étapes de ma mère me reviennent à l'esprit : un jour à la fois. À vingt ans, je méprisais ce genre de platitudes ultraréchauffées. Cependant, face à mes souffrances, elles ont pris un sens nouveau.

Il y a des jours avec et des jours sans. Quand on déprime, les jours *avec* ne sont jamais qu'à peine meilleurs que les jours *sans*. Et les jours *sans* sont souvent « très » *sans*.

Sauf que.

Ça fait partie de l'aventure. Le plaisir, autant que la douleur. C'est même le principe de l'aventure. La douleur nous rend vivants. L'éviter, c'est éviter la vie. La douleur nous révèle à nous-mêmes.

En temps normal, un passage à l'épicerie n'a rien d'une aventure ; l'événement est vite oublié. Voilà exactement le problème illustré plus tôt dans ce chapitre par les paroles de Rob Bell et Sam Harris. Je m'explique. Avec un abandon irréfléchi, nous trébuchons entre différentes expériences de vie imminente, accumulons les événements insignifiants jour après jour, et appelons ça « vivre ». Mais ce n'est pas le cas. C'est une *to-do list*, une séquence de tâches, un simulacre de productivité. *Vivre* implique des expériences culminantes, des complexités et des émotions innommables qui entrelacent notre existence. *Vivre* requiert de vivre le moment présent quand il se présente. La joie et la peine. Les hauts et les bas. Ce sont les passages qui nous mènent d'ici à là. Ça réconforte ; ça brise le cœur. Une aventure riche de sens n'est jamais indolore. Ni dénuée de joie. C'est un mélange des deux. Et il ne nous appartient pas toujours de décider quelle sera notre prochaine expérience.

Théologie de la douleur

Confucius a dit : « Nous avons deux vies, et la seconde commence quand on réalise qu'on n'en a qu'une ». On a beau comprendre cette leçon intellectuellement parlant, il nous faut parfois connaître une expérience bouleversante pour *vraiment* l'assimiler.

Si j'ai appris une vérité cette dernière année, c'est la suivante : la santé représente la vraie richesse. Et même plus, la santé optimale est la vraie richesse. Ou, pour le dire avec plus de profondeur, que diriez-vous d'une autre maxime de Confucius ? « Une personne heureuse veut dix mille choses, une personne malade n'en veut qu'une seule. » Oui, je savais tout ça avant, en théorie. Après avoir été malade, fatigué et brisé, je le sais dans mes tripes.

J'aimerais pouvoir partager une solution miracle avec vous, le remède qui guérit tout, or je ne peux pas. Du moins pas ici, dans ce paragraphe. Parce que je suis encore en plein dedans. Les leçons les plus profondes tendent à émerger dans le sillage des traumatismes. J'ai beaucoup appris, mais il me reste encore un long chemin à parcourir. C'est le grand paradoxe de l'apprentissage : plus on apprend, moins on en sait. C'est comme ça. On ne pourra jamais tout savoir, tout comprendre. On n'arrivera jamais « jusque-là ». Parce qu'il n'y a pas de « là ». À un certain niveau, nous sommes tous perdus. Comment pourrait-il en être autrement ? Nous sommes une bande d'amateurs en équilibre précaire sur un énorme caillou humide, précipité vers l'univers infini. Et il ne nous reste plus beaucoup de temps. Nous agissons comme si la vie était infinie. Ou bien nous pensons la mortalité en termes d'espérance de vie – combien de temps nous avons à vivre. Peut-être devrions-nous plutôt penser en termes d'*espérance de santé*. Une vie courte et bien vécue est sans comparaison avec une vie de souffrance ou, pire, de médiocrité.

Donc, non, je n'ai pas toutes les réponses. Mais désormais, je comprends une chose. Si vous lisez ceci alors que vous êtes en bonne santé, vous menez *déjà* une vie de rêve ; tout le reste (possessions, statut, richesse, validation) n'est que de la poudre aux yeux. Et je sais aussi ceci : sur une période assez longue, la douleur est temporaire. De temps en temps, nous devons nous effondrer pour nous reconstruire plus forts. Ça fait mal. Malheureusement, parfois, il faut s'effondrer pour pouvoir avancer.

Reconstruire après l'effondrement

Le 28 mai 2019, alors que je luttais contre mes problèmes personnels, une série de quatorze tornades a dévasté ma ville natale de Dayton et sa communauté déjà durement frappée par les revers économiques, les overdoses et d'autres malheurs[1]. Les photos révélaient des scènes postapocalyptiques : véhicules retournés, lignes électriques coupées, toits arrachés, stations essence renversées. Même l'Hara Arena, une salle polyvalente de cinq mille cinq cents places où j'avais vu, enfant, mon premier spectacle sur glace, avait cédé, emportée par des vents à plus de deux cent vingt kilomètres-heure.

Mais peut-être que Dayton peut tirer parti de ces tornades. Malgré une quantité catastrophique de dégâts et un tragique décès, peu de gens ont été physiquement blessés par ces vents destructeurs. Tout le reste (toutes les choses matérielles qui semblaient si importantes) pouvait se remplacer.

Les semaines suivantes ont rassemblé la communauté d'une façon qui était inimaginable à peine quelques jours auparavant. Les églises, les centres communautaires et les citoyens ont ouvert leurs portes aux personnes à la rue. Les banques alimentaires et les soupes populaires ont reçu des quantités record de nourriture, de bouteilles d'eau, de fournitures d'urgence et de dons financiers. Les démocrates et les républicains ont mis leurs divergences politiques de côté pour aider les gens dans le besoin. Comme si les tornades, au-delà d'avoir abattu les murs physiques, avaient fait tomber les barrières métaphysiques qui divisaient la communauté.

---

1. Dont une fusillade à deux pâtés de maisons de mon ancien logement, qui a fait neuf morts et vingt-sept blessés, à peine deux mois après le passage de ces tornades.

Parce que nous en avions les moyens, nous, *The Minimalists*, avons contribué aux opérations de secours. Rien de tel que d'assister aux efforts des personnes ayant elles-mêmes tout perdu dans la tempête. À peine remises sur pied, elles cherchaient immédiatement à venir en aide aux autres sinistrés. Et cette aide se propageait. On aurait dit l'incarnation des brochures de sécurité des avions : « Assurez-vous d'enfiler correctement votre masque à oxygène avant d'aller porter secours aux autres passagers ».

Il y a deux leçons importantes à retenir ici.

D'abord, aidez-vous vous-même.

Puis, immédiatement après, aidez les autres.

N'attendez pas la permission (ou les circonstances idéales) pour aider. Lors d'une urgence, attendre la permission d'agir freine les avancées. Vous n'avez pas besoin d'attendre la permission du pilote pour enfiler votre masque à oxygène, pas plus que les habitants de Dayton n'ont attendu les élites ou les soi-disant experts pour régler leurs problèmes. Ils ont pris les choses en main et ont agi. Pour faire la différence, leurs actions devaient surpasser les conséquences du désastre. C'est la seule façon de progresser : avancer, même après une tragédie (et même si cela exige d'abord de reculer d'un pas). Ce qui compte, c'est avancer dans la bonne direction. Il y a de la puissance dans l'action.

En quelques semaines, des refuges temporaires ont été érigés, des centaines de maisons restaurées, et la communauté locale était plus soudée qu'elle ne l'avait été depuis des années. L'unité a fourni la clé pour sortir de l'impasse.

Si vous voulez sortir de l'impasse, vous devez tenter de nouvelles choses (parfois beaucoup), susceptibles d'échouer, pour la plupart. Vous allez trébucher, tomber et vous frayer un chemin à coups d'échecs. Ou, comme l'auteur irlandais Samuel Beckett l'a si bien dit : « Essaie encore. Échoue encore. Échoue mieux. » Nos échecs façonnent la meilleure partie de nous – nous les individus, nous la communauté.

Il est important de se rappeler que chaque fondation a commencé par n'être qu'un fossé. Certains fossés restent des fossés. D'autres sont mûrs pour une nouvelle structure. À nous de décider.

Égoïsme, développement personnel, don de soi et services rendus

Je suis très intrigué par le mot *kénose*, dérivé du grec « vider, dépouiller ». Historiquement, la kénose se réfère à l'éthique du sacrifice : nous découvrons de profondes vérités en nous mettant au service des autres. En langage d'aujourd'hui, j'envisage la kénose comme une forme de don de soi : on ne se sent jamais plus vivant que lorsqu'on se « vide » au service des autres.

Oui, le minimalisme implique souvent de « vider » nos maisons – d'en ôter l'excès pour faire de la place à autrui. Pour se vider soi-même, toutefois, on doit posséder quelque chose qui vaille la peine d'être épanché. Les compagnies aériennes ont une bonne raison de vous dire de mettre d'abord votre propre masque à oxygène : quand on respire correctement, on peut plus facilement aider les personnes dans le besoin. Voilà pourquoi prendre soin de soi importe tant. Agir dans son propre intérêt n'a rien d'égoïste. Au contraire, le développement personnel est la façon la plus efficace de pouvoir ensuite aider autrui.

L'égoïsme menace lorsqu'on alimente son propre plaisir au détriment des autres – malhonnêteté, mépris, manipulation. À l'inverse, le développement personnel implique de souhaiter s'améliorer soi-même (devenir l'intendant efficace de son propre bien-être) afin d'avoir assez de ressources à offrir. Donc, si on poursuit ce raisonnement, il est égoïste de ne pas prendre soin de soi... parce qu'on n'a rien à donner si on n'est pas soi-même bien dans ses baskets.

Attention, aider les autres et les secourir sont deux choses différentes. Un serviteur n'est pas un sauveur : un serviteur est une personne qui a compris que, lorsque le monde est meilleur pour les autres, il l'est aussi pour lui.

D'où le grand mystère du don : en s'offrant, on obtient *davantage*. Pas davantage de choses, mais davantage de sens, d'objectifs et de joie. On n'aide pas seulement les autres, on s'aide soi-même. Quand on y prend soin, le développement personnel et le don sont des mécanismes autoféconds : plus on donne, plus on grandit ; plus on grandit, plus on a à offrir. Combinées, ces qualités creusent de solides fondations pour une vie de grandeur.

La grandeur de la vie ne se mesure pas à l'aune d'unités éphémères. Tout le monde se fiche bien de savoir combien d'argent dormait sur le compte bancaire d'Abraham Lincoln quand il a prononcé le discours de Gettysburg, de connaître la superficie exacte des terres de Sénèque lorsqu'il a écrit *De la brièveté de la vie*, ou le nombre exact de followers Instagram d'Harriet Tubman lorsqu'elle a porté secours à des personnes réduites en esclavage. On mesure la grandeur à la capacité à influencer de façon positive le monde qui nous entoure. Et pour cela, il faut commencer par prendre soin de soi, parce qu'on ne peut pas donner ce que l'on n'a pas.

Le *self-care* et le processus de guérison

Selon moi, le système de santé américain s'apparente plus à un « système de maladie ». Comme cela a été démontré par mes propres mésaventures, plutôt que s'attaquer à la cause du problème notre société préfère traiter les symptômes. Nous attendons que la maladie nous frappe alors que la prévention représente le meilleur traitement – soit prendre soin de nous-mêmes quand nous sommes en bonne santé, afin de vivre sainement.

« On entend l'expression *self-care* à toutes les sauces », reconnaît Randi Kay, animatrice du podcast *Simple Self-Care*, « mais il s'agit de la meilleure façon (et la plus directe) de décrire le processus de guérison. » Randi, originaire de Fargo (État du Dakota du Nord), avait une vingtaine d'années lors de sa première rencontre avec les idées qu'elle désignerait plus tard sous l'appellation de « self-care ». Elle définit ce terme comme « l'action de se connecter avec nos véritables besoins et d'agir en harmonie avec eux ».

À vingt-six ans, elle avait perdu la foi et son premier mariage avait échoué. « J'essayais de me trouver », m'a-t-elle dit. Jusque-là, elle avait laissé les croyances et les attentes d'autrui définir son individualité. Quand elle a commencé à remettre en question les étiquettes qui lui avaient été attribuées (« mormone », « épouse », « dépressive »), sa perspective s'est mise à évoluer. « Je ne croyais plus ce que j'avais toujours cru. Je n'avais plus besoin d'une autorité extérieure pour me connecter à ma spiritualité. Je n'avais pas besoin d'un médecin pour me dire de prendre soin de moi. »

Elle avait beau avoir été diagnostiquée « dépressive » à l'adolescence, Randi n'a pas été confrontée à la maladie avant la vingtaine. Elle a alors « regardé à l'intérieur d'elle-même » et s'est rendu compte qu'elle était seule maîtresse de son existence. « J'ai dû apprendre à me faire confiance afin d'arrêter de douter de moi-même. J'ai dû apprendre à écouter mon corps. » Ce n'est qu'à partir de là qu'elle a été en mesure de traiter la dépression, auparavant maintenue à distance à coups de traitements médicamenteux et de thérapies. « Ces choses m'ont aidée sans régler le problème… Si vous l'écoutez, votre corps vous dira ce qui ne va pas. »

Tout au long d'un processus d'autodécouverte incluant des changements de vie graduels (alimentation, randonnée, escalade, rédaction d'un journal, massage, cicatrisation et même concerts), elle est parvenue à « nouer une relation » avec elle-même sur ses termes, et à découvrir qui elle voulait être, une étape à la fois.

« J'appelle ça la guérison "choisis-ta-propre-aventure". Après mon divorce et ma rupture avec l'Église, je n'entrais plus dans le moule que je m'étais créé. » La structure qui jouait un rôle essentiel dans sa vie n'avait plus de sens. La vie est fluide, les choses qui nous renforcent aujourd'hui pourront nous affaiblir demain. Nous devons être prêts à nous en débarrasser pour laisser la place à notre nouvelle façon d'être. Cela ne s'applique pas uniquement à nos possessions matérielles (auxquelles nous nous cramponnons souvent jusqu'à ce qu'elles deviennent de véritables antiquités) ; cela s'applique à tous les rapports qui jalonnent notre vie.

À travers son exploration et ses nouvelles activités, Randi a découvert la connexion corps-esprit. Elle a mis en place de nouveaux rituels (yoga, respiration, exercices corporels) pour remplacer les rituels et étiquettes qui l'avaient menée à une vie stressante, « médiocre – une vie qui ne me rendait pas heureuse ».

Tout en guérissant, elle a pris conscience que, des années durant, elle avait involontairement recherché le drame et la toxicité dans ses activités et relations. Au lieu de profiter de la vie, elle cherchait des sources de mécontentement desquelles se plaindre. Elle s'était tellement habituée à ne pas avoir le moral qu'elle créait de la tourmente dans son existence, simplement pour pouvoir continuer à déprimer. Comme si la certitude de la dépression valait mieux que l'incertitude d'une vie bien vécue. « Pour rompre le cycle, j'ai dû arrêter de suivre l'ordonnance de la personne dépressive. J'ai arrêté de me qualifier de *dépressive*, commencé à faire les choses que j'aimais. Et j'ai tout remis en question. »

Quand on pose des questions difficiles, on ne reçoit pas toujours les réponses voulues ou attendues. La remise en question peut aussi bien renforcer notre foi que nous en éloigner. Idem pour les possessions matérielles, les relations, la carrière, l'identité. Les questions difficiles nous aident à façonner nos croyances, et nos croyances engendrent nos valeurs[1].

Randi et moi avons discuté au téléphone récemment, et je lui ai demandé quelques conseils et techniques de self-care. Voilà sa réponse :

Commencez par identifier les plus grandes causes de stress de votre vie ainsi que les points douloureux, puis déterminez ce qui vous empêche de vous développer. Quel cri résonne le plus fort en vous ? Quel est le blocage le plus handicapant ?

Des changements de vie vont sûrement s'avérer inconfortables, et cet inconfort risque de vous faire tout remettre en question – ces questions sont importantes pour votre épanouissement.

Prendre soin de soi est un parcours individuel propre à chacun, pas un programme spécifique à suivre.

---

1. Nous verrons plus en détail la différence entre croyances et valeurs dans le chapitre « Relation aux valeurs ».

Les habitudes et rituels qui aident une personne peuvent en desservir une autre.

Modifiez votre self-care selon l'endroit où vous vous trouvez actuellement, pas selon celui où vous voudriez vous trouver.

Le self-care n'a pas besoin d'être « tout, tout de suite ». La plupart du temps, de petits changements suffisent.

Si ce que vous faites ne fonctionne pas, soyez prêt à changer de direction.

Concentrez-vous sur le *pourquoi* et non sur les *je devrais*.

L'aventure n'a pas de fin, vous allez peut-être vous épuiser et recalibrer ensuite.

Plus important : c'est *votre* aventure, ne la comparez pas à celle des autres.

Vers la fin de notre conversation, elle a évoqué un lien important entre le minimalisme et le self-care : « Les obstacles que représentent les possessions matérielles sont similaires aux obstacles rencontrés dans le self-care, m'a-t-elle expliqué. Nous nous trouvons une montagne d'excuses pour ne pas affronter notre accumulation matérielle (ou notre guérison) : je n'ai pas le temps, je me sens coupable de mes actions passées, je me trouve égoïste de vouloir introduire ces changements, je ne sais pas par où commencer, que vont penser les autres ? »

Mais la meilleure des excuses demeure une excuse. Si nous voulons éviter les vies superficielles que nous nous sommes construites, nous devons introduire des changements difficiles. « Les gens ne se connaissent pas, a-t-elle conclu, et prendre soin de soi est la meilleure façon d'apprendre à connaître la personne que l'on veut devenir ».

LA RÈGLE DU CADEAU MINIMALISTE (OFFRIR)

On nous le répète à l'envi, offrir des cadeaux c'est « parler le langage de l'amour ». Résultat, nous sommes devenus des consommateurs de l'amour.

Sur le calendrier, une nouvelle fête nous guette en permanence : la Saint-Valentin, la fête des Mères, la Saint-(insérez le prénom de votre choix), les anniversaires, Noël... Nous nous sommes programmés pour donner et recevoir des objets à ces jours précis, en gage de notre amour.

Hélas, le cadeau est bien trop souvent d'ordre matériel. Pourtant, l'amour ne relève en rien d'une transaction matérielle. Il transcende : il transcende le langage et la possession, s'exprime par les pensées, les actions et les intentions.

Résultat, le don de cadeau ne dit pas plus l'amour que le javanais. D'ailleurs, on tend à amalgamer cadeau et contribution : nous voulons tous contribuer au bonheur des personnes qui nous sont chères, parfois en leur offrant un objet – non par obligation, mais par désir de rendre leur vie plus épanouissante.

Dans de nombreux cas cependant, un cadeau s'avère un faux raccourci, loin du véritable acte d'amour. Si, d'après les publicitaires, « les diamants sont éternels », nous savons tous qu'une pierre brillante ne garantit en rien une quelconque dévotion. Je ne dis pas qu'offrir un cadeau à quelqu'un est une mauvaise chose en soi. Simplement, ne vous leurrez pas en l'associant à l'amour – l'amour ne fonctionne pas ainsi. À la place, associez plutôt le cadeau à la contribution. Et si un objet constitue la *meilleure façon* de contribuer, alors ne laissez surtout pas le minimalisme se mettre en travers de votre chemin. En résumé : d'après la règle minimaliste de l'offre de cadeaux, vous pouvez très bien contribuer au processus social de l'offre de cadeau en évitant les cadeaux matériels.

La présence reste le meilleur cadeau qui existe. Et si, cette année, vous décidiez de n'offrir que des expériences ? Ne pensez-vous pas que vos vacances et vos anniversaires en seraient d'autant plus mémorables ? Voici quelques idées pour vous inspirer : des billets pour des concerts, un repas cuisiné avec amour, des places pour une pièce de théâtre ou une comédie musicale, un petit-déjeuner au lit, un massage du dos, un massage des pieds, un massage intégral, un défilé, un départ à l'aventure sans destination précise, une soirée à discuter sans interruption, un baiser sous le gui, un festival, couper un sapin de Noël dans la forêt, contempler un lever de soleil, skier ou faire du snowboard, faire de la luge, danser, emmener vos enfants au zoo, faire des bonshommes de neige, préparer une marmite de vin chaud, partir en vacances tous ensemble, admirer un coucher de soleil.

À quelles autres expériences pensez-vous ? N'auraient-elles pas plus de sens qu'un cadeau matériel ? Pour vous comme pour vos proches ?

En cas de manifestation physique de rigueur, décrivez l'expérience offerte sur un joli carton de couleur, emballé dans une belle boîte décorée de rubans et de papier cadeau, et présentez le tout à la personne concernée.

Sinon, pourquoi ne pas donner à une association en tant que « personne qui a tout ce dont elle a besoin » ? Ou encore, si vous ressentez le besoin impératif d'offrir des biens matériels, pourquoi ne pas opter pour des consommables (une bouteille de vin, une délicieuse tablette de chocolat ou un paquet de café acheté chez un torréfacteur local) à la place d'un énième gadget inutile ?

LA RÈGLE DU CADEAU MINIMALISTE (RECEVOIR)

Maintenant déterminée la meilleure façon d'offrir des cadeaux, passons à la règle suivante et à la meilleure façon de *recevoir* des cadeaux dans un état d'esprit minimaliste.

Je préfère vous prévenir, la base de cette règle risque de vous surprendre. En effet, pour *recevoir* de meilleurs cadeaux, vous devez *demander* de meilleurs cadeaux.

Attention, je n'ai pas parlé de cadeaux matériels ou plus chers ! Il s'agit d'orienter dans la bonne direction les personnes qui vous aiment et souhaitent vous faire plaisir, afin qu'elles vous offrent quelque chose d'authentique. Au lieu de dire « non » aux cadeaux, dites « oui » au bon type de cadeaux. Accordez à vos proches la permission de vous offrir un présent immatériel.

Évoquez avec vos amis les expériences que vous voulez partager avec eux. Parlez à vos collègues de votre salon de thé ou de votre pâtisserie préférés. Confiez à vos proches le nom d'une association qui vous tient à cœur et à laquelle ils peuvent faire des dons de votre part. Toutes ces alternatives ne vaudraient-elles pas mieux qu'une énième cravate ou paire de boucles d'oreilles qui resteront dans leur boîte ?

BILAN : SOI

Ryan au clavier. Joshua et les spécialistes cités dans ce chapitre nous ont donné beaucoup à réfléchir sur ce qui concerne notre relation avec nous-mêmes, et le moment est venu d'examiner votre cas plus en détail. J'aimerais donc que vous preniez le temps d'explorer cette relation via les exercices suivants. Ça vous dit ? C'est parti.

Les questions à se poser

1. Que cherchez-vous véritablement à atteindre par votre mode de vie actuel ? Pourquoi ? S'agit-il de ce que vous voulez ou de ce qu'une autre personne veut ?

2. À quel moment de votre vie vous êtes-vous senti le mieux ? Quels facteurs y ont contribué ?

3. Quelles nouvelles pratiques et routines vous aideraient à prendre davantage soin de votre santé au quotidien ?

4. Quel « médicament gratuit » pourriez-vous ajouter à votre régime santé ?

5. Comment pourriez-vous contribuer davantage au bien-être des autres ?

À faire

Qu'avez-vous appris sur vous-même dans ce chapitre ? Qu'allez-vous en retenir ? Quelles leçons vous encouragent à devenir une meilleure version de vous-même ? Voici cinq propositions à mettre en application dès aujourd'hui :

Recherchez la gratitude. Identifiez clairement tout ce qui est remarquable dans votre vie. Plus vous appréciez ce que vous avez, plus il vous sera facile de vous débarrasser de votre stress et de votre anxiété. Citez dix personnes qui ont eu un effet positif sur votre vie, et dix éléments de votre vie actuelle dont vous êtes reconnaissant.

Faites des pauses. Trouvez des façons de faire des pauses au quotidien : méditation, promenade, exercices de respiration et tout autre rituel de self-care pour permettre de lever le pied. Chaque jour, prévoyez cinq minutes de méditation et vingt de marche. Ou n'importe quelle autre forme d'activité destinée à prendre soin de vous.

Identifiez vos futures habitudes. Établissez la liste des habitudes saines que vous voulez adopter.

Comportez-vous sainement. Adoptez un régime sain qui vous convient. La santé est relative, et trouver la bonne recette demande du temps, alors faites preuve de simplicité. Commencez par choisir un élément parmi la liste des habitudes saines et appliquez-le dès aujourd'hui.

Rendez des comptes. Chaque jour, agissez pour *votre* santé optimale. Deux choses vous garantiront d'agir : 1) trouvez un partenaire à qui rendre des comptes et 2) planifiez ces activités saines dans votre agenda, mention « obligatoire ».

À ne pas faire

Pour conclure, abordons la question des embûches du rapport à soi. Pour devenir la meilleure version de vous-même, voici cinq choses à éviter à partir de maintenant :

Ne laissez pas le FOMO[1] vous distraire dans votre élan, vos progrès ou le moment présent. Vous allez forcément manquer quelque chose, toujours. Le vrai pouvoir consiste à rester concentré et engagé.

Ne laissez pas les inquiétudes sans importance interférer avec une vie riche de sens.

Ne prenez pas votre corps pour acquis.

---

1. Ndt : *Fear of missing out*, soit peur de manquer quelque chose, ou angoisse de l'occasion ratée.

Ne vous servez pas de la nourriture comme d'une distraction.

Ne vous cherchez pas d'excuses et ne rejetez pas sur les autres la responsabilité de votre mode de vie malsain.

4
RELATION AUX VALEURS

Je suis sorti de la cabine d'essayage avec la duplicité de l'homme coupable, une cravate jaune vif fourrée dans la poche de mon pantalon. Mes yeux furetaient sans relâche à la recherche de caméras. Je venais de fêter mes dix-huit ans et me rendais à mon premier vrai entretien d'embauche le lendemain.

Cela faisait plus d'un an que ma mère était sobre. Elle travaillait pour une entreprise de vente à distance, où elle avait rencontré un type qui connaissait un autre type chargé d'embaucher des employés de boutique pour la compagnie de téléphone locale. En vue de l'entretien, j'avais fignolé mon CV et l'avais complété de toutes mes expériences professionnelles (caissier, plongeur, serveur, employé de télémarketing) et avais repassé mon unique tenue présentable. Ne me manquait plus qu'une cravate. Hélas, je n'en possédais pas, et comme je n'avais pas d'argent, j'ai décidé d'en subtiliser une dans un magasin du centre commercial de Dayton. Je savais que c'était mal, mais serait-ce si grave que je porte atteinte à mes valeurs

– juste pour cette fois ? D'ailleurs, était-ce vraiment du vol si j'en avais besoin ?

Pour le vigile en civil qui m'a suivi, je devais avoir le mot « coupable » tatoué sur le front. Il a toutefois attendu que je sorte du magasin pour me passer les menottes et me déclarer mes droits. Après son « Vous avez le droit de garder le silence », les battements de mon cœur affolé ont pris le dessus. Je n'ai rien entendu de la suite. Je me sentais atrocement mal.

De dérisoires compromis

J'avais le droit de garder le silence, mais qu'aurais-je bien pu dire de toute façon ? Je ne l'ai pas fait exprès ? J'ai une bonne explication, je vous jure ? Donnez-moi une chance de me racheter ? Comme je ne me sentais aucune obligation de combler le silence avec des blablas inutiles, je me suis contenté de mijoter dans ma propre honte.

Rien ne fait mieux ressentir la culpabilité que se faire escorter avec des menottes jusqu'à la sortie d'un centre commercial. Je vous vois venir, vous vous dites qu'avec une telle leçon, j'allais ensuite éviter les centres commerciaux pour le restant de mes jours, n'est-ce pas ? Que nenni ! Dix ans plus tard, je vivais le rêve américain claustrophobe : j'étais responsable de cent cinquante magasins de vente au détail, dont un des principaux se trouvait juste à l'extérieur du centre en question. Et j'y étais parvenu, un petit compromis à la fois.

J'avais fini le lycée depuis un trimestre (en décembre 1998) et passé les premiers mois de 1999 dans une école de son. Hélas, j'ai vite découvert que la plupart des ingénieurs du son ne gagnaient pas le salaire minimum, voire n'avaient d'autre choix que d'enregistrer de la musique qu'ils détestaient pour espérer se dégager un revenu quel qu'il soit. J'ai donc rapidement abandonné mon rêve. Je ne voulais pas rester coincé avec tous mes compagnons d'enfance ; je voulais me faire de l'argent, vraiment. Même si cela signifiait devoir travailler pour une corporation sans âme, même si je ne me reconnaissais pas dans les valeurs de cette corporation.

Avez-vous déjà observé un banc de barracudas attaquant un objet à la surface de l'eau ? C'est un spectacle incroyable. Ils aperçoivent un scintillement et réagissent sur-le-champ – comme tous leurs congénères aux alentours. Les barracudas ne s'embarrassent pas de valeurs ; ils se contentent de se ruer sur le prochain élément brillant. Et nous, humains, avons tendance à faire exactement pareil. Nous suivons les modes, nous endettons, postulons pour des emplois que nous détestons, simplement pour pouvoir acheter la nouvelle voiture qui va nous conduire à notre nouveau boulot. Nous mentons, trichons, volons. Nous bâtissons nos existences sur des fondations de compromis. Mais en étant prêts à compromettre n'importe quoi, nous finissons par tout compromettre. Nos valeurs y comprises.

L'« objet a »

La plupart des jeunes de dix-huit ans ne connaissent pas leurs valeurs. Ou pire, comme dans mon cas, accordent de la valeur aux mauvaises choses. Adolescent, j'accordais de la valeur à tout ce que je n'avais pas : l'argent, les biens matériels, une grande maison, des voitures chères, les gadgets, la prétendue sécurité, le rêve américain. Entre les médias, la pub et la pression sociale (sans parler des privations de mon enfance), le piège n'avait plus qu'à se refermer.

Le psychanalyste Jacques Lacan désigne ce désir pulsionnel par le terme « objet a » ; c'est-à-dire la chose que nous pensons vouloir – la chose qui nous satisferait si seulement nous pouvions l'acquérir, la posséder ou l'accomplir.

La montre en or.
Le véhicule de luxe.
Les habits de stylistes.
La villa à la campagne.
Le plus grand bureau de l'étage.
Le déménagement dans une nouvelle ville.
La demande en mariage.
La récompense, le diplôme.
La stupide cravate jaune.

Nous avons tous nos « objets a ». Cependant, le côté le plus insidieux de l'affaire est qu'ils évoluent en permanence, au point que l'objet de nos désirs devient souvent celui de notre mécontentement. Ce smartphone dont vous ne pouviez pas vous passer il y a trois ans ? Vous ne supportez plus sa lenteur et sa vieillesse. Cette nouvelle voiture que vous vouliez tant ? Elle n'est plus qu'une traite mensuelle, un fardeau. Ce bateau qui devait vous offrir la liberté chaque week-end ? Un véritable gouffre financier. Avec le temps, on réalise que ce qu'on voulait *avant* n'est plus ce que l'on veut *maintenant*.

Quand j'ai discuté de désir avec le philosophe Peter Rollins, il m'a expliqué : « S'il diffère pour chacun, l'objet a reste celui qui, à nos yeux, va tout régler. Celui dont l'absence déstabilise notre vie : cette personne avec qui nous devons être, cet emploi que nous voulons plus que tout ou cette ville où nous devons emménager pour nous sentir vivants ». Dans les cas les plus extrêmes, l'objet a est « la chose pour laquelle vous seriez prêt à sacrifier votre existence entière – votre santé, vos relations, tout ».

Mais peut-être n'est-ce pas aussi radical que ça en a l'air ? Peut-être consentons-nous tous à de petits sacrifices, jour après jour, jusqu'à ce que notre vie ne soit plus qu'un compromis géant ? Avec l'âge, nous négligeons notre santé, diminuons l'activité physique et relâchons notre alimentation ; nous prenons quelques kilos chaque année. Au fur et à mesure de notre carrière, nous délaissons les personnes que nous aimons au profit de nos collègues et clients. Nous oublions nos rêves parce que nos rêves ne sont pas aussi « pratiques » qu'une belle clôture, une voiture de sport ou un remboursement de crédit. Étrangement donc, nous sacrifions notre existence entière (à petit feu) pour des plaisirs éphémères, même s'ils nous rendent malheureux à long terme.

Conclusion, le problème ne naît pas du désir mais de la croyance que la prochaine étape nous apportera la joie éternelle (bien que nous sachions par expérience que ça ne sera pas le cas). Nous avons tous déjà remporté un trophée, déménagé dans un autre quartier, entamé une nouvelle relation ou fait l'acquisition d'un nouveau bien convoité... pour découvrir la déception, de l'autre côté de notre désir.

« On peut aussi envisager l'objet a comme quelque chose qui n'existe pas, une incarnation », m'a expliqué le philosophe (d'après qui les êtres humains tendent structurellement à croire en un absolu destiné à les réparer). « Qu'il s'agisse d'un million de dollars, d'une relation ou d'une religion, l'objet a incarne cet absolu. Mais une fois qu'il est atteint, on est toujours un peu insatisfait. »

Beaucoup de gens (et de produits) nous promettent cet objet a (paix, confort et une satisfaction telle que nous n'aurons plus jamais envie de rien d'autre). Hélas, ces promesses ne sont pas sans rappeler celles d'un gourou malhonnête. Au final, la déception guette. Et, d'après Peter Rollins, face à cette déception, le pendule tend à prendre la direction opposée : « Si la monogamie incarnait votre objet a, alors il est possible que l'insatisfaction causée par votre relation de couple vous pousse à rechercher le polyamour. Ou, si vous êtes un chrétien conservateur déçu par la religion, vous pourriez virer hippie – et vice-versa. Il y a toujours une nouvelle destination à viser lorsque la première vous déçoit. »

Par définition, notre objet a constitue donc une garantie de déception. Pourtant nous poursuivons notre quête du bonheur à travers lui, et ceci pour trois raisons : nos intérêts s'adaptent à notre environnement, nous confondons plaisir et contentement, et nos désirs ne correspondent pas à nos valeurs les plus importantes.

Examinons ces réalités l'une après l'autre.

L'adaptation hédonique

Avant d'emménager en ville pour l'université, puis pour un job bien payé de chercheur en science, Luke Wenger menait une existence plutôt modeste dans une ferme d'Hiawatha (nord-est de l'État du Kansas). Ce participant à l'expérience de la fête des cartons, que nous avons brièvement présenté dans le chapitre « Relation à la vérité », reconnaît qu'il a laissé la vie se mettre en travers de son chemin. « Vous avez beau croire que vos valeurs sont inébranlables, nous a-t-il avoué au milieu de son grand déballage, il est facile de se compromettre quand les créatures du confort vous entourent (et vous bombardent) de tentations au quotidien. »

Une fois Luke embauché comme chercheur, son salaire lui a permis de remplir son appartement de tout ce dont il avait toujours rêvé. Ou, du moins, de tout ce dont les publicitaires, les pros du marketing et la société lui avaient dit de rêver. « Sauf que la satisfaction tirée de ces achats ne durait jamais bien longtemps, et je continuais à dépenser et à accumuler toujours plus, dans une vaine quête du bonheur. »

D'après la théorie de l'adaptation hédonique, nos désirs changent de forme au fil de notre vie. À l'image de celles de Luke Wenger, tandis que nous nous habituons aux nouveautés (bonnes ou mauvaises), nos attentes s'adaptent à nos nouvelles conditions d'existence. Bien que le terme ne soit apparu qu'en 1971, le concept d'adaptation hédonique fait l'objet de débats philosophiques depuis déjà plusieurs siècles. Ainsi, de nombreux penseurs célèbres s'étant intéressés au sujet (d'Épicure à Yang Zhu) ont fait l'observation suivante : les individus humains présenteraient un niveau hédonique (ou de bonheur) déterminé et qui, en dépit d'expériences très positives ou très négatives, ne serait affecté par les événements ni de façon significative ni à long terme.

Par exemple, si un accident vous prive de l'un de vos membres, vous allez très certainement en être malheureux. Toutefois, avec le temps, vous allez guérir, vous adapter à vos nouvelles conditions de vie et, heureusement, connaître à nouveau le bonheur. À l'inverse, si vous gagnez au loto, vous vivrez probablement une période de plaisir et d'excitation intenses. Mais cette sensation finira par disparaître et vous retournerez à votre niveau de bonheur original, quel que soit le nombre de zéros affiché sur le solde de votre compte bancaire.

Cela vaut aussi pour des exemples moins extrêmes. Depuis l'argent et la possession de biens matériels, en passant par le statut social et la réussite, les choses que l'on désire n'apportent pas souvent la satisfaction anticipée. Autrement dit, pour atteindre la satisfaction, nous devons apprendre à la mesurer différemment.

Le continuum du bien-être

Quand j'étais adolescent (avant ma sortie fracassante et menottée du centre commercial), je n'avais pas conscience de l'existence de tout un échafaudage sur lequel bâtir une vie épanouissante. Bien sûr, je connaissais les concepts de « bien » et de « mal », mais j'ignorais souvent mes mauvaises actions et je réprimais les bonnes, car je courais après les plaisirs éphémères, la gratification instantanée et les résultats immédiats – même si cela devait me coûter le bonheur, le contentement et la joie à long terme. Ce schéma a perduré pendant la vingtaine et n'a fait qu'augmenter proportionnellement à mon pouvoir d'achat.

En réalité, voilà le vrai problème. Nous confondons le plaisir avec d'autres formes de bien-être plus riches de sens. Nous utilisons des termes distincts (plaisir, bonheur, contentement et joie) de façon interchangeable, en dépit de leurs importantes différences qui, une fois comprises, participent à l'augmentation de notre bien-être général. Afin de rendre ces abstractions plus concrètes, observons de plus près nos différentes façons d'apprécier la nourriture.

Plaisir. Quand vous avalez un morceau de gâteau d'anniversaire, la mastication déclenche une vague de plaisir tandis que le sucre transformé, la matière grasse et le gluten dansent sur vos papilles. Hélas, ce plaisir ne dure pas et vous prenez donc une deuxième bouchée, puis une troisième et ainsi de suite… jusqu'à ne plus en pouvoir. C'est le plaisir à l'état pur. Mais cette satiété perturbe votre corps, car vous vous êtes goinfré de calories vides sans lui apporter le moindre élément, micronutriment ou minéral essentiel à son bon fonctionnement. Soyons bien clairs, il n'y a rien de mal à se faire plaisir. Nous voulons tous ressentir du plaisir, le problème survient lorsque nous négligeons notre bien-être au passage – lorsque le plaisir devient l'objectif et non une conséquence. Si nous nous nourrissons principalement de gâteau, alors nous tombons dans la malnutrition. Et cela vaut pour presque toutes les formes de plaisir. Lorsque nous recherchons uniquement le plaisir, nous faisons l'impasse sur les nutriments mentaux, physiques et émotionnels essentiels. Certes, quelques bouchées ne vont pas nous tuer, mais il ne s'agit pas non plus de prétendre que c'est bon pour nous. Il n'y a aucun mérite au plaisir seul. Et, paradoxalement, le plaisir devient souvent l'ennemi du bonheur.

Bonheur. Si le plaisir consiste à déguster une part de gâteau, alors le bonheur se trouve dans un repas agréable et sain. En effet, il survient lorsque vous prenez une décision bénéfique sur l'instant. Quand vous mangez un repas équilibré et ingérez tous les nutriments dont vous avez besoin, vous ressentez (même brièvement) le bonheur d'avoir pris la bonne décision. Cette bonne décision a beau ne pas toujours être aussi agréable que le plaisir pur – voire être parfois douloureuse (pensez à vos séances de sport les plus intenses) –, elle est en accord avec la personne que vous aspirez à être… et donc source de bonheur. Or le plaisir et le bonheur sont tous les deux éphémères, c'est la raison pour laquelle ils ne constituent pas des objectifs nobles. Mais en menant une vie en harmonie avec vos valeurs, vous connaîtrez le bonheur. Et si le bonheur n'est pas l'objectif, mener une vie épanouissante et riche de sens l'est bel et bien – et le bonheur en est l'une des magnifiques conséquences.

Contentement. Pour poursuive avec notre métaphore alimentaire, si le bonheur se trouve dans un repas sain, alors le contentement naît d'une alimentation équilibrée. Tout comme il y a un fossé entre un repas sain et un mode de vie sain, il existe une énorme différence entre le bonheur et le contentement. Bien sûr, vous pouvez vous autoriser un *cheat day* à l'occasion, mais le contentement résulte d'une série de bonnes décisions sur une longue période, pas d'une décision ponctuelle (bonne ou mauvaise, d'ailleurs). C'est un effet secondaire d'une vie bien vécue. Certes, le contentement exige davantage de discipline que le bonheur… mais la récompense est incomparable.

Joie. Forme la plus élevée de bien-être, la joie advient uniquement lorsque d'autres personnes sont impliquées. Vous pouvez tirer du plaisir (voire du bonheur) de votre déjeuner d'aujourd'hui, vous pouvez être content de votre régime alimentaire général, mais vous ne pouvez ressentir de joie qu'en partageant un repas avec une personne aimée. On dit que « le don c'est la vie » parce que les meilleurs moments de la vie surviennent lorsqu'on interagit avec le monde qui nous entoure, et qu'on y contribue. Une personne guidée par la joie se fait un devoir de la transmettre aux autres. C'est ça, la vraie vie ! Les meilleurs moments de l'existence naissent de l'aide apportée à autrui.

Le plaisir, le bonheur et le contentement ne laissent pas de place à la tristesse, la frustration ou la déception. À l'inverse, la joie n'empêche pas les émotions négatives. D'ailleurs, comme elle ne vise pas la satisfaction immédiate, il est possible de passer par toute la gamme des émotions (y compris la douleur, le chagrin et le regret) et de connaître quand même la joie. Elle ne s'arrête pas à la simple satisfaction ; elle vise l'épanouissement et la tranquillité.

Évidemment, les expériences joyeuses peuvent aussi s'avérer agréables… heureusement, elles sont tellement plus ! Contrairement au plaisir, la joie recèle une automaticité qui ne requiert pas de désir continuel. Pensez aux moments les plus joyeux de votre vie. Quand était-ce ? Qui était présent ? Il y a de fortes chances pour que toutes ces expériences aient impliqué d'autres personnes, de façon plus ou moins directe. Un concert. Un club de lecture ou de rencontre. Le sexe avec la personne aimée.

Malheureusement, nous nous contentons souvent du plaisir (immédiat et facile) ou alors nous poursuivons indéfiniment le bonheur quand, dans un monde idéal, nous devrions aspirer à une vie de contentement et de joie, de bonnes décisions répétées, en accord avec nos valeurs et bénéfique aux autres. Le psychologue clinicien Jordan B. Peterson (de l'Université de Toronto) a un jour fait remarquer qu'au lieu de viser le bonheur, nous ferions mieux d'essayer de devenir « la personne la plus forte aux funérailles de notre père », suggérant par là qu'une existence de vertu renforce le caractère et s'avère beaucoup plus épanouissante (même dans les moments les plus durs) qu'une vie bâtie sur des poursuites de pure forme.

Dans l'introduction de ce livre, j'ai déclaré qu'en tant que minimaliste, je pense que chacune de mes possessions doit avoir une utilité ou me procurer de la joie. J'ai choisi ces mots avec soin. Il ne suffit pas pour un élément matériel d'apporter du plaisir, ou même du bonheur, car alors je pourrais toujours trouver des excuses pour en acquérir davantage. Au lieu de cela, mes possessions doivent me servir d'outils pour améliorer mon existence (remplir une fonction) ou être au service du bien supérieur (apporter de la joie). Sinon, elles ne font qu'entraver mon chemin.

Il existe toutefois un point de jonction entre le plaisir, le bonheur, le contentement et la joie. De nos jours, dans le monde anglophone, lorsque nous parlons de « chercher le bonheur », nous faisons souvent référence à ce que les stoïques grecs et romains appelaient *ataraxie* ou à ce que les Grecs en général nommaient *eudaemonia*. Le terme d'*ataraxie* (généralement synonyme d'impassibilité, d'imperturbabilité, d'équanimité ou de tranquillité) a d'abord été utilisé par le philosophe grec Pyrrhon, puis par Épicure et les stoïques, pour décrire un état lucide de tranquillité de l'âme caractérisé par une absence continue de détresse et d'inquiétude. De même, l'*eudémonisme* désigne un système éthique qui fonde la valeur morale sur la probabilité que les bonnes actions engendrent le contentement. Autrement dit, ressentir du plaisir, du bonheur, du contentement et de la joie lorsque nos actions s'harmonisent avec la meilleure version de nous-mêmes n'est plus seulement désirable, mais devient aussi éthique.

Certes, la plupart des gens utilisent ces termes de façon interchangeable (et mentionnent rarement les concepts d'ataraxie et d'eudémonisme) sans aucun inconvénient dans un discours de tous les jours. Mais quand on considère ces états comme les différentes étapes du bien-être (et comme une progression vers l'épanouissement et la tranquillité), on peut alors commencer à prendre de meilleures décisions qui affectent notre contentement et notre joie, sans altérer de façon substantielle ni notre plaisir ni notre bonheur. Avec le temps, ces meilleures décisions mènent à une meilleure vie.

Achats en état d'ivresse

Une récente étude a révélé qu'aux États-Unis les « achats en état d'ivresse » représenteraient quarante-cinq millions de dollars par an. Apparemment, 79 % des consommateurs éméchés effectueraient au moins un achat, et l'acheteur ivre moyen dépenserait quatre cent quarante-quatre dollars par an en décisions alcoolisées.

Ce à quoi je répondrai que 100 % d'entre nous l'avons déjà fait. Ou que, si nous ne sommes pas sous l'influence de l'alcool au moment où nous achetons, nous sommes sous celle de la quête de récompense instantanée, au point de prendre des décisions d'achat que nous savons objectivement être mauvaises pour nous (contraires à nos valeurs), simplement pour ressentir la montée d'adrénaline.

Nous ignorons l'état de nos finances.

Nous achetons des choses que nous ne voulons même pas.

Nous achetons pour impressionner les autres.

Nous mettons nos valeurs de côté pour des gains à court terme.

Je le sais, parce que j'ai fait toutes ces choses.

Lorsque notre goût pour la possession ou le plaisir l'emporte sur nos valeurs, nous sacrifions l'épanouissement au profit de gains éphémères. C'est certainement ce qui m'est arrivé le jour de mon arrestation pour vol. En vérité, j'aurais très bien pu emprunter une cravate à un copain ou me présenter à mon entretien sans cravate, cela n'aurait pas posé de problème. Mais je me suis raconté que j'avais absolument besoin de cette cravate, tout de suite, au point qu'il importait peu que je sacrifie mes valeurs pour l'obtenir. Si je n'avais pas bu un seul verre d'alcool, je faisais quand même du shopping sous influence. Mes décisions étaient aveuglées par une attitude erronée : *je dois avoir ça, et tout de suite !* Et comme je ne tenais pas compte de mes valeurs, le compromis n'a pas été difficile à atteindre.

Bien sûr, cela arrive à tout le monde à un moment ou à un autre. Nous recherchons des raccourcis, ou nous agissons sous le coup de l'impulsion, et l'univers entier nous envoie des signaux tentateurs. Les acheteurs ivres ne sont pas les seuls à subir une vision déformée ; nos enfants aussi sont intoxiqués à la récompense immédiate.

Pensez à la dernière fois que vous êtes sorti d'un musée. Vous avez très probablement dû traverser la boutique des souvenirs, le dernier sursaut consumériste. Très efficace, malheureusement. Chaque fois que ma fille se dirige vers toutes les babioles, les bibelots et les souvenirs, elle me supplie d'en rapporter un à la maison :

« Je peux avoir quelque chose ? S'il-te-plaît, s'il-te-plaît !

— Qu'est-ce que tu veux ?

— Je ne sais pas, *n'importe quoi* ! »

C'est l'effet qu'exerce le consumérisme sur tout le monde. Nous ne savons pas ce que nous voulons, seulement que nous en voulons plus, et tout de suite. Nous ne nous arrêtons même pas pour y réfléchir – pour nous interroger sur ce qui pourrait ajouter de la valeur à notre vie ou nous entraver. Malheureusement, ne pas questionner ce que nous introduisons dans notre vie laisse la porte ouverte à… tout.

D'où le message simple du minimalisme : vous n'en aviez pas besoin il y a cinq minutes ? Vous n'en avez probablement pas davantage besoin maintenant. Et dans le cas contraire, attendre un peu ne vous fera pas de mal.

Si je dis à ma fille de patienter et de me redemander le gadget le lendemain, elle l'oublie la plupart du temps. Car l'éphémère ne tarde pas à se dissiper dans l'éther, et nous nous rappelons seulement ce qui a du sens.

Comprendre nos valeurs

Il est important que nous comprenions nos valeurs – elles indiquent la direction à suivre pour mener une vie épanouissante. Les valeurs appropriées nous aident à prendre les décisions que nous voulons vraiment prendre – choix responsables en matière de consommation y compris. Si j'avais mis *mes* valeurs au clair, j'aurais pu prendre la bonne décision et éviter la gêne, la culpabilité et la honte qui ont accompagné mon arrestation. Ce n'était pas la personne que je voulais être. Mais, encore une fois, j'ignorais qui je voulais être – parce que mes valeurs étaient (au mieux) floues.

J'ai donc passé la décennie suivante à sauter d'une mauvaise décision à une autre. Certes, vu de l'extérieur, j'avais « réussi ma vie ». Hélas, la belle maison dans le bon quartier, les deux Lexus, les costumes sur mesure et la respectable carrière (ces prétendues réussites) dissimulaient toute une vie de décisions irréfléchies. Et comme je ne savais pas qui je voulais être, elles m'éloignaient de la meilleure version de moi-même. J'ai commencé par me diriger lentement dans la mauvaise direction et, mécontentement de la vingtaine aidant, j'ai fini par fuir à toutes jambes la vie riche de sens que je désirais.

Au fil de mes nombreux faux pas et combats, j'ai toutefois réalisé une chose : quelle que soit ma vitesse, je n'atteindrais jamais ma destination en partant dans la mauvaise direction. Et pour découvrir la bonne direction, je devais découvrir mes valeurs.

Si j'ai appris quelque chose en quarante ans sur cette planète, c'est ceci : la meilleure façon de vivre une vie riche de sens consiste à aligner vos actions à court terme sur vos valeurs à long terme. À rendre la personne que vous serez fière de la personne que vous êtes. Sinon, on se contente de sauter d'une expérience agréable à une autre, ce qui est plaisant sur le moment mais creuse un vide destructeur.

Les gens ne connaissent pas leurs valeurs pour (au moins) deux raisons. D'abord, on ne prend pas le temps de s'arrêter pour les interroger : nos valeurs se retrouvent donc façonnées par la pop culture, les médias et l'influence d'autrui. Ensuite, on ne comprend pas que certaines valeurs importent plus que d'autres.

Si vous lisez ceci, vous vous attaquez déjà au premier problème : vous remettez vos valeurs en question. Bravo ! Durant votre réflexion, il est toutefois important de réaliser que toutes les valeurs ne naissent pas égales. En réalité, certaines ne sont même pas des valeurs, et entravent l'essentiel. Voilà pourquoi je classe mes valeurs en quatre catégories distinctes : valeurs fondatrices, valeurs structurelles, valeurs de surface et valeurs imaginaires. Examinons-les de plus près.

Valeurs fondatrices

Chaque maison doit s'appuyer sur de solides fondations. Vous pouvez bien avoir une magnifique maison, si ses bases sont faibles, elle s'effondrera. C'est pareil pour nos valeurs. Malgré nos différences, nous avons tous tendance à partager cinq principes fondateurs :

Santé.
Relations sociales.
Créativité.
Évolution personnelle.
Contribution.

Voici les cinq principes immuables (et quasi universels) qui régissent ma façon de vivre. Lorsque l'insatisfaction me guette, je vérifie toujours que je ne néglige aucun d'entre eux. Il y a dix ans, dans un effort pour mieux comprendre nos fondations, Ryan et moi avons consacré notre premier ouvrage *Minimalisme*[1] (*Minimalism: Live a Meaningful Life*) à ces cinq valeurs partagées par la grande majorité de l'espèce humaine. Au lieu de vous citer le livre entier, je vais vous en résumer chaque partie dans les paragraphes suivants.

Valeur fondatrice n° 1 : la santé

Imaginez : vous gagnez au loto, vous trouvez l'harmonie parfaite avec votre « moitié », vous remboursez vos dettes, vous emménagez dans la maison

1. Publié aux Éditions J'ai lu, 2021.

de vos rêves et n'avez plus besoin de travailler un seul jour de votre vie. Et maintenant, imaginez que vous vous réveillez demain avec une douleur aiguë dans le ventre. Vous quittez votre maison sur la plage dans votre véhicule de luxe et foncez chez le médecin. « Il vous reste moins d'un an à vivre, vous apprend-elle, et dès demain il y a de fortes chances pour que sortir de votre lit devienne l'effort suprême. » Malheur. Vous aviez enfin accédé à « tout ce dont vous aviez toujours rêvé », mais votre santé défaillante vous a tout repris et vos possessions ne peuvent rien pour vous. Sans la santé, impossible de profiter des choses les plus simples de la vie.

Valeur fondatrice n° 2 : les relations sociales

Imaginez : vous gagnez au loto, vous n'avez jamais été en aussi bonne santé, vous remboursez vos dettes, vous emménagez dans la maison de vos rêves et n'avez plus besoin de travailler un seul jour de votre vie. Et maintenant, imaginez que vous vous réveillez demain, sans personne avec qui partager tout ça. Pas d'amis. Pas de famille. Pas d'êtres aimés. Malheur. Vous aviez enfin accédé à « tout ce dont vous aviez toujours rêvé », mais vous n'avez personne avec qui en profiter. Sans relations humaines riches, impossible de mener une vie épanouissante.

Valeur fondatrice n° 3 : la créativité

Imaginez : vous gagnez au loto, vous n'avez jamais été en aussi bonne santé, vous rencontrez votre âme sœur, vous nouez les relations sociales les plus riches de sens possible, vous remboursez vos dettes, vous emménagez dans la maison de vos rêves et n'avez plus besoin de travailler un seul jour de votre vie. Et maintenant, imaginez que vous vous réveillez demain, après-demain, après-après-demain, etc., sans rien à faire. Rien pour alimenter votre flamme. Quelle horreur. Vous pourrez bien sûr visionner d'innombrables émissions de télé et partir pour d'interminables vacances… mais vous ne tarderez pas à réaliser que la passion manque à votre vie. Vous ne vous sentirez pas épanoui, ni ne serez passionné par votre vie, si celle-ci manque de créativité. C'est souvent la cause première du sentiment de vide partagé par tant de personnes.

Nous allons explorer la question de la créativité (et de ses entraves) plus loin dans ce livre, mais je voudrais aborder le concept de « passion » dès maintenant. Lorsque Ryan et moi avons établi cette liste des cinq valeurs fondatrices la première fois, la *passion* occupait la troisième place. Sauf qu'en vérité, par *passion* nous entendions *créativité*.

Si vous cherchez en ligne, vous trouverez d'innombrables spécialistes pour vous expliquer qu'il faut « suivre votre passion ». Or, ce conseil trompeur présente au moins deux problèmes. Premièrement, il présuppose que nous naissions avec une passion préexistante – comme si nous étions destinés à être astronautes, comptables ou acteurs. Deuxièmement, le concept de passion a tellement été utilisé et déformé par les soi-disant influenceurs de ces vingt dernières années qu'il a perdu son sens. Saviez-vous que sa racine latine signifie « souffrir » ? Pensez-vous vraiment que ces pontes de l'Internet incitent les gens à « suivre leur souffrance » ? Je ne crois pas. C'est facile d'encourager les gens à suivre leur passion, mais il s'agit d'un conseil beaucoup trop simpliste.

La vie ne présente pas ce genre d'absolu. Personne n'a de destinée prédéterminée ni de passion préexistante attendant d'être révélée au grand jour. Vous pouvez faire des dizaines, des centaines de choses de votre vie – les opportunités créatives pour alimenter votre passion ne connaissent pas de limite. Dans cette perspective, le terme de *créativité* désigne fondamentalement les mêmes besoins que celui de *passion*, mais nous semble un meilleur descriptif de cette valeur fondatrice.

Valeur fondatrice n° 4 : l'évolution personnelle

Imaginez : vous gagnez au loto, vous n'avez jamais été en aussi bonne santé, vous rencontrez votre âme sœur, vous nouez les relations sociales les plus riches de sens possible, vous remboursez vos dettes, vous emménagez dans la maison de vos rêves, vous travaillez au projet créatif le plus passionnant à vos yeux et découvrez la mission de votre vie. Et ensuite ? Trouver le lac le plus proche et aller pêcher tous les jours ? Vous asseoir dans votre canapé et savourer la lueur bleutée de votre écran de télévision ? Bien sûr que non. Vous voulez continuer à profiter de votre nouvelle vie – de votre santé au top, d'excellentes relations et de votre créativité récemment découverte. Pour cela, vous devez continuer à vous améliorer, à évoluer. Le vieux dicton « cesser d'apprendre c'est commencer à vieillir » exprime une brutale vérité.

Certes, toute évolution ou croissance n'est pas bonne à prendre. Un biceps après une séance de sport intense, c'est une évolution. Une tumeur aussi. Alors on ferait mieux de choisir délibérément comment on veut évoluer, sous peine de le faire selon les dictats d'autrui. Depuis la révolution industrielle, nos sociétés occidentales ont développé un discours particulier en faveur de la croissance infinie, qui semble assez attirant sur le papier mais n'est pas du tout le genre d'évolution que j'ai en tête. Je me concentre sur l'évolution (ou la croissance) *responsable*.

La croissance infinie exige de croître à tout prix ; la croissance responsable demande de croître en accord avec nos valeurs. Avez-vous déjà consenti à réaliser un compromis « ponctuel » qui a, en réalité, déclenché toute une avalanche de compromis plus gros ? Moi, oui. J'ai menti et volé pour obtenir ce que je convoitais, littéralement. Hélas, je ne me suis pas arrêté là. J'ai menti pour couvrir le premier mensonge, puis j'ai raconté un encore plus gros mensonge pour couvrir la couverture. Bien que les compromis ne posent pas de problème en soi (d'ailleurs, la majorité des relations sociales requièrent de trouver un juste milieu), les accepter mène souvent à tisser une toile inextricable. Le problème survient lorsqu'on compromet ce que l'on *veut* pour obtenir ce dont on *a envie*. Certes, s'en tenir à ses principes (et résister à l'attrait du raccourci) s'avère plus difficile, mais c'est nécessaire pour évoluer dans le bon sens.

La croissance infinie délaisse les gens au profit de la rentabilité ; de son côté, si la croissance responsable ne prétend pas faire fi de l'argent, elle n'installe pas non plus le profit aux manettes. Ryan et moi dirigeons deux entreprises rentables (*The Minimalists*, à Los Angeles, Californie, et Bandit Coffee Co. à Saint-Pétersbourg, Floride), mais dont l'argent ne représente pas la motivation première. Nous nous concentrons sur le fait d'*apporter de la valeur* à nos lecteurs, auditeurs, spectateurs, followers et clients sans compromettre nos principes. Nous traitons convenablement nos employés et leur donnons de bons salaires. Nous privilégions la qualité à la quantité. Nous n'acceptons de publicité sur aucune de nos plateformes. Nous ne vendons pas les données de notre public à des tiers. Et nous n'envoyons ni spams ni courriers indésirables – jamais ! Résultat, les gens nous accordent leur confiance et nous soutiennent dans notre travail, qu'il s'agisse des livres que nous écrivons ou du café que nous torréfions. Alors oui, on pourrait dégager encore plus de bénéfices trimestriels, mais on dort beaucoup mieux la nuit quand on a sa conscience pour soi, et on se sent plus serein en matière de perspectives à long terme quand la croissance de nos entreprises ne dépend pas uniquement de la taille de notre porte-monnaie.

La croissance infinie se préoccupe de la compétition et de l'élévation des attentes ; la croissance responsable vise la coopération et l'élévation des standards. Quand je travaillais « en entreprise », nous nous focalisions *en permanence* sur des cibles imaginaires. Mes magasins de vente au détail obéissaient à vingt-neuf mesures de performance quotidienne différentes. Résultat, même après une super journée, il restait toujours un point d'insatisfaction. Nous avons tendance à faire ça aussi dans nos vies personnelles, ne pensez-vous pas ? Les chiffres affichés par la balance de notre salle de bains deviennent du bien-être par procuration. Ceux de notre compte en banque deviennent un indicateur de bonheur. Les biens matériels dans nos maisons font office de plénitude. Et ces attentes grandissent avec le temps. Ce qui était autrefois un grand espoir devient une banalité et l'expansion de nos attentes sème le chaos sur son passage. L'antidote à ce chaos relève d'un petit paradoxe : pour rétablir l'ordre dans nos vies, nous devons diminuer nos attentes et élever nos standards. Ainsi, John Wooden (célèbre entraîneur de l'Université de Californie) était connu pour dissuader ses joueurs de regarder le panneau d'affichage des points. À la place, il les encourageait à donner *le meilleur d'eux-mêmes*. Résultat, ses équipes ont remporté dix championnats en douze ans, et John Wooden est devenu l'entraîneur le plus victorieux de l'histoire du championnat masculin de basketball – pas à cause de son goût pour la victoire, mais grâce à son exigence.

La croissance participe d'une vie riche (croissance responsable, s'entend), car l'amélioration continue nous rend vivants et confère du sens à nos actions. Le développement personnel n'est pas un acte ponctuel mais l'aventure de toute une vie. L'aventure ne se limite pas à *un* changement ; on doit continuer à changer pour connaître de la joie à l'avenir. Pensez à toutes les améliorations déjà opérées dans votre vie. Est-ce que certaines d'entre elles ne vous semblaient pas irréalisables cinq ou dix ans auparavant ? Comment y êtes-vous parvenu ? Il y a fort à parier que vous les avez réalisées, non pas en effectuant un grand bond en avant, mais en introduisant de minuscules modifications sur une longue durée. Bien sûr, certains changements *sont* de grands bonds (mettre fin à une relation, quitter un emploi, déménager) immédiats et parfois nécessaires. Toutefois, la majeure partie de la croissance naît de tout petits pas – des tout petits pas qui permettent ensuite de grands bonds en avant.

Valeur fondatrice n° 5 : la contribution

Imaginez : vous gagnez au loto, vous n'avez jamais été en aussi bonne santé, vous rencontrez votre âme sœur, vous nouez les relations sociales les plus riches de sens possible, vous remboursez vos dettes, vous emménagez dans la maison de vos rêves, vous travaillez à un projet créatif passionnant, découvrez la mission de votre vie et de nouvelles façons d'évoluer au quotidien. Et ensuite ? Vous vous asseyez tout en haut de votre montagne de billets et savourez votre réussite ?

Peu probable.

Que vous l'appeliez *contribution*, *don*, *altruisme* ou *service*, la dernière valeur fondatrice complète la précédente à la perfection. L'évolution et la contribution créent une séquence régénérative : plus on évolue, plus on peut aider les autres à évoluer ; plus on aide les autres à évoluer, plus on évolue en retour.

Si l'évolution responsable fait du bien, la contribution en fait davantage car elle bénéficie encore plus aux gens que vous aimez qu'à vous-même. C'est un fait, les humains ressentent le besoin inné d'aider les autres. Or, s'il existe de nombreuses façons de rendre service, il est important d'apprendre à contribuer de façon efficace. D'après l'Écossais William MacAskill, philosophe, éthicien et l'un des initiateurs du mouvement de l'altruisme efficace, « l'altruisme efficace consiste à répondre à une question simple : comment utiliser nos ressources pour apporter le plus d'aide possible ? Au lieu de faire ce qui vous semble bien, [l'altruisme efficace se sert de] preuves et d'analyses soignées pour trouver les meilleures causes auxquelles travailler. » Autrement dit, donner c'est bien, mais contribuer de façon constructive, c'est encore mieux.

En contribuant avec sagesse, « vous pouvez produire un impact positif gigantesque sur le monde, explique le philosophe. C'est un fait tellement stupéfiant qu'il est difficile à appréhender. Imaginez, vous apercevez un immeuble en feu avec un jeune enfant à l'intérieur. Vous vous précipitez dans le brasier, attrapez l'enfant et le sortez de là, sain et sauf. Vous devenez un héros. Maintenant, imaginez que ça vous arrive tous les deux ans : vous sauvez des dizaines de vies au cours de votre existence. Étrange ? Pourtant c'est le monde dans lequel beaucoup d'entre nous vivons. Si vous gagnez le revenu américain moyen et donnez chaque année 10 % de vos revenus à la Fondation contre la malaria, vous sauverez des dizaines de vies au cours de votre existence. »

Bien sûr, rédiger un chèque n'est pas la seule façon de s'impliquer. Les personnes ne disposant pas des moyens financiers suffisants peuvent aider leurs communautés locales et plus larges de différentes manières : servir de la nourriture aux soupes populaires, dans les refuges pour sans-abri ou dans les banques alimentaires ; construire des maisons avec certaines associations ou aider des enfants avec leurs devoirs. Il existe d'innombrables besoins ayant besoin d'être satisfaits, pas par un sauveteur parfait mais par *vous*, la personne imparfaite qui a simplement envie d'aider.

Quand Ryan et moi avons quitté le monde des affaires en 2011, après trente ans à n'avoir que très peu (voire pas du tout) contribué à quoi que ce soit, nous avons enfin pris le temps de contribuer à différentes causes louables. Ces dix dernières années, *The Minimalists* ont construit deux orphelinats, apporté des secours aux victimes de l'ouragan Harvey, apporté leur aide aux survivants des fusillades d'Orlando et de Las Vegas, fondé un lycée au Kenya pour un an, installé des puits d'eau potable dans trois pays, construit une école élémentaire au Laos et acheté des milliers de moustiquaires pour combattre la malaria en Afrique. À l'heure de la rédaction de ce livre, nous levons des fonds pour construire une épicerie coopérative à but non lucratif dans l'ouest de Dayton (l'un des plus grands déserts alimentaires des États-Unis). Je ne vous parle pas de ces projets pour me vanter ou me faire mousser, plutôt pour vous montrer qu'il est possible de partir de zéro et d'arriver à de grandes contributions en l'espace de peu de temps. Il suffit d'avoir la volonté d'aider les autres[1].

Que vous signiez des chèques ou aidiez les autres avec vos mains (ou les deux), la façon la plus efficace de contribuer consiste à trouver une méthode de contribution qui vous encourage à continuer à donner, à aider, à rendre service. Votre muscle contributif grossit au fur et à mesure des services rendus, et en continuant à donner, vous ferez de nouvelles découvertes – la vie n'est pas à propos de *vous* en tant que personne, mais de *nous* en tant que communauté.

Valeurs structurelles

Une fois les fondations établies, un cadre s'érige. Cependant, si chaque maison a un cadre, chacune est différente : certaines sont faites d'acier et de boulons, d'autres de bois ou de brique, d'autres encore de béton ou de ciment. C'est pareil pour les valeurs. Vos valeurs structurelles font de vous la personne que vous êtes – elles sont *personnelles*. Voici une poignée de mes valeurs structurelles accompagnées d'une définition personnelle[2] :

Autonomie : absence de tout contrôle extérieur.
Compassion : intérêt pour les malheurs d'autrui.

---

1. Si vous avez envie de vous impliquer dans l'un de nos projets, n'hésitez pas à vous inscrire sur minimalists.com pour recevoir notre newsletter.

2. Il s'agit d'un aperçu. Pour une liste complète de mes valeurs structurelles, rendez-vous sur minimalists.com/v

Humilité : clarté de soi-même ; absence d'ego.
Leadership : capacité à inspirer les autres.
Mobilité : absence d'entraves géographiques.
Morale : toujours agir selon ce qui est juste.
Qualité : moins, mais mieux ; résultat de l'intention.
Retenue : capacité à résister aux impulsions.
Solitude : temps passé seul, sans interaction sociale.
Vulnérabilité : courage d'agir en dépit du résultat.

Si vos valeurs structurelles risquent de varier légèrement avec le temps et l'expérience, à l'image de votre maison, la structure, elle, ne bougera pas. À moins, bien évidemment, que vous vous embarquiez dans un sérieux projet de rénovation, ce qui est toujours une possibilité. Quand j'ai quitté le monde des affaires à trente ans, j'ai entièrement démoli mon ancienne vie pour m'en construire une nouvelle, fondée sur des valeurs structurelles différentes.

Valeurs de surface

Une fois les fondations établies et le cadre érigé, passons à l'aspect de votre maison. En effet, bien que la façade ne soit pas aussi cruciale que la structure en soi, c'est elle qui rend votre maison intéressante, unique, agréable et la transforme en véritable foyer. Vos valeurs de surface remplissent la même fonction.

Ces valeurs *mineures* jouent un rôle important dans la variété et la diversité de nos existences – on peut d'ailleurs les considérer comme des *centres d'intérêt personnels*. Cependant, le fait qu'elles soient *mineures* (comparées aux principes plus importants listés ci-dessus) ne les empêche pas d'avoir un impact majeur sur votre satisfaction générale ; elles représentent un composant essentiel pour une vie équilibrée. Voici quelques-unes de mes valeurs de surface du moment[1].

Esthétique.
Art.
Propreté.
Café.
Inconfort.
Divertissement.
Méditation.
Musique.
Lecture.
Écriture.

Au fil de l'évolution de vos intérêts, vos valeurs de surface sont amenées à changer radicalement – d'un mois à l'autre, d'une année à l'autre, d'une décennie à l'autre. Comme on « rafraîchit » sa maison en la repeignant ou en ajoutant des plantes, on peut « rafraîchir » sa vie en s'assurant que nos valeurs de surface du moment correspondent à nos intérêts et désirs du moment. Si l'un de ces derniers arrête de vous apporter de la valeur, alors il perd la sienne et

1. Mes valeurs de surface changent souvent. Pour une liste en perpétuelle évolution, rendez-vous sur minimalists.com/v

il est temps de l'abandonner. Si vous changez d'avis, vous pourrez toujours y revenir plus tard.

Valeurs imaginaires

Disons que vous avez construit une magnifique maison à la structure solide, aux fondations profondes et à la façade agréable. C'est l'équivalent d'une vie riche de sens. Hélas, ce n'est pas ce qui se passe habituellement. En général, lorsque nous consacrons du temps à contempler nos valeurs, nous nous focalisons sur les « imaginaires », des obstacles qui nous entravent et n'entrent pas dans notre hiérarchie des valeurs. Elles sont la barrière autour de notre maison ; on ne peut pas y entrer sans les éliminer. Voici certaines des valeurs imaginaires qui m'empêchent parfois de trouver la satisfaction.

Occupation à outrance.
Confort.
E-mails.
Attentes.
Isolement.
Luxe.
Productivité.
Opinion publique.
Réseaux sociaux.
Télévision.

Au fur et à mesure de nos expériences, nos valeurs imaginaires changent. Bien sûr, de nouveaux obstacles se dresseront toujours, car, une fois satisfaits, nous excellons dans l'art de nous laisser distraire par de brillantes nouveautés. Nous bâtissons de magnifiques cellules de prison, décorées d'éphémère, puis nous plaignons de notre incarcération auto-imposée.

Pour vivre une existence épanouissante, nous devons éliminer nos obstacles. Je vais citer ici l'écrivain Ryan Holiday, selon qui « l'obstacle est le chemin ». Si je devais compléter son message, j'ajouterais ceci : la seule façon de vivre une vie riche de sens consiste à nous débarrasser de nos valeurs imaginaires et à accorder la priorité à nos valeurs selon leur ordre d'importance.

Comment utiliser ces valeurs ?

Chaque personne est différente. Mes valeurs structurelles correspondront peut-être à vos valeurs de surface (voire imaginaires) et vice-versa. C'est très bien comme ça. Parfait, même. De nos différences naît tout le piment de l'existence. Imaginez l'ennui si tout le monde était exactement comme moi, ou exactement comme vous.

Il est également important de garder à l'esprit que nos valeurs de surface deviennent parfois nos valeurs imaginaires et (si nous sommes complètement honnêtes avec nous-mêmes) que même nos valeurs structurelles peuvent virer à l'imaginaire lorsque nos priorités évoluent. C'est naturel. Se montrer clair sur ce que l'on veut vraiment, c'est risquer de réaliser que ce qui nous rendait service hier nous entrave aujourd'hui.

Pour vous aider à faire le point, nous vous fournissons un tableau des valeurs[1]. Une fois qu'il sera complété, relisez-le avec une personne de confiance. Et si elle le désire, relisez le sien avec elle. Une fois que vous aurez identifié vos valeurs et celles de vos proches, vous comprendrez comment interagir avec ces derniers de façon plus efficace, ce qui améliorera vos relations sociales et vous aidera à évoluer dans des directions enthousiasmantes et inattendues. Chaque début d'année, ma femme et moi nous asseyons à la table de la cuisine pour relire ensemble notre tableau des valeurs – cela m'aide à mieux communiquer avec elle, mais aussi à comprendre comment devenir la meilleure version de moi-même.

LA RÈGLE DES SAISONS

Regardez vos affaires. Prenez-en une. N'importe laquelle. Vous en êtes-vous servi au cours des quatre-vingt-dix derniers jours ? Non ? Allez-vous vous en servir au cours des quatre-vingt-dix jours à venir ? Non plus ? Pourquoi ne pas vous en débarrasser ? (Vous comprenez maintenant pourquoi certains surnomment cette règle la « règle du 90 / 90 ».)

LA RÈGLE « UN DE PLUS, DIX DE MOINS »

Être minimaliste ne signifie pas que vous n'achèterez plus jamais rien de neuf. Simplement que

1. Vous pouvez le télécharger et en imprimer plusieurs exemplaires à l'adresse suivante : minimalists.com/resources

vous y réfléchirez davantage. Et que vous vous séparerez délibérément de vos affaires. Ou les deux en même temps.
Au début de la simplification, on se laisse facilement déborder par la grande quantité de choses dont on veut s'affranchir. Ce sentiment naît de l'anticipation de vos futurs achats. Afin de combattre le shopping compulsif et de vous aider dans vos efforts de minimisation, nous avons inventé la règle « un de plus, dix de moins ».
Inspirée du fameux « un qui entre, un qui sort » (qui prévaut dans de nombreux clubs, bars et établissements afin de limiter le nombre de personnes présentes), cette règle aide à déterminer ce que vous achetez *et* ce que vous conservez, dans la mesure où pour chaque nouvel objet, vous devez vous débarrasser de dix déjà en votre possession.
Tenté par cette nouvelle chemise ? Déposez dix habits dans une association.
Alléché par cette nouvelle chaise ? Mettez dix meubles à vendre sur Internet.
Séduit par ce nouveau mixeur ? Donnez dix ustensiles de cuisine.

BILAN : VALEURS

Coucou ! C'est encore Ryan. Waouh, Joshua nous a donné de quoi méditer, pas vrai ? Alors, prêts à vous plonger dans quelques exercices pour mieux saisir vos valeurs ?

Fantastique !

Commencez par prendre le temps de bien considérer chaque exercice et ses exigences. Ensuite, vous serez d'autant plus en mesure de comprendre, d'apprécier et de chérir vos valeurs.

Les questions à se poser

1. Quel est votre « objet a » ? Pourquoi ?

2. Compromettez-vous certaines de vos valeurs en ce moment même ? Vous empêchez-vous de mener une vie riche de sens ?

3. Concernant le fait d'apporter des changements à votre vie afin de vous accorder à vos valeurs : qu'est-ce qui vous effraie ? Pourquoi ?

4. Que comprenez-vous des différences entre plaisir, bonheur, contentement et joie ?

5. Comment le « futur vous » vous remerciera-t-il de votre mode de vie actuel ?

À faire

Qu'avez-vous appris sur vos valeurs dans ce chapitre ? Qu'allez-vous en retenir ? Quelles leçons vous encouragent à mieux accorder vos actions avec la personne que vous souhaitez devenir ?

Voici cinq actions à mettre en place dès aujourd'hui :

– **Identifiez vos valeurs.** Il est crucial que vous couchiez toutes vos valeurs sur le papier, même les imaginaires. Servez-vous du tableau que vous aurez téléchargé gratuitement sur minimalists.com/resources.

– **Trouvez un partenaire** ou binôme avec lequel relire la liste de vos valeurs. Demandez-lui de participer avec vous. Relire la liste de vos valeurs avec quelqu'un vous incitera à rendre des comptes, renforcera vos valeurs et vous fournira l'inspiration pour vivre à leur hauteur.

– **Faites preuve de clarté.** Après avoir complété le tableau et l'avoir relu avec votre partenaire, identifiez clairement les valeurs que vous ignorez et/ou compromettez en ce moment. Comment comptez-vous mettre fin à ces compromis, agir et prendre des décisions en accord avec vos valeurs ?

– **Identifiez les obstacles.** Quels sont les plus gros ? Notez-les, puis établissez un plan pour vous y attaquer. Si vous coincez, n'hésitez pas à demander à un ami, à un proche ou à votre binôme de vous guider – ou à consulter un professionnel (thérapeute, médecin ou coach par exemple).

– **Reconnaissez les conséquences.** Que sacrifiez-vous en ne vivant pas en accord avec vos valeurs ? Citez les sacrifices que vous réalisez en ce moment, et ceux que vous avez été amené à faire dans le passé.

À ne pas faire

Pour finir, jetons un coup d'œil à ce qui fait entrave à vos valeurs. Voici cinq comportements à éviter dès aujourd'hui pour devenir la meilleure version de vous-même.

– Ne courez pas après la perfection. La perfection n'existe pas. Courir après vous condamne à la déception, encore et toujours. Cependant, il est possible de mettre en place des actions cohérentes pour introduire des changements progressifs.

– Ne courez pas non plus après le plaisir ou le bonheur, sinon vous ne connaîtrez jamais de joie véritable. Il s'agit de vous concentrer sur une existence riche de sens. Quand on mène ce type d'existence, le plaisir et le bonheur s'invitent naturellement.

– Évitez de placer la barre trop haut, mais restez exigeant envers vous-même.

– Ne laissez ni la satisfaction immédiate ni l'insatisfaction immédiate vous contrôler.

– Ne faites pas de compromis en ce qui concerne vos valeurs.

5
RELATION À L'ARGENT

J'ai obtenu ma première carte de crédit l'été de mes dix-huit ans, et j'ai passé les dix années suivantes à dépenser. Mon étincelante MasterCard me facilitait la tâche. Je ne pouvais pas me permettre de payer comptant ? Pas de problème, j'achetais à crédit ! Il faut dire que la plupart de mes achats étaient d'ordre « aspirationnel », des sortes de sésames qui me permettraient d'accéder au niveau de réussite supérieur. Impossible de faire de l'argent sans en dépenser, disait-on. Et je prenais au pied de la lettre cette ritournelle occulte maintes fois entendue au cours de réunions et de conférences professionnelles, sans avoir jamais vraiment compris sa signification. Elle sonnait bien – un prétexte simple pour mal gérer mes finances. Je ne vivais pas au-dessus de mes moyens : je vivais avec les moyens du futur moi. Je n'étais pas irresponsable : je dépensais le montant de mon salaire... après ma prochaine promotion, ma prochaine augmentation, mon prochain bonus annuel ou ma prochaine commission. Jusque-là, mes cartes de crédit combleraient l'écart.

Une fois arrivé au maximum de ma première carte de crédit, rien de plus facile que d'en obtenir une autre, puis une autre, puis plein d'autres, jusqu'à me retrouver avec quatorze morceaux de plastique plafonnés au maximum dans mon portefeuille, chacun fluidifiant mes achats en me permettant de faire l'acquisition de nouveaux habits ou de nouveautés pour ma maison, et de céder à toute une flopée d'impulsions sans dépenser *mon* argent. Du moins, c'est l'impression qui m'envahissait chaque fois que je tapais mon code.

Comme si « je vais payer à crédit » était de facto devenu mon slogan. Sans la moindre considération pour les dégâts futurs provoqués par l'endettement, les taux d'intérêt et l'anxiété qui les accompagne. Je payais quasiment tous mes achats à crédit. Et, contrairement à mes attentes, cela n'a fait qu'empirer avec l'augmentation de mes revenus.

La tentation du crédit et de l'endettement sait jouer sur le remplacement de notre identité par cette vaste aspiration à être comme tout le monde. J'ai reçu ma première promotion à vingt-deux ans et construit ma première maison la même année. J'ai acheté une Lexus à vingt-trois ans. Une Land Rover à vingt-cinq. Chaque fois, je pensais trouver enfin la satisfaction. Mais dès l'achat effectué, l'adrénaline s'évanouissait et ne me restait plus que l'envie. L'envie de mieux, de quelque chose de mieux, de quelque chose qui comblerait le vide. Je creusais mon trou, une pelletée à la fois. Et j'étais loin d'être le seul.

Dysfonctionnement financier

Julie Hamilton, une participante de notre étude originaire de Madison (État du Wisconsin), s'est retrouvée – avec toute sa famille – emportée par la recherche du toujours plus : « J'aidais mon mari à diriger plusieurs petites affaires, et nous étions si focalisés sur la réussite et la réalisation du rêve américain (la maison, la voiture, les biens matériels) qu'ils ont fini par nous étouffer. » En pleine expérience de déballage collectif, Julie a reconnu qu'elle et son mari s'étaient sentis « suffoquer de stress ». La simplification leur a permis de réaliser que leur existence n'était pas tenable, que le fardeau financier de la poursuite permanente du *plus* les avait brisés.

Des millions d'Américains vivent ainsi, d'un salaire à l'autre et, d'après une récente étude du CFSI (réseau de santé financière américain), 72 % d'entre eux sont en mauvaise santé financière. S'il peut arriver que l'on s'endette à cause de dépenses médicales imprévues, nous sommes pourtant beaucoup à prendre sans cesse de mauvaises décisions qui nous ensevelissent toujours plus sous les dettes. J'appartenais à la seconde catégorie – victime de mes mauvais choix personnels. Donc, non seulement je faisais partie de tous ces gens aux finances malsaines, mais, même en gagnant près de deux cent mille dollars par an avant mes trente ans (à Dayton, rendez-vous compte !), je faisais aussi partie des 44 % d'Américains dont les dépenses excèdent les revenus. Si je *paraissais* prospère sous bien des aspects, j'étais en réalité « financièrement impuissant » bien avant que Neal Gabler, rédacteur de l'*Atlantic*, n'invente ce terme et ne le justifie comme suit : « Je considère cela comme de l'impuissance financière car on y retrouve beaucoup de caractéristiques de l'impuissance sexuelle, notamment le besoin désespéré de la masquer et de faire comme si tout allait pour le mieux. »

Comme les Hamilton, je prétendais réussir. Sauf que mes tentatives pour masquer mes déboires financiers revenaient à essayer de repeindre une maison en flammes… quelques couches supplémentaires n'éteindraient jamais l'incendie. Bon sang, comment ai-je bien pu *ignorer* cet incendie ? Ignorer les rappels d'impayés qui envahissaient ma boîte aux lettres chaque semaine ? Je compartimentais mes indiscrétions, et mes dettes m'ont laissé des cicatrices. Mon style de vie n'était ni joyeux ni vertueux – le passage progressif de travailler pour vivre à vivre pour travailler. À quel point étais-je prêt à me rendre malheureux pour impressionner mon entourage ?

Pour ne rien arranger, j'encourageais souvent les autres (amis, famille, employés) à s'endetter : *tu mérites cette voiture de sport/ce magnifique piano/cette nouvelle cuisine !* C'était un moyen pervers de présenter mes failles sous un jour favorable, car si assez de gens se comportaient comme moi, alors ce n'était pas ma faute, n'est-ce pas ? Le malheur pousse les gens à se prendre une chaise et à rester un petit moment, pour assister au spectacle.

Incarnation vivante du dysfonctionnement financier, à la veille de mes trente ans je gagnais bien ma vie, mais je dépensais encore plus et j'avais sur le dos : un premier crédit immobilier, un second crédit immobilier, plusieurs crédits automobiles, un prêt de consolidation destiné à rembourser le crédit de la carte de crédit que j'utilisais au début de la vingtaine et toute une collection de nouvelles cartes de crédit – sans parler des factures régulières et des dépenses de la vie courante. Pour couronner le tout, j'avais deux crédits étudiants à rembourser séparément, sans aucun diplôme à faire valoir (sans commentaire). J'étais à un faux pas près de demander l'aide d'un de ces équivalents modernes des usuriers d'une autre époque (les prêteurs sur salaire) qui représentent souvent le dernier recours des personnes les plus désespérées de nos sociétés. Et nous sommes nombreux à en être beaucoup plus proches que vous ne le pensez.

Saviez-vous que, d'après un rapport récent de la Réserve fédérale des États-Unis, une personne sur quatre devrait vendre quelque chose (ou emprunter la somme) pour une régler une dépense imprévue de quatre cents dollars ? Que ce même pourcentage de personnes adultes a dû renoncer à des soins médicaux *nécessaires* l'année dernière faute de pouvoir se les payer, ou n'a aucun financement de retraite prévu ? (C'est très révélateur, à la fois des prix opaques du système médical américain, qui devrait être mieux régulé pour éviter le gonflement des tarifs, et de notre incapacité à économiser de l'argent.)

L'endettement nous dépouille de notre liberté, de notre sécurité, de notre identité. Nos créditeurs tiennent le rêve américain en otage. Le nouveau rêve américain sera exempt de dettes.

Au cours d'une interview accordée à un magazine il y a déjà quelques années, un journaliste m'a demandé à qui je pensais en entendant le mot « réussite ». Eh bien, ni à Steve Jobs, ni à Bill Gates, ni à Kim Kardashian. Pas non plus au rêve américain – grande maison, grosses voitures, endettement à la hauteur de l'opulence. Quand je pense à la réussite, je pense à mon ami Jamar Hocker, de Cincinnati. Pourquoi ? Parce qu'il sait qu'on a beau avoir parfois envie de courir après des plaisirs éphémères, la liberté financière n'est pas à vendre. Bien qu'il soit un père, un mari, un professeur de lycée et un investisseur immobilier hors pair, sa réussite tient à autre chose. En réalité, Jamar vit le nouveau rêve américain : il est joyeux, en pleine santé et libre de toute dette ; il maîtrise sa vie et ne tire pas sa valeur personnelle de facteurs extérieurs – voilà pourquoi il représente à mes yeux un des plus beaux exemples de réussite. Certes, il travaille dur, mais pas dans l'objectif d'amasser davantage de biens matériels : il travaille pour construire sa liberté, tandis que la plupart d'entre nous travaillent dur pour s'appauvrir.

La plupart des gens sont fauchés

Nos crises financières personnelles résultent de différentes causes, dont les urgences médicales, la perte d'emploi et les prêts usuraires. Bien sûr, impossible de nier l'inflation : ces dix dernières années, aux États-Unis, les prix de l'immobilier ont grimpé de 26 %, les dépenses médicales ont augmenté de 33 % et les tarifs universitaires ont explosé (+ 45 %). Nous avons donc dû nous endetter toujours plus pour suivre l'augmentation de nos dépenses. Mais il est trop facile de rejeter la faute sur le reste du monde sans assumer la responsabilité de nos actions. À chaque entrée de notre code de carte bancaire, à chaque dépense irréfléchie, à chaque retour chez nous avec un objet hors de nos moyens, nous demandons à nos futurs nous-mêmes d'assumer la responsabilité de nos décisions actuelles.

Au cours de l'été 2018, *The Minimalists* se sont embarqués pour *Money and Minimalism* [1], une tournée de conférences en compagnie de l'équipe de l'émission *Ramsey Personalities*. Animateur de la troisième émission radio la plus écoutée aux États-Unis et auteur de plusieurs livres à succès, Dave Ramsey a aidé des millions d'Américains à se sortir de l'endettement et à rectifier leur avenir financier. Cet été-là, passer du temps au quartier général de Ramsey Solutions (aux environs de Nashville) m'a offert l'occasion d'en apprendre davantage sur les raisons pour lesquelles tant d'habitants du pays le plus riche du monde sont à court d'argent.

« Si tu veux gagner des sous, observe ce que font la plupart des gens et fonce dans la direction opposée », a déclaré l'animateur au cours d'un coup de gueule passé contre la négligence financière, construit en aphorismes énergiques – de l'ordre de la poésie financière. En voici les mots exacts :

1. Ndt : Argent et minimalisme.

« La plupart des gens sont fauchés.

La plupart des gens n'en ont pas l'air, mais ils sont fauchés.

Ils dépensent plus qu'ils ne gagnent.

Ne se contentent pas de leur salaire, ne prévoient pas.

Ne mettent pas d'argent de côté pour les urgences.

Ne s'accordent pas avec leur partenaire sur les dépenses.

Ils espèrent que le gouvernement prendra soin de leur retraite.

La plupart des gens agissent bêtement avec l'argent, dépensent comme s'ils étaient sénateurs.

Le taux de faillite n'a jamais été aussi élevé ; les saisies repartent à la hausse.

La plupart des gens vivent dans l'attente de leur prochain salaire.

La dette des cartes de crédit ne cesse d'augmenter.

La dette étudiante dépasse les mille milliards de dollars.

Les traites moyennes pour le remboursement d'une voiture s'élèvent presque à cinq cents dollars sur quatre-vingt-quatre mois – c'est stupide.

Être *normal* en Amérique, c'est être fauché et stupide.

Pourquoi vouloir être normal ?

Distinguez-vous.

Prenez le contrepied.

Quand la culture a perdu son chemin,

la meilleure chose à faire est d'en prendre le contrepied. »

Ce qui me plaît le plus dans les soliloques de Dave Ramsey, c'est qu'ils sont préparés avec amour – amour pas tendre, mais amour quand même. Bien sûr, si vous faites partie des seize millions d'auditeurs de son émission hebdomadaire, peut-être que ça vous secoue… Pourtant, il le fait parce que le sujet lui tient à cœur. Si ce n'est pas évident à travers vos haut-parleurs, ça l'est quand on passe du temps avec lui, en personne. Après avoir pris toutes les mauvaises décisions possibles, Dave a lui aussi lutté contre le dysfonctionnement financier, jusqu'à devoir se déclarer en faillite personnelle pour pouvoir tout recommencer à zéro. Heureusement pour nous, il s'est relevé de ses cendres tel un phénix et a passé les trente dernières années à appliquer les leçons durement apprises pour aider les gens à se tirer de l'endettement et à reprendre possession de leurs ressources.

Il y a quelques années, j'ai rédigé un essai quasi satirique intitulé *11 signes que vous êtes peut-être fauchés*. Je ne vais pas vous en répéter ici tous les arguments (vous êtes peut-être fauché si vous vivez de salaire en salaire / si vous remboursez votre voiture tous les mois / si vous avez un crédit à la consommation sur le dos), simplement vous en résumer l'esprit : être à court d'argent n'est pas le problème, le problème c'est de l'être sans avoir de plan pour briser le cercle vicieux. Honnêtement, qui n'a pas connu cette situation au moins une fois dans sa vie ? Oui, nous avons tous besoin d'argent pour vivre. En revanche, pour paraphraser la célèbre citation de *Fight Club*, nous ne sommes pas le contenu de notre portefeuille. Et ce qui importe davantage que le revenu lui-même, c'est la façon dont nous dépensons les ressources à notre disposition. Personnellement, je connais des gens dans le rouge malgré leur salaire à six ou sept chiffres. Je connais aussi des familles qui vivent très bien avec trente mille dollars par an – car elles vivent délibérément à hauteur de leurs moyens. La richesse, la sécurité et le contentement véritables ne résultent pas de l'accumulation de babioles, mais de notre façon de dépenser la seule vie qui nous ait été donnée. Comme il est difficile d'apprécier cette vie quand on est plombé par les dettes, cela signifie qu'il faut se débarrasser de ces dettes si on veut aller de l'avant et mieux vivre. La vie sans dette est la nouvelle augmentation de salaire que vous attendez.

Se sortir de l'endettement

Au-delà de la dose nécessaire d'amour vache, ce que j'aime dans les conseils de Dave Ramsay, c'est leur côté éminemment pratique. Dans son livre à succès *The Total Money Makeover: A Proven Plan for Financial Fitness*, vendu à plus de huit millions d'exemplaires, l'animateur présente un plan universel (celui qu'il a lui-même utilisé) pour sortir de l'endettement et atteindre la liberté financière. Il l'a baptisé « sept tout petits pas » :

Petit pas n° 1 : économisez mille dollars pour vous constituer un fonds d'urgence (et établir un budget).

Petit pas n° 2 : remboursez toutes vos dettes (à part votre crédit immobilier) grâce à la technique de la « boule de neige ».

Petit pas n° 3 : mettez de côté trois à six mois de dépenses dans un fonds d'urgence entièrement financé.

Petit pas n° 4 : investissez 15 % du revenu de votre foyer dans une pension retraite.

Petit pas n° 5 : économisez pour les études de vos enfants.

Petit pas n° 6 : remboursez votre maison en avance.

Petit pas n° 7 : construisez de la richesse, et donnez.

Ces étapes simples (en particulier les petits pas 1 et 2) m'ont permis de sortir d'un endettement à six chiffres. Comment ? D'abord, j'ai dû économiser mille dollars aussi vite que possible – un fonds d'urgence pour parer aux imprévus de la vie : réparations automobiles, dépenses médicales et autres véritables urgences. Cette première étape s'imposait pour que je ne creuse pas davantage ma dette alors que je tentais d'en sortir. Ensuite, j'ai fait mon budget. À l'époque, je me suis servi du « système de l'enveloppe » de Ramsey, mais si je devais le refaire aujourd'hui, j'utiliserais cette application gratuite de gestion de budget appelée EveryDollar qui permet de suivre les dépenses mensuelles.

Une fois mon fonds d'urgence et mon budget effectués, il était temps que je commence à rembourser méthodiquement l'achat de mes voitures, mes cartes de crédit et mes prêts étudiants. J'ai suivi le plan, vendu deux voitures et coupé toutes mes cartes de crédit, avant de dresser la liste de toutes mes dettes par ordre de grandeur et de m'atteler à les rembourser, une par une, de la plus petite à la plus grosse (d'où la boule de neige). Me libérer de mes dettes m'a demandé quatre ans de travail rigoureux : réduction drastique de mes dépenses, repas à la maison et même livraison de pizzas pour gagner un peu d'argent de poche. J'ai dû inventer de meilleures habitudes de dépense, car il est *impossible de sortir de l'endettement en dépensant davantage*. Désormais, je ne dois plus un centime. J'ai découvert tous les avantages de la liberté financière et pour rien au monde je ne retournerais en arrière.

Vivre sans dette m'a permis de contribuer plus que jamais.

Vivre sans dette m'a permis de quitter le monde des affaires.

Vivre sans dette m'a aidé à moins consommer et à créer davantage.

Vivre sans dette a facilité mes voyages autour du monde.

Vivre sans dette m'a encouragé à investir dans mon avenir.

Vivre sans dette m'a empli d'un calme que je n'avais jamais ressenti avant.

Vivre sans dette m'a convaincu que les « bonnes dettes » n'existent pas.

Dave Ramsey n'est pas le seul à avoir aidé des foyers à travers tous les États-Unis à résoudre les crises financières qui les frappent. Pendant la tournée avec son équipe de choc, j'ai eu l'occasion de parler d'argent, de dette et d'investissement avec trois des meilleurs spécialistes financiers du pays : Rachel Cruze, Anthony ONeal et Chris Hogan, dont vous allez faire la connaissance dans ce chapitre.

Apprendre l'argent dès l'enfance

Au cours de notre événement *Money and Minimalism* à Nashville, Rachel Cruze, coautrice de *Smart Money Smart Kids*, a expliqué que nos habitudes financières d'adultes (bonnes ou mauvaises) s'installent dès l'enfance. « J'avais six ans quand mon père et ma mère se sont déclarés en situation de faillite personnelle », raconte Rachel, ce qui pourrait laisser deviner une enfance de galère et de problèmes financiers. Après tout, nos enfants apprennent toujours de nous – parfois de nos paroles, surtout de nos actions.

Rachel était-elle destinée à reproduire les erreurs de ses parents ? Non, car heureusement, son père s'appelle Dave Ramsey et les comportements que lui et sa femme Sharon ont montrés à Rachel, son frère et sa sœur ont radicalement changé après qu'ils ont eu touché le fond. « Je n'avais que six mois, donc je ne percevais pas le concept d'argent, je ne savais ni ce que cela faisait d'être pauvre ni ce qu'être riche signifiait… Certains diraient que je suis née au pire moment : la chute.

Moi, je vois ça autrement. Je pense être née au moment idéal : le renouveau. » Elle n'était pas assez âgée pour voir ses parents tout perdre. À la place, elle a assisté à leur lente reconstruction et à toutes les leçons qui ont accompagné le processus. Bien sûr, ça n'avait rien de facile. Sa famille a été la première de l'univers à tester le « plan Dave Ramsey ».

« Après leur faillite personnelle, mes parents auraient très bien pu reprendre directement les mauvaises habitudes qui les y avaient menés la première fois », a expliqué Rachel. Elle a absolument raison sur ce point. D'après le site Debt.org, les récidivistes sont à l'origine de 16 % de tous les cas de faillite personnelle. Mais cela ne constitue qu'une partie du tableau, car presque tout le monde est endetté : une récente étude a montré qu'aux USA, 70 % des adultes sont endettés d'une façon ou d'une autre (dont 78 % des personnes de la génération X, 74 % des baby-boomers, 70 % des millenials et 44 % de la génération Z). Il n'y aurait donc rien eu de surprenant à ce que la famille Ramsey, au vu de ses comportements préalables, ne sorte de l'endettement que pour s'y renfoncer rapidement après sa faillite déclarée et classée.

À la suite de ma conversation avec Rachel, il paraissait évident que beaucoup de nos problèmes financiers découlent de notre enfance et des rapports de nos parents avec l'argent. La clé pour rompre le cercle consisterait donc, toujours d'après Rachel, à enseigner aux enfants comment gérer l'argent dès l'âge de trois ans, en les encourageant à *gagner* de l'argent (et non à toucher une allocation) en réalisant certaines tâches, puis à leur apprendre à dépenser leurs ressources de façon appropriée.

Elle suggère que tous les enfants entre trois et dix-huit ans répartissent leurs revenus en trois catégories : dépenses, économies et dons. « Donnez à chaque enfant trois enveloppes spécifiques : une appelée *dépenses*, une *économies* et une *dons*. Faites-leur écrire chaque mot (en gros, en gras) sur l'enveloppe en question, et décorer celle-ci à leur goût. Chaque dollar gagné (ou reçu en cadeau) doit ensuite être réparti entre ces enveloppes. Par exemple, s'ils ont cinq dollars, un va d'abord dans l'enveloppe *dons*, deux dans l'enveloppe *économies* et les deux derniers sont alloués aux *dépenses*. Il s'agit de l'une des formes de gestion financière les plus basiques qui existent, mais d'après Rachel, elle aide les enfants à se construire de bonnes habitudes de dépense. (Rédiger ce paragraphe m'a donné envie de commencer à appliquer cette méthode à ma fille de six ans. J'ai beau ne pas être en mesure de vous dire aujourd'hui si elle sera la prochaine Warren Buffet, je peux vous assurer que c'est la première fois que je la vois aimer les mathématiques !)

Ces leçons ne vous auraient-elles pas été utiles dans votre enfance ? Je parie que si. En fait, le budget simplifié de Rachel Cruze est plus complet que ma propre gestion financière à l'apogée de ma carrière dans les affaires. J'avais beau en avoir appris les rudiments avant mes vingt-cinq ans, j'avais délibérément choisi d'ignorer ce que je savais être le meilleur pour moi. Pourquoi ? Il se trouve que nous préférons souvent ignorer les leçons que nous apprenons pour, à la place, emplir notre existence de nouveautés rutilantes. Et c'est ce genre de réflexion à court terme qui nous ramène droit à l'endettement.

Sous l'influence de l'impulsion

Voilà revenue cette époque de l'année. Celle où les gens s'endettent. Honnêtement, qu'importe que vous lisiez ces mots en décembre, en juin ou à une autre période : c'est toujours l'époque où les gens s'endettent. C'est ce qu'on fait. Et c'est pour ça qu'on se retrouve sans un rond.

On offre des cadeaux à crédit.

On achète des bijoux « sans apport ».

On s'engage sur des crédits automobiles de soixante (désormais quatre-vingt-quatre) mois.

On accepte des prêts immobiliers sur trente (désormais quarante) ans.

On choisit même des meubles à crédit. Des meubles !

Sérieusement.

Je me suis récemment rendu dans un magasin d'ameublement, car ma femme voulait un nouveau coussin décoratif. Au fil de nos méandres dans le labyrinthe des tables basses, des sofas et des crédences, j'ai aperçu le même panneau encore et encore, placé stratégiquement sur différents articles : « Chez vous dès aujourd'hui ! Solutions de crédit proposées. »

En sommes-nous vraiment réduits à ça ? À avoir l'impression d'avoir besoin de tout ce qui nous fait envie, tout de suite ? Et puis, pourquoi s'embêter à faire nos comptes, économiser ou prioriser nos dépenses ? Le futur s'en chargera. Un jour.

Comment est-ce que ça vous a réussi, jusqu'ici ? Êtes-vous reconnaissant à votre vous d'avant d'avoir dépensé sans compter ? Êtes-vous satisfait de l'absence de prévoyance ? Êtes-vous content de la traînée de dettes laissée dans le sillage de toutes les choses achetées sous l'influence de vos pulsions ? Moi, non. Il m'a fallu des années pour rembourser mes dettes, et je ne reviendrai pas en arrière – parce que je n'ai plus envie de priver mon futur moi de joie, simplement pour me faire plaisir aujourd'hui.

Parlons franchement : quand on a besoin d'emprunter pour financer quelque chose (un sofa, un SUV, n'importe quoi), c'est que, par définition, on ne peut pas se le permettre. Alors au lieu de s'endetter, peut-être faudrait-il déjà commencer par envisager de s'en passer. Pas pour toujours, simplement le temps d'économiser assez pour l'acheter cash.

Jusque-là, on peut…

Continuer à s'asseoir dans ce canapé démodé.

Se contenter de notre vieux matelas.

Terminer tous les produits entamés alignés sur les étagères de notre salle de bains.

Aller faire un tour dans nos placards et remettre en valeur les articles qu'on ne porte plus.

Conduire ce vieux minivan jusqu'à ce qu'il nous lâche.

Franchement, quand on veut un nouvel objet, on devrait attendre de pouvoir se le permettre. Peut-être qu'une fois la somme durement gagnée en poche, on se rendra compte qu'on ne voulait pas vraiment l'objet convoité si ardemment dans le magasin.

Sinon, on se retrouve à agir sous le coup de l'impulsion ; à satisfaire instantanément nos désirs. En succombant à la tentation de l'endettement, il arrive même qu'on ressente, en attendant à la caisse, une étincelle de plaisir qui ne tardera pas à s'éteindre une fois la première facture mensuelle reçue.

Une économie minimaliste

Si tout le monde arrêtait soudain de dépenser… notre économie s'effondrerait, ne croyez-vous pas ? Oui, cela va sans dire. En conséquence, un des principaux (supposés) arguments contre le minimalisme consiste à affirmer que si tout le monde devenait minimaliste, alors la société serait perdue : nous ne serions plus en mesure de « stimuler » l'économie, le système financier actuel s'écroulerait et nous n'aurions plus suffisamment d'argent pour acheter des babioles en plastique bon marché dans les grands magasins des zones commerciales. Cette vision des choses présente plusieurs problèmes – certains évidents, d'autres plus obscurs.

Déjà, aucune personne un tant soit peu renseignée n'avancerait que nous devons arrêter de dépenser de l'argent ou de consommer tout court. Comme il a été précisé dans l'introduction, le souci n'est pas la consommation : c'est le consumérisme – nuance. On ne peut pas échapper au consumérisme, il est insipide, pernicieux, impulsif, distrayant, malavisé. Pire encore, il est séduisant : la vitrine brillante du consumérisme vous promet plus qu'elle ne peut vous donner, car l'amour, le contentement et la tranquillité sont des sentiments internes qui ne peuvent ni se vendre ni s'acheter ; en vérité, une fois nos besoins primaires satisfaits, l'acquisition de babioles ne change pas grand-chose à notre bien-être à long terme.

Vous m'en direz tant.

Se servir du consumérisme pour stimuler l'économie revient à réparer un miroir à l'aide d'un marteau : rien de tel pour empirer la situation. Oui, le commerce est un aspect important de toute société. Et non, contourner le consumérisme ne signifie pas éviter le commerce. Au contraire, le minimalisme prône d'agir avec intention et donc de dépenser plus consciemment.

Les minimalistes privilégient les expériences : voyages, concerts, vacances, pièces de théâtre. Il est tout à fait possible de dépenser de l'argent sans acquérir de nouveaux biens matériels.

Les minimalistes apportent beaucoup de soin à leurs achats.

Pour ce faire, ils se posent les bonnes questions.

Cette chose va-t-elle ajouter de la valeur à ma vie ?

Puis-je me permettre de l'acheter sans emprunter ?

Est-ce là la meilleure utilisation de mon argent ?

Les minimalistes soutiennent les entreprises locales. Les petites boutiques indépendantes tendent à être moins animées par la quête de profit. Certes, elles ont besoin de gagner de l'argent pour payer leurs factures mais, en général, la librairie, le restaurant ou le magasin de vélos de votre quartier ne sont pas prêts à tout pour empocher un dollar de plus. Il s'agit de commerces fondés par des personnes passionnées par leurs produits ou services, et qui souhaitent partager cette passion avec leur clientèle. Et comme la passion entraîne une qualité élevée et de meilleurs services, l'argent gagné n'en est que d'autant plus mérité.

Pour finir, « stimuler l'économie » n'intéresse pas les minimalistes. La stimulation est éphémère. Nous préférerions améliorer la santé économique à long terme grâce à de meilleures décisions personnelles en matière de consommation, en nous engageant au niveau local et en soutenant le commerce et l'économie sociale et solidaire. Minimalisme ou non, si la plupart des gens faisaient ça, nous pourrions bâtir une économie plus forte, fondée sur la responsabilité personnelle et les interactions locales – pas sur un faux sens de l'urgence, une réflexion tordue et une accumulation irréfléchie de bêtises dont nous n'aurons jamais besoin.

La dette étudiante

En parlant de réflexion tordue, j'hallucine au vu du nombre d'institutions de crédit américaines disposées à prêter des sommes à cinq (voire six) zéros à des gamins de dix-huit ans. Cela dit, je suppose que ce n'est pas si surprenant, dans la mesure où ces prêts sont garantis par le gouvernement. De fait, ces institutions n'ont rien à perdre ! Rien du tout. Mais il est étrange que notre société attende de ses enfants qu'ils choisissent *une* voie professionnelle pour le reste de leur vie, puis leur conseille d'emprunter des fortunes pour la suivre. Cette façon de penser limite radicalement la capacité des jeunes adultes à explorer de nouvelles options, et lorsque les gens n'ont pas la liberté de changer d'avis à propos du travail qu'ils souhaitent faire (ou même simplement de le questionner), alors ils se sentent coincés, prisonniers d'une dette contractée sur la route choisie par une ancienne version d'eux-mêmes. Voyez-vous ici une logique ? Si on ne choisit pas avec soin aujourd'hui, on finit toujours par le payer (avec les intérêts) demain.

Pire encore, on encourage les jeunes adultes à dépenser de l'argent qu'ils ne possèdent pas pour un diplôme n'offrant littéralement aucun retour sur investissement : modélisme, histoire de l'art, arts plastiques, musique, communication... Combien de grands communicants détiennent un diplôme de communication ? Combien de créateurs de mode, d'artistes et de musiciens ont percé grâce à leur diplôme ? Et à l'inverse, combien de dog-sitters ou de barmans ont des masters, voire des doctorats ?

Ne vous méprenez pas, je ne suis pas en train de décourager quiconque de se former en mode, en art ou en communication ; je déconseille simplement de s'endetter pour ça. Si on confond souvent *scolarité* et éducation, nul besoin d'un maître de conférences ni de cours magistraux pour apprendre de nouvelles choses. Dans le monde réel, nous sommes tous étudiants et rien n'égale cette expérience. Et ça, même les plus prestigieuses universités ne peuvent vous l'offrir.

Certes, certaines professions exigent un diplôme. Vous n'iriez jamais consulter un chirurgien autodidacte, un dentiste formé sur YouTube ou un dermatologue amateur, je me trompe ? En revanche, même pour ces vocations essentielles, on prête généralement peu d'attention à l'établissement qui va dispenser la formation. Si vous êtes comme moi, vous n'avez aucune idée de l'endroit où votre comptable, votre avocat ou votre kiné ont fait leurs études. Ce qui importe c'est leur savoir, leur talent de communication, leurs manières, leur personnalité et l'étendue de leurs compétences. Je préfère de loin une infirmière gentille et compétente formée dans une école publique à une infirmière grincheuse sortant de Yale.

Anthony ONeal, auteur de *Debt-Free Degree*, avec qui nous avons partagé la scène à Birmingham (État d'Alabama) pendant la tournée *Money and Minimalism*, a eu la gentillesse de discuter avec moi de l'impact des décisions prises pendant notre transition vers l'âge adulte. « Si chaque parent souhaite le meilleur pour son enfant et si nombre d'entre eux reconnaissent le rôle essentiel de l'université dans sa réussite future, la plupart n'en ont pas les moyens et doivent recourir à des emprunts étudiants. Voilà pourquoi aux États-Unis, le diplômé lambda quitte l'université avec une dette étudiante de trente-cinq mille dollars sur le dos, et aucune idée du prix réel que cela va lui coûter. »

Malgré cette diatribe anti-dette étudiante, l'auteur ne prétend pas marginaliser l'importance de l'expérience universitaire, il souhaite simplement que les parents et les étudiants aient une vision globale du tableau : en fin de compte, « votre diplôme doit vous aider à trouver un boulot », et vous devriez être en mesure de décrocher ce diplôme sans vous endetter. Tout le reste est secondaire.

Anthony ONeal m'a appris que, contrairement aux idées reçues, il est possible d'obtenir un diplôme aux USA sans contracter la moindre dette : « J'ai aidé des milliers d'étudiants à accéder à l'université sans s'endetter. J'appelle ça *trouver* de l'argent pour les études et économiser de l'argent grâce aux études ». Les bourses, les subventions et le choix d'une université abordable constituent les trois piliers de cette approche.

Saviez-vous qu'aux USA, il existe plus de dix mille bourses et subventions, soit de l'argent gratuit qui attend d'être utilisé ? Je l'ai découvert sur son site Internet (AnthonyONeal.com), qui propose un outil de recherche de bourses d'études pour aider les étudiants à trouver les solutions les plus appropriées à leur cas. Il m'a aussi raconté l'histoire d'un lycéen du nom de Jimmy. Pendant son avant-dernière année (équivalent de la classe de première en France), Jimmy a postulé pour près d'une centaine de bourses et d'aides. Vous imaginez bien sa déception face aux

80 % de réponses négatives. Mais d'autres demandes ont été acceptées et, lorsque Jimmy a fait le calcul, il s'est rendu compte qu'il avait gagné plus de quatre cents dollars de l'heure en rédigeant ses dossiers de candidature de bourse. Où d'autre un lycéen peut-il prétendre gagner autant d'argent ?

En parallèle de *trouver* de l'argent pour l'université, il est possible d'économiser des sommes considérables en choisissant soigneusement son école. Saviez-vous que vous pouvez économiser une moyenne de soixante-six mille dollars en vous inscrivant dans le public les deux premières années de vos études au lieu de rechercher un établissement prestigieux ? Vous pouvez ensuite demander un transfert vers l'université de votre choix et obtenir son diplôme.

Pour être clair, si vous voulez obtenir un diplôme sans vous endetter, il existe encore d'autres d'options que les bourses et les établissements publics. Tout s'ajoute : de bonnes notes au lycée, de bons résultats à l'examen final, des cours d'été pendant l'année de terminale, un compte épargne destiné aux études, des cours en ligne, postuler pour des programmes études-travail, rester vivre chez les parents pendant les études… Voilà, vous avez déjà une bonne idée de comment accéder à l'université sans crouler sous les dettes. Ok, ça n'a pas l'air aussi sexy que la vie de campus américain présentée dans les films, mais obtenir un diplôme sans avoir de dettes est le meilleur départ dont vous puissiez rêver pour entrer dans la vie active.

Budgétiser et investir pour l'avenir

C'était un soir d'été sans nuages à Louisville, dans l'État du Kentucky. Le ciel, pollué uniquement par les lumières de la ville, avait la couleur d'une prune trop mûre, et la file devant le Mercury Ballroom, un théâtre historique d'inspiration gothique Tudor, s'étirait jusqu'au coin de la rue. Chris Hogan, un homme à la carrure de joueur de football américain professionnel, aux yeux doux et à la voix de baryton, se tenait dans les coulisses, épongeant la sueur de son front en attendant de rejoindre *The Minimalists* sur scène pour présenter les principes exposés dans son dernier ouvrage, intitulé *Everyday Millionaires* et basé sur la plus grande étude jamais menée sur des millionnaires. L'auteur explique avoir écrit ce livre pour « mettre fin aux légendes selon lesquelles le millionnaire empêcherait les gens normaux d'accéder à l'indépendance financière. » Lui et son équipe de recherche ont sondé plus de dix mille personnes à la fortune dépassant le million de dollars, et ont découvert comment elles avaient atteint cette position financière. « La recette risque de vous surprendre. Le statut de millionnaire ne requiert pas d'hériter d'un magot ou de gagner un salaire mirobolant. Non. Le chemin pour y accéder est pavé de compétences ordinaires – compétences dont vous disposez déjà ou que vous pouvez acquérir. Si vous pensiez que c'était hors de votre portée, réfléchissez encore. »

À la première écoute, cette formulation m'a semblé un peu étrange. Sérieusement, qui pense vraiment pouvoir devenir millionnaire ? N'est-ce pas une chimère ? « Il ne s'agit pas de rejetons des fonds d'investissement, m'a expliqué Hogan, mais de gens normaux qui travaillent dur chaque jour. » Sur ceux des dix mille millionnaires étudiés, les métiers les plus fréquents étaient ingénieur, comptable et professeur. « En général, ce sont des gens loin des salaires à six chiffres – des personnes avec lesquelles vous vivez ou travaillez, et qui ne se vantent pas [de leur richesse durement acquise]. » Toutefois, Hogan et moi étions d'accord sur le fait qu'avoir un million de dollars à la banque n'est pas un objectif en soi. « Accéder à la liberté financière afin de pouvoir vivre (et donner) comme personne, le voilà, l'objectif », m'a-t-il dit. Le but étant que notre argent travaille pour nous afin que nous n'ayons plus besoin de travailler pour lui une fois à la retraite.

Si Chris transpirait en coulisse, ce n'était pas de nervosité – au contraire. On pouvait facilement deviner à son ton jovial, à son large sourire et à beaucoup d'autres aspects indescriptibles (certains appellent ça l'*aura*) qu'il était passionné, en pleine forme et prêt à inspirer la foule, non par un discours motivationnel niais, mais de façon paternelle, en mode « je m'inquiète pour ton avenir, mon enfant ». Dans son premier livre, *Retire Inspired*, Hogan a aidé ses lecteurs à comprendre ceci : « Qu'on ait vingt-cinq ou cinquante-cinq ans, on n'a pas besoin de partir en retraite fauché et stressé, ni de travailler plus longtemps que ce dont on a envie. » Pour étayer ses dires, il a inventé le R:IQ – le Retire Inspired Quotient (Quotient de retraite inspirée) –, un calculateur de retraite disponible sur son site ChrisHogan360.com qui complète son livre et permet de lever les incertitudes de la prévoyance retraite.

D'après l'auteur, « La retraite n'est pas un âge – c'est un indicateur financier. La plupart des gens peinent à investir dans leurs rêves, mais placent sans sourciller cinq dollars dans une tasse de café, deux cents dans des baskets, trois cents dans un jeans, mille dans un téléphone, trois mille dans un ordinateur et cinquante mille dans des voitures dévaluées dès leur sortie de chez le concessionnaire et dépassées en l'espace de deux ans. » Pourtant, 60 % des Américains disposent de moins de vingt-cinq mille dollars de côté pour leur retraite. Pour Chris Hogan, qui a passé des milliers d'heures à discuter avec des centaines de personnes normales rencontrant des soucis financiers – en particulier en matière d'épargne pour l'avenir –, ces chiffres représentent bien plus que des statistiques. « Derrière chaque chiffre se cache une vraie personne, avec un vrai nom, un vrai visage et une vraie famille. J'ai marché avec elle, ri avec elle, pleuré avec elle. J'ai vu la peur dans ses yeux – la détresse des gens qui approchent de la retraite sans économies et se retrouvent soudain incapables de continuer à travailler. » Si vous vous reconnaissez de près ou de loin dans cette situation, l'auteur a un message pour vous : « Je vous demande de changer. En fait, il est temps que vous changiez. »

Et ce changement commence par l'état d'esprit. « La retraite ne concerne pas que les personnes âgées. Je veux que vous la considériez comme le moment où vous pourrez faire tout ce que vous voudrez, sans fardeau financier pour vous plomber. » Après plusieurs décennies dans la banque et la finance, Chris Hogan a rejoint Ramsey Solutions et travaillé comme coach financier pour certains des plus grands noms d'Hollywood, du sport professionnel et de l'industrie du divertissement. Étonnamment, beaucoup de personnes soi-disant riches galèrent avec l'argent. « J'ai vu des gens gérer leurs ressources de façon si stupide que vous ne le croiriez pas », m'a-t-il confié.

Pourquoi ? Parce que d'après lui, les personnes ne rêvent pas assez grand, ou aspirent aux mauvaises choses pour de mauvaises raisons. Résultat, la première étape du programme Hogan pour une retraite financièrement indépendante consiste à voir les choses en grand : « Je vous demande de rêver en haute définition. » Il soutient l'importance de rédiger une liste des rêves, aussi précise et complète que possible. Si vous vous montrez vraiment clair sur ce que vous voulez pour votre retraite (jusqu'au moindre détail, y compris où vous vivrez, comment vous occuperez vos journées et comment vous contribuerez à la vie locale), alors vous serez en mesure de savoir combien il vous faut pour y arriver. Si vous ignorez où vous allez, vous n'irez nulle part.

« Toutes ces années à travailler au coude à coude avec des gens aux parcours si divers m'ont révélé une constante fondamentale : la plupart d'entre eux n'ont pas de plan. » Le coach répète souvent : « Un rêve sans plan restera au stade de souhait ». Il sait aussi que, si avoir un plan semble simple, c'est l'omission flagrante par excellence, le préparatif sur lequel tant de personnes semblent faire l'impasse. « Donc, à quoi ressemble un bon plan retraite ? Pas question de s'asseoir sur votre canapé et d'*espérer* gagner au loto – vous devez établir votre budget. »

Nous avons présenté le concept de budget plus tôt dans ce chapitre, le moment est venu de l'approfondir grâce aux trois « étapes clés de la budgétisation » de Chris Hogan. En partant des revenus. « Vous devez commencer par lister ce que vous gagnez – tout ce que vous gagnez : les projets secondaires, les bonus, le moindre centime. » Ensuite, distinguez vos besoins de vos envies (aidez-vous pour cela de la règle « Adieu le superflu » du chapitre « Relation aux objets »). Pour finir, attribuez une finalité à chaque dollar engrangé (servez-vous de l'application de gestion financière téléchargeable sur EveryDollar.com pour vous guider).

Une fois votre budget établi, consacrez tous vos efforts à rembourser vos dettes. « Il est possible de partir en retraite sans dettes », explique le coach à ses clients. Autrement dit : pas de crédit à la consommation, pas de crédit automobile, pas de crédit immobilier – pas de crédit du tout. En fait, il conseille de rembourser toutes les dettes avant de commencer à investir de l'argent pour votre retraite. « Une fois toutes vos dettes remboursées – maison mise à part – et un fonds d'urgence intégralement financé établi, vous devriez prévoir de placer 15 % de vos revenus dans votre retraite. »

Quatre investissements à éviter

Que vous décidiez d'utiliser ou non la stratégie d'investissement de Chris Hogan et la mienne, je manquerais à mon devoir en omettant de vous mettre en garde contre les investissements que j'évite à titre personnel. Bien sûr, je ne suis pas comptable, mais les conseils suivants s'accordent parfaitement avec ceux des spécialistes que j'ai interviewés, y compris Hogan et Ramsey. En effet, si certains de ces prétendus investissements semblent des « opportunités » intéressantes à première vue, placer votre argent au mauvais endroit équivaut à ranger vos billets directement dans la broyeuse à papier.

Actions individuelles. Hormis pour les traders spécialisés, les actions individuelles posent trop de risque pour l'investisseur lambda. Personnellement, même si mon hypothétique employeur me proposait d'acheter un stock de ses actions à un taux « spécial », je n'investirais pas mon argent dans la moindre action (qu'il s'agisse de compagnies connues comme Apple, Google ou Tesla n'y change rien) ; le risque est trop élevé à mon goût. Je veux que mon argent prospère avec le temps, je préfère « m'enrichir lentement » à « m'enrichir rapidement », la seconde option entraînant trop d'instabilité.

L'argent, l'or et les métaux précieux. Comme les actions individuelles, ces matières présentent trop de risques par rapport aux fonds indiciels. Pire encore, l'argent et l'or sont des denrées d'échange et leur prix est souvent soumis à la spéculation plus qu'à l'offre et à la demande.

Les rentes. Qu'il s'agisse des *Variable annuities* (soit produits en unités de compte avec garantie(s) d'assurance) ou de tout autre type de rente, elles constituent généralement de mauvais investissements – surtout dans la mesure où il existe tant d'autres options disponibles. Le plus souvent, ces rentes sont truffées de frais, de pénalités et de délais de rachat, sans parler de leur faible taux de rendement. Non merci !

Investissements à faible taux de rendement. Si vous considérez une durée supérieure à cinq ans, alors des investissements comme les certificats de dépôt, les obligations et assimilés n'ont pas grand intérêt dans la mesure où leur taux de rendement dépasse rarement celui de l'inflation. Toutefois, il s'agit de bonnes options si vous économisez pour une durée inférieure à un an, car elles réduisent le risque global.

Sept mythes d'investissement déboulonnés

Je le sais bien, planifier sa retraite paraît souvent une tâche écrasante, du genre que l'on repousse à grand renfort de prétextes pour ne pas investir ou pour patienter encore un peu. Bonne nouvelle, vous pouvez économiser pour votre retraite dès maintenant, pas besoin d'attendre. Et je vais me faire un plaisir de balayer vos peurs en m'attaquant à quelques-unes des nombreuses inquiétudes – enfin, plutôt des légendes – entendues au fil des ans.

Légende n° 1 : je suis trop vieux pour économiser pour ma retraite. Quand je bossais en entreprise, j'embauchais souvent des employés plus âgés que moi (parfois vingt ou trente ans de plus) disposant de pas ou trop peu de retraite. La peur les accompagnait depuis longtemps : c'était trop tard, ils étaient coincés, avaient loupé leur chance. Faux ! Certes, il vaut mieux commencer à vingt-cinq ans qu'à cinquante, comme il vaut mieux commencer à cinquante ans qu'à soixante-dix. Et, là encore, soixante-dix ans valent mieux que quatre-vingt-dix, pas vrai ? Le passé est le passé, il faut apprendre à arrêter de scruter le rétroviseur et à se concentrer sur l'horizon. Tant que vous respirez, il n'est pas trop tard. Et il n'est jamais trop tôt non plus.

Légende n° 2 : je suis trop jeune pour économiser pour ma retraite. Trop jeune ? Impossible ! Si vous avez moins de trente ans, c'est idéal ! Jeunes gens, je vous présente une occasion non négligeable de devenir vraiment riche grâce au pouvoir des intérêts composés.

Une personne qui investit vingt-cinq mille dollars avant vingt-cinq ans, à un taux de retour de 12 %, disposera de plus de deux millions à soixante-cinq ans – même sans avoir ajouté le moindre centime après vingt-cinq ans. En revanche, si cette personne attend ses trente ans, elle devra investir trois fois plus pour atteindre le même résultat. Conclusion ? Les intérêts composés sont le meilleur moyen de faire prospérer votre argent sur le long terme, alors commencez tôt.

Légende n° 3 : je ne gagne pas assez pour économiser pour ma retraite. En réalité, il n'y a pas de raison pour que vous ne partiez pas en retraite millionnaire. C'est à la portée de tout le monde, littéralement (salariés au salaire de base compris). Ça semble trop beau pour être vrai ? Les mathématiques vous prouvent le contraire : une personne de vingt-cinq ans qui met de côté à peine vingt-trois dollars par semaine sera à la tête de plus d'un million de dollars au moment de sa retraite si elle investit son argent correctement (soit à un taux de rendement de 12 %). Ok, peut-être que vous n'avez plus vingt-cinq ans… moi non plus ! Et peut-être qu'on ne peut pas tabler sur 12 % de rendement chaque année. Aucun souci, il suffit d'ajuster sa mise en conséquence.

Légende n° 4 : l'inflation va ruiner mon épargne retraite. C'est la seule légende en partie vraie. S'il est quasi sûr que vos cent dollars auront dans dix ans un pouvoir d'achat moindre qu'aujourd'hui, l'inverse est également vrai et considérablement plus important : vos cent dollars d'aujourd'hui valent infiniment plus que zéro dollar placé par vos amis. En réalité, les investissements solides sont la seule façon de prendre l'inflation de court. Il vaut mieux investir vos cent dollars que les laisser à la banque ou sous votre matelas.

Légende n° 5 : je préférerais dépenser mon argent pour autre chose. Quand on a de bonnes intentions, cette excuse semble parfois la meilleure raison d'éviter d'économiser pour l'avenir. C'est vrai, si on s'accroche parfois égoïstement à son argent (on dépense nos revenus dans des signes extérieurs de réussite – nouvelles voitures, gadgets haut de gamme et autres accessoires du consumérisme), il arrive aussi souvent qu'on veuille l'utiliser pour aider les autres – par exemple en donnant à des associations caritatives et à but non lucratif, ou à des proches dans le besoin. Certes, aider les autres est admirable, et je souhaite que vous puissiez contribuer avec générosité. Toutefois, l'expérience m'a prouvé que la meilleure façon d'aider les autres consiste d'abord à s'aider soi-même – la meilleure façon de donner généreusement est d'avoir plus à donner. Investir en vous-même commence par entraîner votre muscle du don. (C'est le bon moment pour relire la partie du chapitre « Relation à soi » intitulée « Égoïsme, développement personnel, don de soi et services rendus ».)

Légende n° 6 : la Bourse n'est pas sûre. Traduction : vous ne comprenez pas la Bourse. Ce n'est pas un problème, moi non plus je n'y entends pas grand-chose. À vrai dire, les seules personnes sommées de saisir toutes les subtilités du marché sont les agents de change, les traders et les gestionnaires de fonds. Personnellement, au lieu de consacrer plusieurs heures quotidiennes à décortiquer les nuances entre les fonds communs de placement, les fonds indexés et le S&P 500, j'ai choisi de faire appel à une société d'investissement qui se charge d'interroger la conjecture. Oui, chaque investissement introduit un risque à l'équation, mais c'est prouvé, investir à long terme sur le marché boursier est la meilleure façon de faire fructifier vos économies de retraite. Au cours des trente dernières années (en dépit du krach de 2008 et de la grande récession qui a suivi), le retour sur investissement du marché a conservé une moyenne de presque 11 %. Même en prenant en compte la Grande Dépression de 1929, la Bourse a grimpé de plus de 9 % en moyenne sur les cent dernières années. À long terme, le marché boursier représente donc l'investissement le plus stable et à la croissance positive la plus assurée.

Légende n° 7 : je manque de temps et/ou de connaissances pour gérer les économies destinées à ma retraite. C'est vrai, en matière de finances, vous et moi n'en saurons jamais autant que les spécialistes, mais c'est précisément pour ça que nous devons recourir aux outils développés par des experts reconnus et dignes de confiance. Bien que je sois plutôt du genre à me débrouiller tout seul d'habitude, j'ai fait exception à ma propre règle pour établir ma stratégie d'investissement. Je me suis renseigné et j'ai trouvé des outils en ligne qui me permettent de contrôler mon argent… sans toutefois avoir besoin de trop le surveiller. Je ne veux pas passer mon temps à scruter mes investissements, à bondir et agir dans l'urgence à chaque soubresaut du marché – mais je ne veux pas non plus me diriger à l'aveuglette. Au lieu de piloter moi-même l'avion, j'y place le meilleur des pilotes.

L'argent n'est pas la source de tous les vices

L'argent semble constituer le principal point de discorde de la plupart des relations. On se chamaille, on se dispute et on s'engueule à propos des dépenses du foyer. Et contrairement à ce que la logique voudrait, plus on a d'argent, plus le sujet semble conflictuel.

Il y a quelques années, j'ai lu une étude d'observation consacrée à nos ancêtres primates les plus proches (les bonobos et les chimpanzés), qui se comportent très différemment vis-à-vis de l'une de leurs plus précieuses ressources : la nourriture. Si, à l'instar des bébés humains, les plus jeunes sont ravis de partager leur banane avec les autres, leur propension respective diffère avec l'espèce et les années. Résultat, parvenus à l'âge adulte, les bonobos continuent à partager leurs fruits avec leur famille et leurs amis. De leur côté, les chimpanzés accumulent des stocks et n'hésitent pas à recourir à la violence pour repousser les individus qui tenteraient de s'en emparer.

Plus fascinant encore, même lorsque les humains persuadent les bonobos de constituer des stocks pour leur usage personnel, ces derniers continuent à se montrer généreux. En effet, des chercheurs ont donné à des bonobos l'opportunité de conserver une pile de bananes pour leur usage personnel, pendant qu'un congénère regardait depuis l'autre côté d'une porte. Mais les bonobos, altruistes, choisissent toujours d'ouvrir la porte et de partager l'excédent avec leurs amis. D'après les chercheurs, les chimpanzés ne se comportent jamais ainsi. Ils se chamaillent, se disputent et se battent si nécessaire. Ça vous rappelle quelque chose ?

En matière de finances, nous, les adultes humains, tendons à nous comporter comme des chimpanzés. L'argent détruit des mariages, met fin à des amitiés et à des partenariats professionnels. C'est pour ça qu'il traîne une si mauvaise réputation. Et pourtant, impossible de tout lui mettre sur le dos, dans la mesure où nous pouvons *choisir* notre comportement vis-à-vis de nos ressources. Alors, laissons s'exprimer le bonobo en nous, au lieu de nous cramponner au moindre centime !

L'argent n'est ni mauvais ni diabolique – c'est un révélateur. Autrement dit, il se contente d'amplifier vos comportements existants. Si vous avez de mauvaises habitudes, alors disposer de plus de ressources ne va pas améliorer votre vie. (Pensez à tous les gagnants du loto qui ne sont pas plus heureux après le « gain ».) En revanche, si vous êtes déjà une personne généreuse, alors plus d'argent vous permettra d'être plus aimant, bienveillant et aidant. Quel que soit votre comportement passé, la balle est dans votre camp : allez-vous décider d'être un chimpanzé ou un bonobo ? Choisissez avec soin – vos relations humaines en dépendent.

Les valeurs plus que l'argent

Juste pour mettre les choses au point, *The Minimalists* ne sont pas allergiques à l'argent. Seulement, accorder plus d'importance à l'argent qu'aux valeurs est une équation vouée à l'échec.

Vous vous rappelez les commentaires antipub du chapitre « Relation aux objets » ? Ils n'avaient pas pour but d'émettre des jugements sur autrui : la plupart de nos amis proches, à Ryan et à moi, incorporent des publicités à leurs créations et nous ne les envions pas sur ce point. De toute façon, cela n'engendrerait rien de bien positif dans la mesure où, comme l'a écrit Upton Sinclair, « Il est difficile de faire comprendre quelque chose à un individu quand son salaire dépend justement de sa non-compréhension ».

Cela dit, la façon dont Ryan et moi envisageons la question est simple : nos valeurs valent plus que notre capacité à faire de l'argent. Et la publicité ne concorde pas avec nos valeurs personnelles. Voulons-nous gagner de quoi vivre ? Bien sûr. Mais nous voulons surtout mener une existence en accord avec nos valeurs et, pour cela, nous refusons que l'argent constitue la principale motivation de nos créations. Ce n'est pas parce qu'on *pourrait* faire de la pub qu'on *doit* en faire.

Alors oui, l'argent va toujours jouer un rôle important dans nos vies… il faut bien payer les factures, n'est-ce pas ? Heureusement, lorsqu'on mène correctement sa barque, il n'en prend pas le contrôle.

La légende du minimaliste pauvre

« J'ai vécu une enfance minimaliste – ça s'appelait être pauvre. » Si j'avais reçu une babiole à chaque fois qu'on m'a sorti cette phrase bidon, j'en aurais un garde-meubles rempli. Je ne sais pas si ces défaitistes sont des cyniques infortunés ou s'ils confondent simplement la pauvreté avec le minimalisme, mais dans les deux cas, je trouve ce raisonnement étrange, surtout car ces mêmes détracteurs affirment souvent que le minimalisme est un truc de riches, ou que ça ne résout que des problèmes de pays développés, sans considérer les gens vivant sous le seuil de pauvreté. Je ne sais pas trop quoi faire de ce genre de raisonnement binaire, alors prenons-le à bras le corps, histoire de nous en débarrasser une bonne fois pour toutes.

Nous avons déjà établi que le minimalisme implique que nous utilisions nos ressources intentionnellement limitées. Qui n'a pas intérêt à appliquer ce conseil ? Ryan et moi avons grandi dans la pauvreté nous aussi, et nous n'étions pas minimalistes pour deux sous ; pourtant, ça ne nous aurait pas fait de mal de traiter nos ressources (très limitées) avec plus de considération. En vérité, le Joshua pauvre de mon enfance en aurait sûrement bien plus profité que le riche adulte tombé dans le minimalisme à vingt-huit ans. Pareil pour Ryan.

Mais mettons cela de côté pour l'instant. Laissez-moi prétendre que nous ne recevons pas en permanence e-mails, courriers et tweets en provenance d'aspirants minimalistes (du Michigan au Kenya) qui luttent contre le désir et les relents incessants du consumérisme en dépit de leurs maigres possessions. Disons que le minimalisme n'a pas aidé ces gens comme ils le prétendent. Disons que le minimalisme ne résout que des problèmes de populations riches et développées.

Ok.

Et qu'est-ce qu'il y a de mal à ça ? Les problèmes des pays développés ne méritent-ils pas qu'on les résolve ? Les gens riches ne sont-ils pas autorisés à se remettre en question ? Sommes-nous censés aliéner et diviser les gens selon leurs revenus ?

Non, le minimalisme n'est pas fait pour tout le monde – c'est fait pour tous ceux qui ne se contentent pas du statu quo. J'ai l'impression que 50 % du monde occidental ne voient pas de problème au consumérisme et aux excès de la modernité, et ce n'est pas à moi de les convaincre. Mais pour l'autre moitié de la population, il s'agit d'une magnifique opportunité. Riche ou pauvre, jeune ou vieux, noir ou blanc, homme ou femme, quiconque ne se sent pas concerné par l'inlassable quête consumériste peut trouver une vie meilleure en possédant moins.

Dernières réflexions à propos d'argent

L'argent n'est pas *tout*, mais ce n'est pas *rien* non plus. En tant que minimaliste, je ne suis pas contre le fait d'avoir de l'argent, je suis contre le fait d'avoir des problèmes d'argent. Je ne vais pas vous dire comment vivre votre vie, mais, dans ce chapitre, je vous ai révélé mes propres erreurs et mauvaises décisions financières dans l'espoir que vous puissiez apprendre de mes errements. Si j'essaye au maximum d'éviter les recettes universelles ou « clé en main », il s'agit ici d'argent et ce chapitre est LE chapitre du livre qui contient des prescriptions (et des restrictions) adaptées et efficaces pour tout le monde.

Définissez votre budget.

Constituez un fonds d'urgence.

Dépensez moins que vous ne gagnez.

Remboursez vos dettes dès que possible.

Sauf prêt immobilier, ne contractez (plus) jamais de crédit.

Investissez dans votre avenir en économisant pour votre retraite.

Utilisez vos ressources pour contribuer au bien-être des autres.

Si vous avez besoin d'une voiture à crédit, vous n'avez pas besoin de cette voiture.

Si vous avez besoin d'emprunter pour un achat, vous n'avez pas besoin de cet achat.

Si vous êtes endetté, la plupart des achats ne sont pas raisonnables.

Vous avez besoin d'un diplôme, pas d'un prêt étudiant.

Apprenez aux enfants à économiser, donner et dépenser dès le plus jeune âge.

La meilleure façon d'enseigner l'argent aux enfants est de montrer le bon exemple.

La capacité à résister à nos impulsions nous rend meilleurs.

Une existence riche de sens ne s'achète pas – elle se vit.

En dépit de nos âges, genres et milieux différents, je ne vois pas une seule personne qui ne bénéficierait pas de l'application de tels principes dans sa vie. Depuis près de dix ans maintenant, j'ai acheté des caisses et des caisses du livre de Dave Ramsey *The Total Money Makeover*, pour l'offrir à des amis, à des membres de ma famille et même à des inconnus qui me demandaient comment sortir de l'endettement. On attend trop souvent que le salut nous vienne de l'extérieur – que le gouvernement efface nos dettes, que notre « futur nous » gagne plus d'argent, qu'un proche décède en nous laissant assez pour nous remettre à flot. Hélas, même si on décidait demain d'abolir les dettes de tout le monde et que chacun reparte à zéro, on ne tarderait pas à se retrouver dans une situation identique – parce que l'argent n'achète pas les bonnes habitudes. Et comme il n'existe pas de super-héros de la finance dans ce bas monde, on ferait mieux de se sauver nous-mêmes. Plus vite on sort de l'endettement, plus vite on connaît la liberté.

LA RÈGLE DU DÉLAI

Avec l'avènement du shopping en ligne et des achats en un clic, ajouter de nouveaux objets à votre collection n'a jamais été aussi simple. Pour éviter les achats compulsifs, *The Minimalists* ont inventé une règle destinée à empêcher les achats non nécessaires : la Règle du délai, alias Règle du 30/30.
Si la chose que vous convoitez coûte plus de 30 euros, voyez si vous pouvez vous en passer pendant trente heures supplémentaires. (Si c'est plus de cent euros, attendez trente jours.)
Ce temps additionnel devrait vous aider à déterminer si ce nouveau gadget va vraiment améliorer votre vie. Après délibération, on constate souvent que ce n'est pas le cas et l'achat passe à la trappe. (L'avantage étant que si vous choisissez de réaliser quand même cette nouvelle acquisition, vous le ferez l'esprit léger, car il s'agira d'un choix conscient et réfléchi.)

LA RÈGLE DU DÉLAI DE VENTE

Avez-vous déjà tenté de vendre un objet en vain ? Par exemple en le postant sur eBay, Leboncoin ou Facebook, sans résultat ? Certes, peut-être que votre description du produit, les photos ou le timing n'étaient pas bien choisis, mais il y a fort à parier que vous avez fixé un prix trop élevé... Car nous sommes tous victimes d'un phénomène baptisé l'aversion à la perte.

Ok, vous avez dépensé X euros pour ces chaises et ce cadre de lit, et vous avez un peu de mal à accepter qu'ils aient perdu de leur valeur. Hélas, et en toute franchise, ils ne valent que ce qu'une autre personne est prête à les payer. Peut-être seulement une infime portion du prix original. Peut-être plus rien du tout. Afin de contourner cette aversion à la perte, nous avons concocté la règle du « délai de vente », sorte d'ultimatum pour vous séparer des objets qui ne vous servent plus. Lorsque vous entreprenez de vendre quelque chose, donnez-vous trente jours pour faire tout votre possible – enchères en ligne, brocantes, dépôts-ventes, affichage sauvage sur tous les poteaux de votre quartier, à votre guise. Au fil du mois, baissez le prix. Si l'objet n'a pas trouvé preneur après trente jours, faites-en don à un ami ou à une association.

BILAN : L'ARGENT

Salut les amis, Ryan au clavier. Joshua nous a donné de quoi réfléchir à la façon dont nous gérons nos finances. Maintenant, explorons comment *vous* vous en sortez. Je vous ai concocté les quelques exercices ci-dessous.

Les questions à se poser

1. Décrivez votre rapport à l'argent et exposez votre opinion sur le sujet. Ce rapport est-il sain ou malsain ? Pourquoi ?

2. Quelles angoisses avez-vous (ou non) concernant l'argent ?

3. Quelles dépenses non essentielles ruinent votre budget ?

4. Avez-vous des plans pour votre retraite ? Si oui, lesquels ?

5. À quels changements comptez-vous procéder pour améliorer vos habitudes de dépense et votre rapport à l'argent ?

À faire

Dans ce chapitre, qu'avez-vous appris sur votre rapport à l'argent ? Qu'allez-vous en retenir ? Quelles leçons vous encouragent à vous sortir de l'endettement et à investir dans votre avenir ? Voici cinq actions à entreprendre dès maintenant.

– **Ajustez votre approche.** Dans votre journal, décrivez en quelques mots ce que l'argent représente pour vous : qu'est-ce qu'il vous apporte ? Que souhaitez-vous qu'il vous apporte ? Dans quelle mesure contrôle-t-il votre vie ? De quelle somme pensez-vous avoir besoin pour être heureux ? Que pourriez-vous faire pour les autres avec davantage de ressources ? Après avoir écrit vos réflexions, voyez si ces approches actuelles nécessitent des ajustements, puis proposez des actions susceptibles de favoriser ces changements positifs.

– **Détricotez les modèles et les situations qui vont ont influencé.** Comment s'est façonné votre rapport à l'argent ? Pour explorer la question, listez les erreurs financières observées chez vos proches, suivies des bonnes décisions que vous les avez vus prendre. Quel est votre premier souvenir en rapport avec l'argent ? Consommez-vous des divertissements susceptibles d'en influencer votre vision ?

– **Définissez votre liberté.** Décrivez votre liberté financière. Établissez clairement les moments où vous allez sortir de l'endettement, prendre votre retraite, l'endroit où vous comptez vivre, comment vous allez occuper vos journées et contribuer à la vie de votre communauté.

– **Déterminez votre budget.** Aujourd'hui. La liberté financière ne s'obtient pas sans budget. Voici comment procéder :

– Créez un tableur ou téléchargez un outil de gestion (par exemple l'application gratuite EveryDollar.com).

– Identifiez chaque entrée d'argent : paies, bonus, projets secondaires, ventes immobilières et toute autre source de revenus.

– Distinguez l'essentiel, le non-essentiel et le superflu. (Si vous avez besoin de conseils, reportez-vous à la section « Adieu le superflu » du chapitre « Relation aux objets ».) Puis dressez un budget – pour les choses dont vous avez besoin uniquement. Vous pourrez certainement introduire les non-essentiels plus tard, si votre budget vous le permet.

– Servez-vous de votre outil de budgétisation pour répartir chaque dollar entrant dans votre foyer. Lors de la répartition, aidez-vous des « petits pas » de Dave Ramsey.

– **Simplifiez vos dépenses.** Apprenez à dépenser comme un minimaliste. À acheter chaque bien matériel avec intention. Pour ce faire, posez-vous les bonnes questions : cette chose va-t-elle ajouter de la valeur à ma vie ? Puis-je me permettre cet achat sans emprunter ? Est-ce le meilleur usage que je puisse faire de cet argent ?

À ne pas faire

Pour terminer, n'oublions pas les obstacles potentiels. Voici cinq conseils à appliquer sans attendre pour améliorer votre rapport à l'argent.

1. Mettez fin à vos mauvaises habitudes en matière de dépense et d'économie.
2. N'acceptez pas de fardeau financier hors de vos moyens.
3. Ne vous autopersuadez pas de vous endetter.
4. Ne vous privez pas pour toujours des « non-essentiels » qui ajoutent de la valeur à votre vie. Vous pouvez très bien les réintroduire dans votre quotidien en établissant votre budget et en économisant en conséquence.
5. Ne sacrifiez pas votre santé financière à long terme pour des gains à court terme – vous sacrifieriez votre sécurité future pour un plaisir momentané.

6
RELATION À LA CRÉATIVITÉ

J'ai décroché mon premier *vrai* boulot à treize ans, pendant l'été entre le collège et le lycée. Je servais les barbe à papa dans un parc d'attractions à bas prix en périphérie de Middletown (État de l'Ohio) répondant au nom d'Americana. En réalité, le premier boulot de ma vie, je l'avais trouvé dix ans plus tôt, au milieu des années 1980. Nous venions d'emménager dans un complexe résidentiel baptisé *American Village* (un fade ensemble composé de douzaines de bâtiments en briques marron séparés par de fines bandes d'herbe brûlée) situé à une trentaine de kilomètres au sud de Dayton. Beige du sol au plafond, notre F2 affichait toutes les nuances de monotonie.

Deux semaines avant mon quatrième anniversaire, j'avais réclamé un G.I. Joe au grand magasin du coin. Maman m'avait alors expliqué que nous n'avions pas assez d'argent pour régler nos factures et acheter le petit soldat en plastique, que nous devions attendre son jour de paie. Du haut de mes quatre ans (et de ma méconnaissance absolue de l'argent, du commerce ou de la gratification différée), j'ai décidé d'aider. Cet après-midi-là, je me suis donc présenté à la conciergerie de notre immeuble pour demander du travail. Après avoir constaté mon grand sérieux, la femme derrière le comptoir m'a souri et a chuchoté quelque chose à sa collègue avant de reposer sur moi son regard bienveillant.

« D'accord, m'a-t-elle annoncé. Si tu ramasses tous les déchets autour de la résidence, je te donnerai un dollar par semaine.

— Deux.

— Pardon ?

— Je le ferai pour deux dollars par semaine.

Les deux femmes ont éclaté de rire. Ce petit bonhomme négociait son salaire !

— Deux dollars, hein ?

— Un pour que ma mère paye les factures, l'autre pour que j'achète des jouets, ai-je expliqué.

— Brave petit, a répondu la concierge avant de me serrer la main en guise d'accord. »

Chaque week-end de cet été-là, j'ai donc déposé un petit sac poubelle rempli de canettes en verre, d'emballages alimentaires et de morceaux de papier à la conciergerie – et chaque week-end je rentrais chez moi avec un dollar pour ma mère, et un pour moi.

Passons rapidement sur le fait que j'étais grossièrement sous-payé et que nous enfreignions sans doute plusieurs lois destinées à empêcher le travail des enfants, et concentrons-nous à la place sur la sagesse acquise au cours de ces quelques mois estivaux. Si je n'ai rien appris à propos de budget, d'inflation ou de principes financiers sains, j'ai retenu de précieuses leçons qui ont jeté les bases de mes aspirations. J'ai appris la récompense du dur labeur. J'ai appris qu'on ne peut pas avoir les sommets sans les vallées. J'ai appris à gagner un revenu en créant de la valeur. Et j'ai appris à ne pas compter sur les autres.

Plus important encore, j'ai appris le pouvoir de la demande. Car si je n'avais pas osé demander ce premier « travail », j'aurais loupé non seulement ma première expérience de gain d'argent, mais aussi la connaissance acquise au cours de l'expérience.

Il se trouve que tout comportement créatif (écrire un livre, ouvrir un studio de yoga ou préparer un gâteau) découle d'une série de questions. Toute créativité naît d'un questionnement continu, dont nos œuvres constituent les réponses.

Qui en profitera ?

En quoi ma solution est-elle intéressante ou unique ?

Et si *maintenant* était le bon moment pour créer ?

Où ma perspective serait-elle la plus intéressante ?

Pourquoi ce problème n'a-t-il pas déjà été résolu ?

Comment me rendre plus utile aux autres grâce à ma créativité ?

Toute grande œuvre d'art (et tout grand dirigeant ou meneur) tente de répondre à ces questions… parmi beaucoup d'autres. Gardez ceci à l'esprit : la créativité n'est jamais aussi efficace, puissante et sincère que lorsqu'elle répond à des interrogations. Bien sûr, les réponses adoptent différentes formes selon le domaine. Certains créateurs résolvent les problèmes grâce à des films, des livres ou des émissions, d'autres par les affaires, le bénévolat ou simplement en prêtant une oreille attentive. Quelle que soit la façon dont vous recourrez à la créativité pour résoudre les problèmes, leur cœur sera toujours constitué d'interrogations. Plus nous créons, plus nos créations creusent ces interrogations, et plus des réflexions pertinentes émergent.

Tout est création

Si le minimalisme ne va pas nécessairement faire de vous le nouveau Picasso, éliminer les excédents de la vie aide souvent les gens à libérer leur côté créatif. Pendant une éternité, j'ai mené deux existences bien compartimentées : le JFM professionnel, et le JFM personnel. Il y avait le Moi *Corporate* – toujours nickel, ostensiblement parfait – et le Moi Créatif – des défauts en pagaille. Les deux se mélangeaient aussi bien que le verre et le béton. Alors je cloisonnais : le Moi *Corporate* se gardait bien de mentionner son amour de l'écriture, et le Moi Créatif se méprisait de camoufler son imagination aux yeux du monde. Comme si chaque facette avait honte de l'autre.

Je ne réalisais pas que chacune d'entre elles constituait une expérience créative à sa façon. Tandis que je grimpais l'échelle professionnelle, le Moi *Corporate* apprenait le leadership, la gestion des affaires, la prise de parole en public et d'innombrables autres talents utiles à mes productions futures. Cela avait beau ne pas me sembler très inventif à l'époque, je *créais* une version plus savante de moi-même, et j'aidais les gens à régler leurs problèmes. Quoi de plus créatif que ça ?

En matière d'archétype de la personne créative, on pense à de célèbres artistes comme Agnès Martin ou Michel-Ange, ou à des écrivains comme Mary Karr ou F. Scott Fitzgerald… Or je postulerais que toute activité crée à sa façon. Par exemple, mon frère Jerome fabrique des comptoirs dans une usine de Cincinnati ; il n'est peut-être pas artiste au sens traditionnel du terme, mais il n'en est pas moins un créateur. Ma femme, Rebecca, est diététicienne. Elle travaille de façon individualisée pour développer des programmes individuels de nutrition afin d'améliorer la vie des personnes qui la consultent ; elle ne crée pas de biens physiques et pourtant, c'est une créatrice. Mon ami « Podcast Shawn » Harding édite les livres, essais et podcasts de *The Minimalists* ; il a beau ne pas être l'auteur de notre travail, il joue néanmoins un rôle important dans le processus créatif et est donc créateur, lui aussi.

Voici une liste incomplète de nombreux chemins de vie différents, dont (pour certains) vous n'avez sûrement jamais réalisé l'aspect créatif :

Photographe/cinéaste / illustrateur / musicien / magicien / conférencier / danseur / humoriste / acteur / potier / cuisinier / maçon / architecte / ingénieur / développeur / maçon / urbaniste / fabricant / entrepreneur / mécanicien / designer / mentor.

Bref, vous êtes un créatif si vous créez quelque chose qui résout des problèmes ou apporte de la valeur aux autres. Point. C'est important, parce que la créativité représente une grande part de l'épanouissement. Cela dit, pour créer quelque chose qui en vaut la peine, il ne suffit pas de parler de création – il faut se mettre au travail. Malheureusement, toute une ribambelle d'obstacles se fait une joie de nous entraver. C'est ici que le minimalisme entre en jeu et nous aide à libérer notre chemin des écueils qui nuisent à la créativité.

Éviter la procrastination

Pendant des années, j'ai aspiré à écrire. De fait, je n'écrivais pas beaucoup… mais j'y aspirais chaque jour. Les maçons, les charpentiers et autres professionnels créatifs ne se posent pas la question : ils savent bien qu'ils doivent se mettre au travail – une brique après l'autre – pour espérer construire quoi que ce soit de remarquable. Or, pour une raison étrange, on a tendance à croire que l'écriture s'acquiert via quelque procédé paranormal obscur et ne requiert pas de véritable travail. Peut-être parce que nous, les auteurs, nous réclamons d'une définition bien peu réaliste de la perfection, bien que les formules produites ne soient jamais aussi parfaites sur le papier que dans notre esprit.

Alors nous procrastinons.

Entre vingt et trente ans, j'étais un vrai champion de la procrastination. Je brandissais la moindre excuse qui me passait par la tête : trop occupé, trop tôt, trop tard, trop distrait, et tellement d'autres « trop ».

Comme si je disposais d'un catalogue de prétextes, toujours prêt à m'épargner la corvée de la création. Certes, mes motifs étaient souvent légitimes – j'étais vraiment occupé, et j'avais vraiment d'autres choses à faire – mais même la meilleure des excuses reste une excuse.

Certains auteurs poussent même jusqu'à évoquer le syndrome de la page blanche, la panne d'inspiration. Moi le premier. Pourtant il s'agit d'une bien étrange façon de se justifier, n'est-ce pas ? Je n'ai jamais entendu parler d'un infirmier qui repousserait sa prise de poste pour cause de panne d'inspiration. Jamais. Les infirmiers, médecins et employés de vente se contentent de se présenter au travail, même en cas de fatigue et de manque d'inspiration, par nécessité. Évidemment, certains pourraient avancer qu'il ne s'agit pas là de professions créatives, mais je ne suis pas d'accord. Ces professionnels aident les gens à régler leurs problèmes, ce qui est le cœur de la créativité.

D'autres créatifs n'ont d'autre choix que de se présenter à leur poste s'ils veulent créer. Voyez-vous, la panne d'inspiration n'existe pas plus chez les écrivains que chez les infirmiers ou les maçons – sauf si vous forcez son existence. Bien sûr, les auteurs et artistes et créateurs professionnels – ceux qui vivent de leur production – savent bien qu'il n'existe qu'un seul remède efficace contre la procrastination.

Assieds-toi. Ces deux mots ont changé ma vie créative. Le problème ne naît pas d'un blocage – mais de l'absence de volonté de s'asseoir et d'exécuter le travail. J'ai donc dû apprendre à me présenter au travail chaque jour, au propre comme au figuré, apprendre à m'asseoir sur ma chaise, sans distraction, jour après jour, jusqu'à ce que ça devienne une habitude. Il y a des journées avec et des journées sans. Certains jours valent de l'or, la plupart des clopinettes. Peu importe. Ce qui importe c'est que je m'asseye chaque matin pour créer. Nous n'apprenons pas par osmose, cela demande du travail. Cela vaut pour n'importe quel projet créatif.

À vingt ans, je voulais créer quelque chose de remarquable… en parvenant directement au résultat final, sans effectuer le parcours requis pour y arriver. La corvée. Alors je procrastinais. C'était le contraire du minimalisme. Au lieu de simplifier et de revenir à l'essence de la créativité, je comblais mes journées de diversions. Mes mains et mon esprit restaient occupés en permanence, sans créer. Je me distrayais pour éviter de travailler.

Éviter la distraction

Impossible de parler de créativité sans évoquer la distraction : notre rapport à l'une est inversement proportionnel à notre rapport à l'autre. En surface, on a tendance à penser le minimalisme comme une forme de désencombrement, alors qu'on devrait peut-être le voir comme de la dé-distraction. Non seulement nos trucs et machins nous empêchent de mener une vie plus créative, mais, une fois débarrassé de l'excès, on se rend compte du temps gâché à tenter de se calmer à grand renfort de divertissement. Et dans notre monde moderne, impossible de passer sous silence la plus grande arme de distraction massive existante : la technologie.

« Je me suis fait complètement engloutir par la course aux nouveautés et à la performance », nous a avoué Jerome Yost, un participant de notre étude originaire d'Emmaus (État de Pennsylvanie). « Le dernier smartphone n'était jamais assez novateur pour moi, et il y avait toujours une nouvelle option ou fonctionnalité qui me laissait un arrière-goût d'insuffisance, bien que mon téléphone fasse absolument tout ce dont j'avais besoin – et plus encore. » Grâce à l'expérience de la fête des cartons, Jerome a réalisé qu'il se servait de la technologie comme distraction, non pas pour nouer de meilleures relations avec le monde autour, mais pour éviter le monde réel et se laisser câliner par le monde synthétique.

Ce problème ne date pas d'hier. Il y a deux mille ans, les stoïques s'inquiétaient déjà du fait que l'excès de lecture ne les détourne du monde physique. Aujourd'hui, lire un livre paraîtrait presque extravagant. Au passage, je suis ravi que vous soyez arrivé aussi loin. Sept personnes sur dix se contentent de lire le titre d'un article avant de le commenter en ligne ; imaginez comme cette statistique explose lorsqu'il est question d'un livre entier ! Vous faites partie des milliers de personnes ayant acheté cet ouvrage, mais une des rares à être parvenue à éviter le foisonnement de distractions et à arriver aussi loin. Pourquoi ? Parce que Jerome Yost est comme vous et moi. Nos écrans se sont interposés partout, et nous sommes accros à nos distractions. Le *scrolling* est le nouveau tabagisme.

Imaginez, vous dînez avec un ami dans votre restaurant préféré. Au milieu du bruit des mâchoires, des ustensiles et du personnel, vous entendez la sonnerie étouffée du téléphone dans sa poche. La plupart des personnes ne se permettraient pas d'interrompre la conversation pour répondre à un appel devant vous. Même pour une urgence, elles s'éloigneraient de la table avant de décrocher. Alors pourquoi n'applique-t-on pas la même politesse en matière de SMS, d'e-mails et de posts sur les réseaux sociaux ?

Regardez autour de vous la prochaine fois que vous faites la queue dans un magasin – nos addictions s'affichent partout. Il y a une génération, pratiquement tout le monde fumait des cigarettes à longueur de journée, c'était normal. Aujourd'hui, si fumer en intérieur paraît dément, une addiction en a remplacé une autre et nous sommes hypnotisés par l'éclat de nos écrans.

Regardez encore.

Imprégnez-vous de l'atmosphère, respirez.

Pourquoi est-ce que personne ne sourit ?

Peut-être parce que nous consultons nos smartphones cent cinquante fois par jour. Ou peut-être parce que nous tapotons, faisons glisser et cliquons sur notre écran deux mille six cent dix-sept fois par jour pour une moyenne de dix heures et trente-neuf minutes quotidiennes sur nos gadgets. Pire encore, 85 % des utilisateurs de smartphones consultent leur téléphone pendant qu'ils discutent avec des amis ou de la famille, et 87 % des millenials déclarent ne jamais se départir de leur smartphone.

Si l'objectif de cette technologie est de nous connecter, alors pourquoi laisse-t-on nos appareils ériger un tel écran de fumée entre nous ? Dernièrement, on a beaucoup parlé de « construire un mur »... Et si nous en avions déjà construit un ? Une frontière d'inattention entre nous et les personnes de notre entourage quotidien. Après tout, comme le comédien Ronny Chieng l'a récemment dit avec ironie, « chaque soir aux USA se déroule une véritable compétition pour savoir qui arrivera à intercaler le plus d'écrans entre son visage et le mur ».

Personnellement, j'ai décidé de tester une technique différente pour abattre cette étincelante barrière : dès que je dois répondre à un message (à la maison, au bureau ou dans la file d'attente du foodtruck au coin de ma rue), je dis simplement « veuillez m'excuser, je dois sortir pour répondre à ce message », comme je le ferais pour un appel.

Cette décision peut sembler stupide à première vue, mais elle m'oblige à distinguer l'urgence de l'importance. Quand on y réfléchit bien, nos tâches urgentes sont rarement importantes. De plus, mes amis respectent mes bonnes manières et ils me rendent quasiment toujours la politesse. Ce genre d'intention constitue une étape importante vers la réduction de nos distractions, même si, pour dire la vérité, elle ne suffira sûrement pas. Beaucoup d'entre nous vont devoir aller plus loin pour désencombrer leur vie numérique.

Désencombrement numérique

Éliminer les distractions est plus facile à dire qu'à faire. Dans son livre *Réussir (sa vie) grâce au minimalisme digital*, Cal Newport, professeur d'informatique à l'université de Georgetown, a demandé à mille six cents personnes de participer à une expérience de « désencombrement numérique ». « D'après mes observations, écrit-il, modifier nos habitudes une par une et progressivement ne fonctionne pas vraiment – l'ingénieuse attraction de l'économie de l'attention, associée aux frictions de la commodité, va diminuer votre inertie jusqu'à ce que vous glissiez à nouveau vers votre point de départ. » À la place, il recommande une transformation rapide, « sur une courte période et exécutée avec assez de conviction pour que les résultats durent. » Tapez : désencombrement numérique.

Le professeur a demandé à ses participants de bloquer trente jours pour « une pause des technologies optionnelles ». Bien que chaque personne détermine elle-même ses propres règles, ces technologies optionnelles incluent « applications, sites web et tout outil numérique lié et livré via un écran d'ordinateur ou de smartphone dans l'objectif de vous distraire, vous informer ou vous connecter ». D'après lui, les réseaux sociaux, Reddit, les jeux vidéo, YouTube et même les diverses messageries constituent des exemples de « nouvelles technologies » qui entrent dans la catégorie à envisager lors du désencombrement numérique (contrairement à nos micro-ondes, radios et brosses à dents électriques). En résumé :

qu'est-ce qui vous distrait ? Laissez cela de côté pendant un mois.

Conscient que cette diminution technologique peut se révéler désagréable, Cal Newport a imploré les participants d'explorer et de redécouvrir des activités et comportements analogues qu'ils trouvent satisfaisants et riches de sens. « Pour la réussite de ce processus, vous devez aussi consacrer cette période à tenter de redécouvrir ce qui compte pour vous et ce que vous appréciez en dehors du monde toujours éclairé et brillant du numérique. » D'après lui, les participants sont plus susceptibles de réussir « s'ils cultivent des alternatives de haute qualité aux distractions faciles fournies par la technologie ». Par exemple : lire des livres, boire le café avec des amis, écrire, peindre, participer à des événements locaux, planifier des événements familiaux, écouter de la musique, assister à des concerts, pratiquer des sports et déterrer d'autres passe-temps délaissés depuis que nos existences ont cédé face à la déferlante de sonneries, de notifications, d'alertes, de mises à jour et autres interruptions en tous genres.

Une fois la pause terminée, le professeur a demandé aux participants de réintroduire les technologies optionnelles en partant de zéro : « Avant chaque réintroduction, déterminez la valeur de la technologie en question dans votre vie et détaillez comment vous comptez l'optimiser. » Dans un souci d'efficacité maximum, il recommande de se poser une question importante : cette technologie vient-elle directement consolider une de mes priorités ? Si la réponse est non, ne la réintroduisez pas. « Le fait que la technologie apporte une valeur *quelconque* n'est pas pertinent – le minimalisme digital déploie la technologie au service des priorités de la vie et fait joyeusement l'impasse sur tout le reste. »

Tonya Dalton, célèbre experte en productivité, appelle cette suppression du superflu « la joie par l'omission ». Dans son ouvrage intitulé *The Joy of Missing Out*, elle écrit : « En faire moins peut sembler contre-intuitif, alors qu'en réalité, on gagne en productivité car on se concentre vraiment sur la tâche à effectuer. » À mes yeux, il s'agit du meilleur argument en faveur du minimalisme numérique : une fois qu'on arrête de confondre distraction et petites tâches avec productivité et efficacité, on est en mesure de mettre notre créativité au service d'accomplissements plus profonds et plus épanouissants.

Nos technologies nous poussent tant à *faire* qu'on en oublie de prendre le temps d'être. On essaye de combler chaque interstice avec plus de travail. Chaque centre-ville se ressemble : des têtes baissées, des regards captivés par les écrans. La technologie transforme les humains en zombies. Nous vivons dans un monde occupé, dans lequel notre valeur se mesure souvent en taux de rendement, production, bénéfice – la jungle humaine. Nous sommes bombardés de réunions, de tableaux, de mises à jour de statut, d'heures de pointe, de tweets, de conf-calls, de temps de déplacement, de messages, de rapports, de messages vocaux, et de tous les pièges d'une vie occupée. Allez, allez, allez. Travail, travail, travail. Soyez. Efficace.

Les Américains travaillent plus d'heures que jamais, pour (en réalité) gagner moins. La surcharge est devenue la nouvelle norme, et si vous n'êtes pas surchargé, surtout sur votre lieu de travail, on vous considère souvent comme fainéant, improductif, inefficace – un gâchis d'espace.

Pour moi, les termes « surchargé » et « occupé » sont des insultes. D'ailleurs, lorsqu'on m'accuse d'être occupé, mon visage se tord de feinte douleur et je réponds toujours la même chose : « Je ne suis pas occupé, je suis concentré. »

Henry David Thoreau a dit un jour : « S'occuper ne suffit pas. La question est : de quoi s'occupe-t-on ? » Pour reprendre ce dilemme, je dirais : « S'occuper ne suffit pas. La question est : sur quoi se concentre-t-on ? » Il y a une énorme différence entre l'occupation et la concentration.

La première implique les clichés habituels de la productivité : tout est bon pour garder nos mains en mouvement, rester en mouvement tout court, maintenir le tapis roulant en action. Ce n'est pas une coïncidence si en anglais, les tâches sans intérêt sont appelées *busyworks* (littéralement *tâches occupationnelles*). Elles conviennent bien aux robots d'usine et autres automates… beaucoup moins aux personnes cherchant à accomplir quelque chose qui en vaille la peine pendant leurs heures d'éveil.

À l'inverse, la concentration implique de l'attention, de la conscience et de l'intention. Les gens confondent souvent mes périodes de concentration avec de l'occupation, car une concentration totale singe de nombreuses caractéristiques extérieures de l'occupation. À savoir, la majeure partie de mon temps y est consacrée. La différence réside dans le fait que je ne m'engage pas sur beaucoup de choses, mais que les tâches et les personnes auprès desquelles je m'engage reçoivent mon attention pleine et entière. La concentration ne me permet pas d'accomplir autant que l'occupation ; à vrai dire, le nombre total de tâches effectuées diminue avec les années. Pourtant, l'importance de chacune de mes entreprises a grimpé en flèche. Pour vous donner un exemple, je vais consacrer cette année à (seulement) deux projets créatifs (publier ce livre, donner un cours d'écriture[1]), mais je vais m'y plonger entièrement. Et toutes mes autres activités devraient venir soutenir ces deux projets, directement ou indirectement.

Ok, comparé aux mesures de productivité d'autres personnes, ça n'est pas franchement impressionnant – et ça me demande de refuser presque tout le reste –, toutefois c'est beaucoup plus agréable que de se surcharger juste pour dire qu'on est surchargé. Et, oui, il m'arrive de déraper, de retomber dans le piège de la surcharge qui caractérise notre culture. Dans ce cas, je m'efforce de corriger ma trajectoire jusqu'à pouvoir de nouveau me concentrer sur les aspects importants de la vie créative. C'est une bataille sans fin, mais l'effort en vaut la peine.

1. Pour plus d'informations, rendez-vous sur HowToWriteBetter.org

Éloigner les distractions

J'ai beau ne pas me réclamer du stoïcisme, j'aime mener des expériences stoïques. Il se trouve que la créativité exige une certaine quantité de plages dénuées de distraction (ou « profond travail » comme les appelle Cal Newport) et pour y arriver, j'éloigne souvent les distractions potentielles pendant une période donnée afin de déterminer si elles m'apportent une valeur réelle ou imaginaire. Ensuite, je décide de les réintroduire (ou non) dans mon quotidien et je peux alors m'en servir de façon plus délibérée. Passons en revue certaines des distractions que j'ai éloignées au cours des dix dernières années, et comment ces éloignements ont profité à ma créativité.

La télévision. Peu après la fin de mon premier mariage, j'ai emménagé à Dayton dans un appartement récemment rénové. Chaque fois que Ryan me rendait visite, il désignait l'emplacement vide sur le mur : « Tu vas prendre un écran de quelle taille ? » Au début, je lui répondais que je n'en savais rien en me demandant si 55 pouces suffiraient. Les jours sont devenus des semaines et j'ai réalisé que la télévision ne me manquait pas. En réalité, je ne m'en portais que mieux, car chaque soir en rentrant du travail, je n'étais pas tenté de l'allumer et de me laisser hypnotiser par son aura clignotante. À la place, je devais me lancer dans une activité plus productive – écrire, lire ou faire du sport, par exemple – ou me tourner vers d'autres divertissements. C'est ce qui est marrant avec les distractions : quand vous en éliminez une, les autres deviennent plus visibles. Et dans notre monde si intrusif, nous ne manquons pas d'alternatives vers lesquelles nous tourner.

Une connexion Internet à la maison. Après avoir vécu un an sans télévision, j'ai emménagé dans un appartement plus petit dans le but d'économiser chaque centime possible pour rembourser mes dettes. Ryan m'a aidé à déménager toutes mes affaires un vendredi, et quand j'ai appelé la compagnie de téléphonie dans l'après-midi pour transférer mon contrat Internet, ils m'ont annoncé ne pas pouvoir m'envoyer de technicien avant quelques jours. « Très bien, leur ai-je répondu. Je vous rappelle quand j'ai mon agenda sous les yeux. » Puis l'inattendu s'est produit : j'ai vécu la semaine la plus productive de ma vie adulte. Après avoir déballé mes affaires et nettoyé mon nouvel appartement, j'ai écrit plusieurs heures par jour, appelé plusieurs membres de ma famille pour prendre de leurs nouvelles et même lu un livre. Sans l'obstruction de la télévision et de la connexion Internet, j'ai enfin pu faire les choses que *j'aspirais* à faire – celles qui exigeaient de la rigueur ou de la discipline. Il s'avère que la discipline montre le bout de son nez quand les diversions disparaissent. Résultat, je n'ai jamais rappelé la compagnie de téléphonie. Quand j'avais besoin d'utiliser Internet, je le faisais au travail, dans des cafés ou à la bibliothèque en bas de ma rue. De cette façon, je devais planifier mes activités en ligne, ce qui laissait peu de temps aux dérives (et ce, même quand je voulais relâcher un peu de pression – disons en regardant des vidéos sur YouTube ou en zonant sur les réseaux sociaux).

Le smartphone. Une fois ma vie à domicile libérée des interférences d'Internet et de la télévision, mon temps de création a grimpé en flèche – au point qu'après toutes ces années à en parler, j'ai finalement débuté ma carrière d'écrivain. Après le lancement de mon blog et l'achèvement du roman que j'avais commencé à vingt-quatre ans, je me suis mis à écrire chaque jour – au réveil, après le travail et même le week-end –, ce qui m'a finalement donné assez de confiance pour prendre le plus grand risque créatif de ma vie : quitter mon emploi salarié pour me consacrer à l'écriture à plein temps. Cependant, en l'espace de quelques mois, j'ai pris conscience d'une autre distraction qui me suivait partout – au café, chez mes amis, même dans mon lit le soir : mon smartphone. C'était comme si je transportais une machine à distraction dans ma poche. Certes, j'avais débarrassé mon habitation de la télévision et d'Internet… mais avais-je vraiment réussi ? Des versions miniatures de ces distractions ne colonisaient-elles pas le fond de mes poches ? J'ai donc pris la décision d'enfermer mon téléphone dans un tiroir pendant deux mois – et j'ai beaucoup appris sur mes habitudes. Au-delà de constater la disparition pure et simple des téléphones à carte, j'ai découvert une sorte de solitude spéciale. Une fois supprimés de notre vie la télévision, Internet et le téléphone, on a éliminé nos principaux moyens d'apaisement et on finit par devoir affronter les tics à l'origine de nombre de nos impulsions. Sans la lumière des écrans pour me divertir et m'amuser, j'étais confronté à un silence étourdissant. Lorsqu'on coupe le son de tous nos gadgets, on découvre à quel point nos pensées sont bruyantes.

« Quand vous avez acheté votre premier smartphone, imaginiez-vous que vous passeriez plus de mille heures par an à le regarder ? » Seth Godin, auteur de dix-neuf best-sellers, a posé cette question sur son célèbre blog. « Des mois plus tard, vous rappelez-vous comment vous occupiez toutes ces heures ? Quand vous êtes passé au modèle au-dessus, afin de pouvoir y passer encore plus d'heures, vous êtes-vous demandé à quoi vous aviez consacré tant de votre temps "libre" l'année précédente ? Si nous gâchions notre argent comme nous gâchons notre temps, nous serions tous fauchés comme les blés. »

Deux mois sans la vibration constante d'un téléphone m'ont aussi permis de comprendre que nous avons, en tant que société, de bien étranges attentes. Avant de délaisser mon téléphone, je me sentais contraint de répondre à mes messages, e-mails et conversations sur les réseaux en permanence, toute la journée.

Nous avons tous des attentes différentes. Peut-être espérez-vous une réponse dans l'heure, une autre personne dans les dix minutes, et une autre encore dans la journée. Ces critères sont arbitraires et, une fois débarrassé de ma tendance à répondre immédiatement, j'ai pu déterminer mes propres délais au lieu de laisser le monde me dicter mon temps de réponse. Sans la banalité des échanges rapides par texto, mes conversations en face à face ont gagné en intensité. J'avais davantage de choses à dire à mes proches lorsque je les voyais, et comme ces discussions me semblaient plus profondes, je les appréciais d'autant plus.

Sans mon téléphone dans ma poche, j'ai aussi découvert que les « moments creux » ne le sont plus du tout. Il était une fois un temps où nous vivions de précieux moments de coupure momentanée : l'aéroport, les files des caisses, les salles d'attente et d'autres sanctuaires transitoires. C'est fini. Désormais, tout le monde passe ces moments de flottement sur son téléphone : on tente d'être plus *productif* ou *interactif*, mais peut-être que s'arrêter et réfléchir serait plus *efficace* que de consulter nos e-mails ou nos réseaux pour la énième fois – surtout si on souhaite créer quelque chose qui ait du sens.

Pour finir, distractions ou non, je me suis rendu compte que le monde continue de tourner. Sans téléphone portable, sans Internet, sans télé, la Terre continue de tourner. Vous pouvez tester n'importe quoi sur une courte durée pour voir si ça vous convient. Au cours de ces deux mois, il n'y a pas eu un seul moment où j'ai eu réellement *besoin* de mon smartphone. D'accord, c'était peu pratique par moments et j'ai dû combattre la frustration – mais c'était bien peu cher payé pour déprogrammer ce réflexe.

Réintroduire des outils, pas des distractions

Parce que le minimalisme n'est pas le privationnisme, j'ai réincorporé le téléphone à mon quotidien après ces deux mois. Mais avec un rôle différent. Désormais, je m'en sers comme GPS, pour appeler, comme dictionnaire et bloc-notes et pour une poignée d'autres applications utiles. Et si j'envoie encore un SMS de temps en temps, ce n'est pas en compagnie d'autres personnes, et certainement pas depuis un urinoir – il y a un temps pour tout.

De plus, afin d'éviter les distractions superficielles les plus banales quand je suis seul, j'ai désactivé les notifications, supprimé les applications sociales et de divertissement de mon téléphone, ainsi que tout ce que je n'ai pas utilisé au cours des quatre-vingt-dix derniers jours. À moins d'avoir explicitement besoin de m'en servir, je mets régulièrement mon téléphone sur « ne pas déranger » et je participe aux « samedis sans écran » de *The Minimalists*, au cours desquels mon épouse et moi rangeons nos téléphones dans un tiroir et passons la journée ensemble, sans écran. Je paramètre même l'affichage de mon téléphone sur « nuances de gris », car, d'après Tristan Harris (ancien éthicien du design chez Google), « le changement de ton suffit à rendre les applications sur votre téléphone un peu moins attirantes et à vous épargner des heures de scroll et de clics. Imaginez Instagram sans ses couleurs saturées ou des vidéos [YouTube] de qualité médiocre, encore plus difficiles à visionner. Ainsi, de nombreuses icônes jouent sur la psychologie des couleurs pour vous inciter à cliquer – quand vous supprimez le spectre colorimétrique, vous mettez en sourdine le chant des sirènes. »

Difficile de ne pas se croire transporté dans un avenir dystopique lorsqu'on entend Gopi Kallayil, l'évangéliste en chef de Google, décrire nos smartphones comme notre « soixante-dix-neuvième organe »... Avenir d'autant plus effrayant que l'on sait désormais grâce aux IRM que, comme la matière grise du cerveau d'une personne dépendante à une drogue, celle d'une personne dépendante à son téléphone change de forme et de taille ! Personnellement, quitte à posséder un téléphone, je préfère qu'il reste un outil plutôt qu'il se transforme en appendice nuisible pour mon cerveau.

Mais encore une fois, les outils sont le reflet de leur utilisateur. Une tronçonneuse peut aussi bien servir à couper un arbre mort dans le fond d'un jardin pour l'empêcher d'endommager la maison du voisin, qu'à découper le voisin en question. Un pot de peinture peut magnifier la façade d'une maison ou détériorer les murs immaculés d'un parc public. La technologie n'échappe pas à la règle. Nous pouvons mettre à profit Twitter, Reddit et YouTube pour enrichir notre vie et celles des autres, pour communiquer et partager de façon inédite. Ou nous pouvons rester coincés dans le Triangle des Bermudes des réseaux sociaux, ballottés entre Facebook, Instagram et TikTok, perdus dans l'éclat vide de sens de nos écrans.

Nous pouvons nous servir de notre smartphone pour photographier de magnifiques paysages, envoyer des messages aux êtres aimés, trouver l'itinéraire d'un parc national lointain, ou encore passer des coups de fil (dingue !). Ou alors, nous pouvons y recourir de façon frénétique : consulter nos e-mails à tout bout de champ, faire défiler une liste infinie de statuts, poster d'innombrables selfies ou prendre part à des activités sans intérêt tout en ignorant le monde magnifique qui nous entoure.

Conclusion : c'est à nous de déterminer comment nous utilisons notre tronçonneuse, nos pots de peinture et nos technologies. Nos outils ne sont que des outils, et c'est à nous qu'incombe la responsabilité de nous interroger sur leur utilisation. Car les rejeter en bloc revient à se fermer tout un monde de possibilités, un monde meilleur enrichi des outils technologiques. Or, utilisés à bon escient, ces derniers peuvent changer le monde. Ou, à mauvais escient, causer d'énormes dégâts. Il s'agit d'un choix personnel : le monde est à portée de main et il ne tient qu'à nous de nous comporter en conséquence.

Au cours de ces dix dernières années, j'ai réintroduit à petit à petit certaines de mes anciennes distractions dans ma vie quotidienne. Toutefois, le temps passé sans elles m'a permis de le faire de façon délibérée – pas comme s'il s'agissait de distractions, mais d'outils. J'ai vécu neuf ans sans télévision, jusqu'à mon emménagement à Los Angeles dans un appartement avec télé intégrée au mur. Honnêtement, je m'en serais bien passé. Mais comme elle est là, ma famille et moi nous en servons de temps en temps. Cependant, j'ai défini trois règles destinées à rendre son utilisation encore plus intentionnelle :

planifier la séance au moins 24 heures avant, ne pas visionner plus de trois heures par semaine et jamais en solitaire.

Ces jours-ci, je rencontre un défi similaire avec la connexion Internet de la maison. Après cinq ans à nous en passer, nos conditions de vie ont changé, et ma femme et ma fille ont décrété que leur besoin de connexion surpassait mon besoin de déconnexion. Heureusement, nous avons trouvé un bon consensus : je leur ai simplement demandé de ne pas me donner le mot de passe du wifi, et pouf ! pas d'Internet pour moi (mais Ella peut quand même regarder *Les frères Kratt* sur sa tablette le week-end).

Et vous ? Quelles distractions vous empêchent de créer ce que vous aspirez à créer ? En cas de doute, retournez en arrière consulter vos valeurs imaginaires dans le chapitre « Rapport aux valeurs ». Il s'agit en général de vos plus grosses distractions. Que se passerait-il si vous les écartiez de votre vie pendant un jour, une semaine, un mois ? Il n'y a qu'une seule façon de vous en assurer.

Des créateurs, pas des consommateurs

Si nous nous considérons souvent comme des consommateurs (ce qui est vrai dans une certaine mesure), nous sommes d'abord des créateurs. Depuis des millénaires, nous fabriquons des outils, des structures et des œuvres d'art. Hélas, notre société consumériste moderne nous a conditionnés à nous penser comme des clients, des acheteurs.

Résultat, nombre d'entre nous avons laissé notre muscle créatif s'atrophier.

Nous, les humains, créons pour deux raisons : expression et communication. Ce qui signifie que lorsque nous cessons de créer, nous perdons la capacité de nous exprimer de façon efficace et sommes incapables de communiquer avec succès.

Exprimée en conscience, la créativité est un acte d'amour. (D'ailleurs, il existe peu d'actes d'amour aussi puissants que celui de créer quelque chose de signifiant pour les autres.) D'après Ken Coleman, animateur radio connu dans tous les États-Unis, coach professionnel et auteur de *The Proximity Principle*, les créations basées sur l'amour accomplissent trois choses : elles équipent, encouragent et divertissent. « Qu'il s'agisse d'une œuvre d'art ou d'un livre de développement personnel, votre création doit être assez *divertissante* pour que les gens aient envie de poursuivre. Elle doit aussi les *encourager* à agir d'une façon ou d'une autre, et les *équiper* de connaissances ou d'expérience – les enrichir de nouvelles informations utiles. »

À titre personnel, cela fait dix ans que je gagne ma vie en écrivant, mais je suis devenu sceptique quant au support. Je m'explique : quand j'ai commencé à écrire de la fiction (dans la vingtaine), je voulais devenir auteur ; écrire des livres et rien d'autre. Puis je suis devenu auteur, et j'ai découvert les joies d'autres entreprises créatives : blogs, podcasts, conférences, réalisation de films. En réalité, ma passion de l'écriture ne signifie pas que je m'y limite. De nombreuses compétences se transfèrent aisément. Certes, l'écriture constitue souvent le meilleur média pour communiquer ou exprimer une idée ou un sentiment – c'est la meilleure façon d'équiper, encourager et divertir les autres. Mais ce n'est pas toujours le canal le plus approprié au message. Si je continue à écrire la plupart des jours, je *crée* chaque jour, car créer me rend vivant. Quand la machine tourne bien, je peux presque le sentir dans mes terminaisons nerveuses.

Créer de la valeur, pas du contenu

Aujourd'hui, tout le monde se revendique « créateur de contenu ». Pourquoi donc ? J'ai beau prôner la créativité, je ne prône pas le fait de créer pour créer – ça ne serait pas très minimaliste de ma part. Le *résultat* de la création importe autant que la création en elle-même et, sachant que volume n'est jamais synonyme de qualité, je vous déconseille de créer du « contenu ». À la place, pourquoi ne pas résoudre les problèmes des autres, les divertir, communiquer un message qui en vaille la peine, exprimer un sentiment viscéral, produire une œuvre sensée ou fabriquer un objet qui résistera à l'épreuve du temps ? Comme il importe de prendre des décisions de consommation conscientes, il importe de créer consciemment. Sinon, vous ne faites qu'épaissir le brouhaha ambiant.

Pensez aux exemples les plus flagrants de personnes alimentant ce brouhaha (publicitaires, chaînes d'info en continu, influenceurs…), quels sont leurs points communs ? L'insipidité et l'appât du gain. Comme vous l'avez compris dans le chapitre précédent, si je n'ai rien contre l'argent, je ne pense pas pour autant qu'en gagner devrait constituer une fin en soi. En plus, s'efforcer de produire de l'argent à partir d'une passion créative est le meilleur moyen de l'étouffer. J'en ai eu une preuve de plus en discutant avec Paul Johnson (nom de scène Canyon City), un auteur-compositeur qui m'a raconté son parcours depuis la pratique de la musique en amateur, pour le plaisir, à la pratique professionnelle.

Paul jouait de la guitare depuis l'enfance. À dix-huit ans, il a déménagé depuis Fargo vers Nashville pour réaliser son rêve. Malheureusement, il s'est vite rendu compte que, pour plaire aux décisionnaires de l'industrie musicale, il devait compromettre son intégrité créative. « Je pouvais enfin payer mes factures grâce à ma passion. J'ai signé un contrat et je faisais de la musique commerciale pour des entreprises, mais ce n'était pas la musique que je voulais faire. »

Après quelques années à enregistrer des jingles et du « contenu » sans âme, le job de rêve de l'artiste avait viré au cauchemar. « Ça a éliminé toute la joie de la musique. Comme si j'avais tué la chose que je préférais au monde, de mes propres mains. » Alors Paul a surpris tout le monde : il s'est retiré de la musique professionnelle, s'est trouvé un boulot de transporteur de bois pour une chaîne de magasins de bricolage et s'est remis à jouer pour son plaisir. « Une fois éloigné de la pression de la rentabilité, l'amour de la musique a fini par revenir, et c'est là que Canyon City est né. » Ce n'est pas une coïncidence si, après être revenu à son art pour l'amour de la création plutôt que pour celui de la fiche de paie, Paul est de nouveau parvenu à vivre de ses créations. La différence étant qu'il crée désormais à ses propres conditions, et que l'argent n'est plus un motif – c'est un effet secondaire.

Les bonnes entreprises gagnent de l'argent, les super entreprises changent le monde. C'est pareil pour les créatifs. Bien que je ne coure pas après les revenus avec mes différents projets créatifs, l'argent tend à apparaître quand on met sa créativité au service des autres, de leur divertissement ou de la résolution efficace de leurs problèmes. Au final, si vous êtes assez bon dans ce que vous faites, les gens sont ravis de vous rémunérer pour la valeur que vous créez. C'est peut-être l'artiste Shepard Fairey qui en parle le mieux : « Je fais payer trois centimes mes deux centimes. » Bien sûr, c'est possible uniquement si les gens trouvent de la valeur à vos créations.

Préparez-vous aux critiques

Au moment de partager vos créations avec le monde, vous ne manquerez pas de rencontrer autant d'individus sensibles à votre perspective que de détracteurs. Bonne ou mauvaise, votre créativité va être examinée, analysée et évaluée. C'est normal. Et quand ce sera le cas, je veux que vous gardiez bien en tête la différence entre critique et retour : la critique pointe le problème, le retour propose une solution. Nous devons donc chercher les retours de personnes de confiance pour améliorer notre travail, tout en évitant les critiques des grincheux.

Dès que vous produisez une création riche de sens, vous êtes critiqué. Et votre création sera jugée même si elle confine à la perfection.

« Cet éclairage est glauque. »
« Ce livre est débile. »
« Ne quitte pas ton poste actuel. »

Le jugement reflète les insécurités de la personne qui juge. En effet, la plupart des critiques se résument à la décharge non sollicitée des préférences personnelles de leur émetteur. Et comme vous n'avez rien demandé, vous n'avez aucune obligation de répondre. Encore mieux, ne réagissez même pas. À la place, cliquez sur supprimer, mettre en sourdine ou bloquer et passez au projet suivant. Si vous le faites avec assez de régularité, la carapace que vous allez développer vous permettra de façonner votre prochaine création sans vous inquiéter de la façon dont elle sera reçue. Ce genre de créativité intrépide (associée aux retours rigoureux de personnes de confiance) est essentiel pour vous constituer un opus à la hauteur de votre fierté.

Après tout, quelles sont les alternatives ? Répondre à chaque chicanerie, chaque flèche et chaque coup ? Cela ne vous servira qu'à perdre de vue ce que vous souhaitiez créer au départ et à nourrir les mouettes. Les mouettes ? Oui. Au lieu de « trolls », Ryan et moi préférons qualifier les critiques de la toile de « mouettes », car ces volatiles débarquent en masse, chient sur vous et sur votre travail, et repartent. Et comme les trolls, les mouettes sont généralement trop bêtes pour comprendre les implications de leurs propres actions. Pour parler franchement, la plupart des critiques n'apportent rien, ne proposent rien : ils se contentent de projeter leur propre sentiment d'insécurité, sans ajouter la moindre valeur à la conversation. Si on les écoute, leur toxicité imprègne nos pensées et complique la création. Deux choix se présentent donc à vous : créer et vous exposer aux critiques, ou vous détourner d'un projet épanouissant parce que vous craignez les éclaboussures de fiente. Personnellement, je choisis de me protéger la tête et de concocter une création digne des critiques.

Cela dit, je tiens à préciser que certaines critiques professionnelles ajoutent de la valeur à la conversation. Toutefois, même une critique bien réfléchie sur votre art ne s'adresse pas à *vous* : elle est destinée aux consommateurs de cette création. D'innombrables sources ont écrit à profusion à propos de mes créations – beaucoup m'ont épinglé, à de nombreuses reprises. C'est le jeu. Nous ne devons pas nous attendre à ce que tout le monde aime ce que nous faisons. Mon expérience acquise en une décennie sous les feux de la popularité a été parfaitement résumée par l'animateur radio Charlamagne Tha God : « Vous n'êtes jamais aussi bon qu'on le dit ; vous n'êtes jamais aussi mauvais non plus. » Gardez cela à l'esprit quand vous créez. Évitez les critiques, elles ne s'adressent pas à vous ; concentrez-vous à la place sur les retours des personnes désireuses de vous aider à améliorer votre travail.

Les instruments de la créativité

Il nous arrive de confondre les instruments de la créativité avec la créativité elle-même. Nous essayons de nous procurer le stylo dont se servait Hemingway pour écrire ses histoires, la caméra qu'utilise Sofia Coppola pour réaliser ses films, la guitare grattée par Jimi Hendrix pour enregistrer ses morceaux. Pourtant, posséder la même guitare que Jimi Hendrix ne fera pas de vous Jimi Hendrix. Idem pour le stylo et la caméra. Oui, de nombreux projets créatifs requièrent des outils, mais ces outils en question ne sont pas aussi décisifs que vous le pensez. Au contraire, leur accorder trop d'importance risque d'entraver votre bonne marche créative. C'est l'un des domaines dans lesquels le minimalisme étend notre créativité.

Au lieu de chercher le carnet, le stylo et le clavier parfaits pour rédiger mes livres, mes essais et mes listes de course, je me contente d'écrire, avec les outils à ma disposition. Mes meilleures lignes sont souvent nées de la rencontre d'un vieux stylo et d'un coin de serviette. Je vais même m'avancer encore plus : les contraintes favorisent la créativité. Nous avons tous déjà vu un réalisateur produire une véritable œuvre d'art, ou un musicien enregistrer un album culte, pour ensuite faire un gros flop. Le manque de moyens à leur disposition pour ce premier projet les a forcés à puiser dans leurs talents et compétences ; hélas, lorsqu'ils ont obtenu des ressources fonctionnelles et infinies, ils se sont empressés d'adopter des ruses élaborées, de régler leurs problèmes à coup d'argent au lieu de recourir à leur créativité. C'est le cas de nombreux projets artistiques. Quand nous cherchons des solutions financières à des problèmes créatifs, notre imagination en pâtit.

Des ressources illimitées risquent d'étouffer la créativité. Donc, pour créer, il s'agit de se doter des outils les plus puissants de notre caisse à outils : les questions. Elles représentent un moyen sans pareil de stimuler la créativité. Alors, pour la nourrir, posez-vous des questions. Souvent.

Qu'est-ce que je tente d'exprimer par-là ?
Qu'est-ce que j'essaye de communiquer ?
Quels problèmes est-ce que je veux résoudre ?
À quelles questions est-ce que j'espère répondre ?
Ceci va-t-il apporter de la valeur aux autres ?
Comment ceci va-t-il équiper, encourager et divertir ?

Bonne nouvelle, ces questions vont sans doute en engendrer d'autres et votre curiosité va booster votre créativité, davantage que n'importe quel nouveau gadget flambant neuf.

Le lieu de naissance de la créativité

D'où tires-tu toutes ces idées ? est une question fréquente chez les aspirants créateurs. Je l'ai toujours trouvée drôle, car elle m'évoque des images de grands magasins, de garde-meubles ou de locaux gouvernementaux top secret abritant des concepts créatifs. Quand on me la pose, je réponds le plus honnêtement possible : « De la vie ».

L'expérience engendre la créativité. Entre vingt et trente ans, j'écrivais de la fiction précisément parce que ma propre vie était si banale (si remarquablement peu remarquable) que je n'avais rien à écrire dessus. Résultat, la plupart de mes histoires, même inventées de toutes pièces, ne présentaient aucun intérêt. Avec le temps pourtant, j'ai apporté à ma vie certains changements qui valaient la peine d'être partagés (quitter une carrière florissante, divorcer, me débarrasser de certains biens matériels, nouer de nouvelles relations, explorer de nouvelles passions) et j'ai observé ces changements en les couchant sur le papier. Si j'étais un humoriste de stand-up, j'aurais sûrement trouvé le moyen de tirer des blagues de ma douleur et de mon chagrin. Architecte, je me serais servi de mes combats personnels pour concevoir mes bâtiments. Idem pour n'importe quelle profession créative : les événements de notre vie et du monde qui nous entoure nourrissent nos créations – de façon directe et indirecte.

Non, ça ne veut pas dire que Martin Scorsese a appartenu à la mafia, ni que Jim Carrey a travaillé comme détective animalier. Seulement que ces deux créatifs ont trouvé à la fois le moyen d'exprimer la profondeur de l'existence via leur travail et différentes armatures auxquelles accrocher leur créativité. L'art et la vision se manifestent différemment chez chacun, mais le résultat est le même : les combats de la vie tendent à transparaître dans chaque création.

Si nous aspirons tous à créer (c'est un besoin humain), nous ne pouvons pas créer depuis le néant. À la place, nous devons mener une vie qui vaille la peine d'être partagée. Pas une vie sans défaut ou sans relief : une vie brute de décoffrage, une vie enrichissante dont les autres peuvent tirer des connaissances. Bref, ne vous contentez pas d'écrire les histoires, vivez-les.

La perfection ennemie

D'après Voltaire, « Le mieux est l'ennemi du bien. » Il est vrai que, lorsque nous créons, nous voulons tous nous montrer sous notre meilleur jour. Nous voulons pouvoir nous regarder dans le miroir et déclarer en toute franchise « j'ai fait de mon mieux avec mes ressources du moment ». Cependant, il est hors de question de viser la perfection.

Notre « mieux » évolue avec le temps. Ma « meilleure » écriture d'il y a vingt ans me semblerait bien médiocre aujourd'hui. Or je ne serais jamais arrivé là où j'en suis sans ces années de médiocrité. D'accord, c'est un peu décourageant au premier abord, mais laissez-moi vous donner un conseil : donnez-vous l'autorisation d'être « pas mal ». Car, comme le dit l'autrice Becky Beaupre Gillespie, « pas mal est le nouveau parfait ».

Dans cette perspective, créer s'apparente un peu à aller à la salle de sport. Vous rêvez d'un corps mince et musclé ? La seule façon d'y parvenir est de vous rendre à la salle chaque jour et de vous appuyer sur vos progrès de la veille. Vous n'atteindrez peut-être jamais le physique « parfait » (comme vous ne peindrez peut-être jamais la toile parfaite ou n'inventerez peut-être jamais l'appli parfaite), mais, avec le temps et les efforts, votre « mieux » ne cessera pas de s'améliorer.

S'atteler concrètement à votre projet vaut mieux qu'en contempler l'idée parfaite dans votre tête. « Peu importe le nombre d'heures passées à essayer d'éliminer tous les défauts de quelque chose, explique Elizabeth Gilbert dans son livre *Big Magic: Creative Living Beyond Fear*, quelqu'un y trouvera toujours un défaut. (Après tout, certaines personnes jugent les symphonies de Beethoven un peu trop bruyantes !) À un moment, il faut juste terminer le travail et le livrer tel quel – si vous pouvez vous atteler à autre chose avec le cœur léger et déterminé, s'entend. Ce qui est tout l'intérêt. Ou devrait l'être. »

Célébrer et partager les créations

Ok. Disons que vous êtes parvenu au point où vous êtes prêt à partager avec le monde votre musique, vos dessins ou votre logiciel. Vous n'avez lésiné ni sur les heures de travail ni sur les efforts, avez sollicité les retours de personnes de confiance et vous en êtes servi pour améliorer votre création. Vous vous êtes regardé dans le miroir et avez admis que, bien que votre œuvre finie ne soit pas parfaite, c'est le mieux que vous pouvez faire à ce stade de votre vie. C'est merveilleux, félicitations !

Accordez-vous un instant pour réfléchir à ce que cela signifie. Regardez autour de vous : combien d'individus de votre connaissance ont écrit un livre, enregistré un album ou peint un tableau ? Cinq ? Moins ? Si vous êtes comme la plupart d'entre nous, il y a de fortes chances pour que vous soyez la seule personne de votre cercle immédiat à avoir accompli ce que vous avez accompli et à l'avoir mené à terme. Vous pouvez en être fier. Votre nouvelle création va devenir un véritable atout pour le reste de votre vie. Rien ne peut vous la retirer – ni perte d'emploi, ni urgence familiale, ni conjoncture économique difficile. La chose que vous avez créée est à vous pour toujours et ce, même si elle reste enfouie dans le fond d'un tiroir pendant les dix prochaines années. Mais ce ne sera pas le cas, car la créativité mérite d'être partagée.

La viralité

Alors, que comptez-vous faire de cette nouvelle création ? Dans l'idéal, la partager avec les personnes intéressées, ne pensez-vous pas ? Mais comment trouver ces personnes ? Comment rencontrer un public ? Comment faire connaître votre création au monde ?

Pour répondre à ces questions, nous devons commencer par déboulonner l'une des plus grosses idées reçues de notre société : pour partager un travail, il faut le rendre « viral ». Dans notre monde régi par le virtuel, cette « viralité » exerce un tel attrait que presque tous les créatifs la recherchent. Le succès du jour au lendemain. La recette secrète. La pilule magique. La voie du « moindre effort » est endémique de nos sociétés. Aujourd'hui, je souhaite vous encourager sur une autre voie.

Le désir de viralité est contre-intuitif. Nous passons nos vies à tenter d'éviter les virus (à nous laver les mains, tousser dans notre coude et éviter les personnes malades), mais quand vient le moment de toucher un public, nous cherchons le virus, sans réaliser que ce type d'attention aussi est une maladie. Le contenu viral se limite à une apparition bien élaborée et, par définition, vide de substance. Ces apparitions exercent une attraction immédiate – pour un laps de temps bref.

Pensez-y.
Qu'est-ce qui devient viral ?
Les photos de fesses sur Instagram.
Les vidéos de célébrités qui s'engueulent.
Les accidents de voiture sur YouTube.
Les tweets incendiaires.
Les polémiques vides.
Les querelles stupides.
Les gros titres des tabloïds.

La plupart des « buzz » auxquels nous assistons repartent aussi vite qu'ils sont venus, et leur empreinte éphémère ne fait pas évoluer l'humanité. Toutefois, dans le cas contraire, lorsqu'un livre, un album ou un Ted Talk d'une rare qualité devient viral, la célébrité ne représentait jamais son objectif premier et sa propagation résulte de son excellence.

Avez-vous déjà pris le temps de réfléchir à cette quête de contagion incessante ? Aux raisons qui nous poussent à tenter de produire une vidéo virale, un post de blog repartagé ou un tweet retweeté à l'infini. Sommes-nous juste des chiens de Pavlov, salivant sur commande pour un morceau d'attention ?

Peut-être suis-je allergique à la pilule miracle. En tout cas, ma réussite *du jour au lendemain* a pris bien plus d'une nuit. Elle est arrivée, une réalisation à la fois, à petits pas discrets. À ce que je sache, aucune de mes créations n'est jamais devenue virale. Je n'en ai pas eu besoin, et vous non plus. Oui, le buzz instantané vous enverrait sans aucun doute une tonne de public d'un coup (des clics, des vues, des commentaires), mais est-ce vraiment le genre d'attention que vous souhaitez ? S'agit-il d'un public engagé ? Va-t-il continuer à vous suivre par la suite ? Cette relation est-elle réciproque ? Cette viralité n'équivaut-elle pas à organiser une fête avec open bar ? Certes, vous pouvez être certain d'attirer la foule… mais qui s'attardera une fois le bar vide ?

Il existe une alternative. Au lieu de « devenir viral », je me concentre sur un seul et unique objectif : ajouter de la valeur. J'ai pris l'habitude, avant d'envoyer un tweet, d'enregistrer un podcast ou d'écrire un livre, de me demander : « Ceci va-t-il ajouter de la valeur ? » Si la réponse est négative, alors cela ne vaut pas la peine d'être partagé, peu importe l'attention reçue. Les vrais créatifs ne créent pas pour l'attention, ils créent parce qu'ils ont un message important à transmettre au monde.

En matière de public, ajouter de la valeur est le seul moyen de s'établir à long terme et une des seules façons d'établir un rapport de confiance. Quand les gens vous font confiance, ils ont envie de diffuser votre message, car les êtres humains sont intrinsèquement programmés pour partager la valeur avec leur entourage. La confiance représente la meilleure stratégie pour faire connaître votre travail. Sans elle, l'oubli n'est qu'à un clic.

Création et esprit d'entreprise

Dans toute l'histoire de l'humanité, notre époque est la plus propice à la créativité. Adieu les regards de travers, *bye bye* les compromis artistiques. Grâce au monde virtuel, *vous* avez le contrôle. Je suis aux premières loges pour vous le dire. Quand j'ai réalisé que le paysage éditorial de mes vingt ans ne me convenait pas, j'ai pris les choses en main : j'ai refusé d'attendre l'autorisation d'un tiers pour publier mon travail.

Quand les regards de travers me disaient *non*, je me suis dit *oui*. Au cours de ces dix dernières années, Ryan et moi avons publié quatre livres de façon indépendante, dont trois sont devenus des best-sellers ; nous avons effectué une tournée mondiale et nous avons rassemblé un public plus large que la plupart des auteurs du circuit traditionnel. Et, jusqu'à récemment, nous l'avons fait tout seuls.

Parce que nous ne sommes pas *seulement* des créatifs… et vous non plus.

Il était une fois une époque où un auteur comme moi se concentrait uniquement sur l'écriture du meilleur livre possible. Quelqu'un d'autre se chargeait ensuite de l'éditer, de le maquetter, de le concevoir, de le faire connaître, de le vendre et de le publier. Cet arrangement semblait convenir à la plupart des auteurs – du moins, c'était le seul proposé.

Aujourd'hui, il existe d'autres options, et à mon avis, même les créatifs qui naviguent dans le système traditionnel bénéficieraient d'une reprise en main de leurs propres efforts en matière de promotion. Bien sûr, pour les personnes qui mettent elles-mêmes en vente leur travail, c'est doublement vrai. Pour réussir (autrement que via une chance extérieure d'être « découvert » et subitement noyé sous les billets), mieux vaut vous considérer comme un entrepreneur, une personne d'affaires créative. Cette perspective permet d'envisager chaque défi professionnel comme une opportunité d'améliorer votre travail et de le proposer aux bons contacts. Les tâches administratives (comme la gestion des réseaux sociaux et la vente) deviennent une étape supplémentaire du processus créatif, ce qu'elles sont si vous les effectuez bien.

Ça vous semble un peu effrayant ? N'ayez crainte, cela va vous renforcer et vous autonomiser. Plus d'excuse, plus besoin d'attendre d'être choisi, ni de rejeter vos échecs sur les autres. Vous êtes maître de votre qualité, de votre conception, de votre distribution, de votre destin. Il ne tient qu'à vous de créer et de trouver votre public. Personne ne va s'en charger à votre place.

LA FÊTE DU SCANNER

Comme la plupart des gens, cela fait sûrement plusieurs années que vous n'avez pas regardé vos photos, qui prennent patiemment la poussière dans un placard ou au sous-sol. L'heure de la fête du scanner a sonné !

Avant toute chose, et pour rendre votre fête plus amusante (et moins solitaire), invitez une poignée d'amis, commandez à manger et asseyez-vous autour de la table. Disposez-y toutes vos photos et racontez les souvenirs qu'elles évoquent. Mettez de côté vos préférées.

Servez-vous d'un scanner de haute qualité pour sauvegarder les photos sélectionnées sur une carte mémoire.

Ensuite, téléchargez vos photos sur votre cloud. Ainsi, si un événement fâcheux devait survenir chez vous (inondation, incendie, cambriolage), elles seront saines et sauves en ligne. En cas d'humeur courageuse, vous pouvez même déchiqueter les photos physiques une fois leur version numérique sauvegardée.

Pour finir, au lieu de cacher vos photos dans le fond de votre grenier ou de votre garage, pourquoi ne pas les afficher dans toute votre maison grâce à quelques cadres numériques haute résolution ?

LA RÈGLE DU « NE PAS MONTER EN GAMME »

En matière de technologies grand public (smartphones, ordinateurs portables, tablettes), on nous présente chaque jour une nouvelle version plus récente et plus géniale de tel ou tel produit. Justement, la version X ne coûte « que » X euros et fait toutes les choses que notre version actuelle (et déjà datée) ne fait pas… Pourquoi laisser passer une telle opportunité ? Vous le savez, vous n'avez pas *besoin* du produit X pour vivre une vie épanouissante (même si vous en avez *vraiment* envie). Pas besoin du dernier iPhone quand votre téléphone actuel fonctionne très bien. Pas besoin d'une nouvelle voiture juste parce que la vôtre a quelques rayures. Pas besoin du dernier logiciel, ordinateur ou gadget, ni de la dernière tablette ou télévision.

Malgré les millions dépensés par les annonceurs pour créer une impression d'urgence destinée à vous faire vous précipiter sur leurs produits, il ne tient qu'à vous de refuser d'entrer dans leur jeu. De vous concentrer sur ce que vous avez plutôt que sur ce que vous n'avez pas. Je suis prêt à parier que vous avez déjà tout ce qu'il vous faut.

Bien sûr, il arrive que les choses cassent ou s'usent ; dans ce cas, trois options s'offrent à vous :

Faire sans. Option presque taboue dans nos cultures occidentales, perçue comme radicale : *pourquoi s'en passer quand il suffit de le racheter ?* Pourtant c'est parfois la meilleure option. Se passer de quelque chose, c'est se forcer à en interroger l'utilité – et on découvre souvent qu'on vit bien mieux sans.

Réparer. Au lieu de vous ruer au magasin pour racheter le produit X, pourquoi ne pas d'abord essayer de le réparer ? Vous n'achèteriez pas une nouvelle voiture simplement parce que vos freins ont lâché, n'est-ce pas ? Cela vaut aussi pour de nombreux objets domestiques.

Remplacer. En dernier recours, remplacez les choses... de façon responsable. Pourquoi ne pas acheter d'occasion ? Ou à des entreprises locales ? Vous pouvez tout aussi bien baisser en gamme et conserver tout le nécessaire pour une vie riche de sens. Cette approche est meilleure pour l'environnement, mais surtout meilleure pour vous.

BILAN : LA CRÉATIVITÉ

C'est encore et toujours Ryan, paré pour vous accompagner dans une plongée en eaux profondes. J'espère que l'exploration menée par Joshua vous a donné envie de découvrir ce qui épanouit votre créativité. Prêt ? Super ! Passons aux exercices que je vous ai concoctés pour vous aider à déterminer ce qui nourrit votre passion.

Les questions à se poser

1. Comment la procrastination affecte-t-elle votre vie ?

2. Comment les distractions entravent-elles votre créativité ?

3. Considérez-vous être *occupé* ou *concentré* ? Pourquoi ?

4. Sur quoi aimeriez-vous vous concentrer davantage ? Pourquoi ?

5. À quelle fréquence sortez-vous de votre zone de confort ?

À faire

Dans ce chapitre, qu'avez-vous appris sur votre rapport à la technologie et à la créativité ? Qu'allez-vous en retenir ? Quelles leçons vous encouragent à éviter les distractions et à créer quelque chose qui ait du sens pour le monde ? Voici cinq actions à mettre en œuvre dès aujourd'hui.

Trouvez votre créativité. Il est important de définir clairement ce que vous voulez créer dans votre vie. Citez cinq exemples précis. Pour vous aider, posez-vous les questions suivantes :

Comment pourriez-vous mieux vous impliquer vis-à-vis des autres ?

Où une solution est-elle la plus nécessaire ?

Quels problèmes aimeriez-vous résoudre ?

Canalisez votre créativité. Maintenant, il s'agit d'approfondir vos idées pour vous permettre de cibler plus précisément la création sur laquelle vous focaliser. Pour chaque idée notée, répondez à ces questions :

En quoi cette création est-elle intéressante ou unique ?

Quelle valeur va-t-elle apporter aux autres ?

Quelles sont les étapes nécessaires pour mettre en œuvre ma solution ou ma création ?

Cultivez votre créativité. Choisissez un comportement créatif à transformer en passion. Si aucune de vos cinq idées ne s'impose spontanément, jetez-les dans un bocal et tirez-en une au hasard. (Avant de plonger votre main, réfléchissez à celle que vous aimeriez piocher – vous avez votre réponse.)

Éloignez vos distractions. Vous avez choisi le projet auquel vous atteler ? Place maintenant à la concentration. Pour cela, il va falloir dresser des barrières entre vous et ce qui entrave votre création. Commencez par lister vos distractions les plus chronophages (engagements, technologie, réseaux sociaux, etc.). Soyez honnête. Ensuite, répondez à ces questions concernant chacune d'entre elles :

Avez-vous *besoin* de cette distraction dans votre vie ? Si oui, pourquoi ?

Combien de temps lui consacrez-vous ? Combien de temps souhaiteriez-vous lui consacrer ?

Si vous dites *non* à cette distraction, laquelle pourriez-vous adopter à la place qui revêtirait une véritable importance à vos yeux ?

Auriez-vous envie de tenter une expérience stoïque et de l'éloigner temporairement ? Combien de temps ?

Pratiquez. Dans la mesure où vous avez libéré du temps en supprimant certaines distractions de votre environnement, vous pouvez maintenant l'occuper en créant. Les questions suivantes vont vous aider à concevoir un plan :

À quelle fréquence allez-vous vous consacrer à votre passion ? Pouvez-vous vous engager à une pratique quotidienne ?

Combien de temps allez-vous passer chaque jour à créer ? Pouvez-vous vous engager à une heure quotidienne ?

À qui allez-vous rendre des comptes ?

Quand envisagez-vous de commencer ?

À ne pas faire

Pour conclure, abordons le sujet des obstacles. Voici cinq pièges à éviter pour améliorer votre rapport à la créativité :

– Ne tentez pas de cultiver une passion avec l'objectif premier de gagner de l'argent.

– Ne cherchez pas à « devenir viral ». Au lieu de ça, efforcez-vous de gagner la confiance des autres et d'apporter de la valeur.

– Ne laissez pas la perfection devenir l'ennemi de la création. La création parfaite n'existe pas.

– Ne vous inquiétez pas de la marque de vos outils. Ce ne sont pas les outils qui font le créateur.

– Ne vous focalisez pas sur les critiques, mais sur la création.

7
RELATIONS HUMAINES

Vous ne pouvez pas changer les gens autour de vous… mais vous pouvez changer les gens autour de vous. Si je pouvais remonter le temps et donner un conseil au Joshua de ma jeunesse, je lui tendrais un bout de papier avec cette phrase.

Enfants, nous percevons le rôle indispensable des autres êtres humains : nos mères nous nourrissent, nos pères nous protègent, nos frères et sœurs nous montrent le chemin, nos amis interagissent avec nous, nos familles nous aiment. Hélas, avec chaque année qui passe, de nouveaux désirs et passe-temps érigent des barricades entre nous et nos « proches ». Regardons les choses en face, nous avions adopté la « distanciation sociale » bien avant la pandémie de 2020. Dès la puberté, notre goût des voitures, des vêtements et de l'illégalité nous éloigne peu à peu de nos compagnons et de nos proches. Entre vingt et trente ans, nous entamons des carrières qui accentuent encore cette distance, travaillons d'arrache-pied pour éviter le dur labeur d'une vie épanouissante. Avec l'âge, nous accumulons accessoires et artefacts, et nous isolons derrière nos mètres carrés supplémentaires. Nous remplissons nos maisons d'objets et compensons nos manques par de prétendues réussites, pour, en fin de compte, ne nous en sentir que plus vides au milieu de tout cet encombrement.

Pour combler les trous que nous avons nous-mêmes creusés dans nos cœurs en gruyère, nous recherchons désespérément de nouvelles relations excitantes qui ne partagent pas nos valeurs, et nous entourons de personnes qui ne font pas ressortir le meilleur de nous-mêmes. Avant de nous en rendre compte, nous sommes devenus adultes sans avoir mûri. Un jour, nous levons les yeux (vers trente, quarante, cinquante ans ou plus), étonnés de nous retrouver encerclés de biens matériels et de personnes qui comblent à peine le vide de nos existences. Si nous voulons vraiment nous tirer de ce bourbier, il est temps d'évaluer honnêtement nos relations sociales, y compris les plus toxiques.

D'où la phrase d'ouverture de ce chapitre.

Nous essayons trop souvent de changer les gens (de les transformer en quelqu'un d'autre, quelqu'un qu'ils ne sont pas, qui correspond à notre idéal d'ami, d'amant ou de proche) au lieu de rechercher de nouvelles relations épanouissantes et encourageantes, qui nous poussent à grandir et à donner le meilleur de nous-mêmes. Naturellement, cette tension engendre des querelles qui laissent peu de place à la compassion et à l'affection – sans parler de satisfaction. Avec le temps, la toxicité imprègne la relation entière ; les petites piques et les comportements passifs-agressifs augmentent jusqu'à ce qu'un jour, après une énième escalade, nous en ayons assez et laissions échapper une parole ou un geste de trop. Ce n'est pas une coïncidence si de nombreuses histoires d'amour se terminent en véritables pugilats. Les mots de colère se transforment en cris, qui se muent en coups frappés sur les murs et en objets balancés à travers la maison.

Un lecteur attentif n'aura pas manqué de remarquer que chaque chapitre commence par le mot « je », jusqu'à celui-ci qui s'ouvre sur un « vous » retentissant. C'est délibéré : je voulais que le format de ce livre reflète nos propres vies. Figurez-vous qu'au départ, je pensais écrire sur les relations humaines. Or, j'ai vite remarqué que ce qui nuit à nos connexions interpersonnelles relève généralement des rapports personnels que nous devons d'abord régler seuls, en interne. Avant de cultiver des relations riches de sens avec autrui, commençons donc par résoudre nos propres problèmes.

Ce n'est pas une excuse pour maltraiter les gens en attendant. Au contraire. Le minimalisme nous incite à nous occuper de l'excès matériel pour pouvoir ensuite nous atteler à celui, immatériel, qui encombre nos têtes et nos cœurs. En améliorant nos relations à la vérité, à nous-mêmes, à nos valeurs, à l'argent et à la créativité, nous façonnons la meilleure version de nous-mêmes, et posons les bases pour de meilleures relations avec les autres. Sans cet effort, nous punissons notre entourage par inadvertance car nous ne nous montrons pas à la hauteur de notre potentiel.

Différents types de personnalité

D'après la théorie des différentes personnalités de Carl Jung (présentée pour la première fois en 1921 dans son ouvrage *Les types psychologiques*), les personnes se caractérisent par leur « préférence d'attitude générale ». En 1962, Isabel Briggs Myers, fondatrice de la Myers & Briggs Foundation, a mis au point l'Indicateur typologique de Myers-Briggs, un test standardisé destiné à rendre la théorie jungienne « compréhensible et utile à la vie des gens ». D'après madame Myers, l'essence de la théorie affirme que « des variations de comportement en apparence dues au hasard sont en réalité ordonnées et consistantes, car le fruit de différences de base dans la façon dont les individus préfèrent se servir de leur perception et de leur jugement. »

Sous l'autorité de la Myers & Briggs Foundation, Isabel Briggs Myers et sa mère, Katharine Briggs, ont développé ce test pour deux raisons : d'abord pour identifier « les préférences de base de chacune des quatre dichotomies spécifiées ou implicites de la théorie jungienne ». Ensuite pour identifier et décrire les « seize types de personnalités distinctes qui résultent des interactions entre ces préférences ».

Soit :

Monde préféré : préférez-vous vous concentrer sur le monde extérieur ou sur votre monde intérieur ? On parle d'extraversion (E) ou d'introversion (I).

Information : préférez-vous vous concentrer sur les informations élémentaires que vous recevez, ou interpréter et ajouter un sens ? On parle alors d'intuition (N) ou de sensation (S).

Décision : au moment de prendre une décision, préférez-vous considérer d'abord la logique et la consistance ou bien les personnes et les circonstances particulières ? On parle de pensée (T) ou de ressenti (F).

Structure : face au monde extérieur, préférez-vous décider des choses ou rester ouvert aux nouvelles informations et options ? On parle de jugement (J) ou de perception (P).

À la simple lecture de ces descriptions, vous devriez être en mesure d'identifier votre type de personnalité ; pour vous en assurer, vous pouvez effectuer le test complet sur myersbriggs.org.

Si je devais simplifier cette théorie, je la présenterais comme suit :

Certaines personnes sont introverties, d'autres extraverties.

Certaines regardent les détails, d'autres l'ensemble.

Certaines pensent, d'autres ressentent.

Certaines planifient, d'autres sont spontanées.

Une fois votre préférence déterminée dans chaque catégorie, vous obtenez votre type de personnalité, généralement exprimé sous la forme d'un code de quatre lettres.

Personnellement, je suis un ISTJ (introverti, attentif aux détails, réfléchi, planificateur). Est-ce que cela signifie que je devrais passer mon temps avec des personnes qui partagent ces traits ? Pas du tout. Ryan, l'autre moitié de *The Minimalists*, est littéralement le contraire de moi : ENFP (extraverti, attentif au tableau d'ensemble, ressenti, spontané). De son côté, ma femme Rebecca a une personnalité plus proche de la mienne : INTJ (introvertie, attentive à la vue d'ensemble, réfléchie, planificatrice).

Aucun de ces traits de personnalité n'est bon ou mauvais. Cependant, si vous accordez le moindre crédit à cet indicateur, comprendre *votre* prédisposition vous permettra de mieux interagir avec les autres. Pareil, reconnaître la personnalité unique des autres (plutôt que tenter de la configurer pour l'accorder à la vôtre) vous aidera à apprécier leur perspective et à enrichir et renforcer vos relations. Je trouve cela particulièrement parlant en ce qui concerne la distinction entre introversion et extraversion.

Introvertis et extravertis

Des années durant, je n'ai pas perçu mon penchant pour la solitude et j'ai laissé les normes sociétales dicter mes interactions. Bien que je sois *extrêmement* introverti, je me comportais comme un extraverti. De fait, ma carrière me forçait à être « une personne sociable », à passer presque toutes mes heures d'éveil activement engagé dans des réunions, des conversations téléphoniques ou en contact direct avec des clients. Mes seuls moments d'intimité avaient lieu aux toilettes – porte fermée, instant suspendu à l'abri du chaos du monde. Pour ne rien améliorer, je suis socialement doué, ce que les gens tendent à confondre avec l'extraversion. Pendant une période, j'ai même réussi à me convaincre que c'était le cas. Un peu comme un saumon d'Alaska se persuaderait d'être un berger allemand – pourtant, même avec le plus beau des colliers, il aurait bien du mal à aboyer. Ce n'est pas dans sa nature, tout comme l'extraversion n'est pas dans la mienne. Résultat, j'étais épuisé par ces interactions incessantes.

À l'inverse, je pense que si Ryan avait dû vivre sans des hordes de personnes à qui parler en permanence, avec qui interagir, se lier d'amitié (bref, une vie solitaire), il aurait été très malheureux. Non qu'il n'apprécie pas un petit moment paisible de temps en temps, mais « calme » n'est pas son mode par défaut. Un berger allemand aura beau savoir nager, il ne respire pas sous l'eau.

Bien sûr, personne n'est à 100 % introverti ou à 100 % extraverti. Il s'agit d'un spectre. D'après une étude menée en 2012, les introvertis seraient généralement calmes, réservés, timides, passifs, silencieux, fiables, tranquilles et rigides. De leur côté, les extravertis seraient bavards, sociables, ouverts, pleins d'entrain, tactiles, optimistes, actifs et assurés. Mais pour dire la vérité, on pourrait me décrire avec des caractéristiques puisées des deux côtés : je suis réservé, fiable et rigide comme un introverti classique, mais certainement pas timide ou passif. Et si je ne suis pas bavard ni le moins du monde ouvert, je suis pourtant aussi optimiste et assuré que l'extraverti lambda. En gros, aucun d'entre nous ne correspond absolument à un type de personnalité spécifique. Mais en se connaissant bien, on peut adapter sa vie et ses interactions sociales à sa personnalité – au lieu d'essayer de la plier aux attentes d'autrui.

Franchement, j'ai longtemps cru que quelque chose clochait chez moi. Entre vingt et trente ans, j'ai suivi les normes sociétales, fait tout ce que sont censés faire les individus normaux et fonctionnels dans notre société : sortir avec les collègues après le boulot, passer chaque soirée et chaque week-end avec des amis, tuer le temps à coup de discussion sur la météo. Toujours occupé. Toujours actif. Jamais seul. Malheureusement, ces interactions constantes m'épuisaient et je n'étais plus vraiment un cadeau, socialement parlant. Étrangement, ne jamais me retrouver seul m'isolait.

Puis, à l'approche de la trentaine, j'ai découvert que j'étais plus affable quand je parvenais à prendre du temps pour moi. Désormais, je passe beaucoup de temps seul. À vrai dire, je ne connais personne qui passe autant de temps seul que moi : à marcher, écrire, faire du sport, lire, ruminer. En cours de route, j'ai appris à apprécier le son du silence, à m'asseoir tranquillement et à écouter ce qui se passe, aussi bien autour de moi qu'à l'intérieur de moi. Résultat, quand je décide bel et bien de m'immerger dans des situations sociales (dîner entre amis, rendez-vous avec ma femme ou tournée de conférences avec des milliers de lecteurs), je suis de compagnie plus agréable. Ces périodes de solitude profitent donc à mon entourage autant qu'à moi, car nous y gagnons tous à fréquenter la meilleure version de moi-même.

Toutefois, je ne recommande pas à tout le monde de passer plus de temps seul ou en société. Ce qui fonctionne pour moi ne vous conviendra peut-être pas du tout. Par exemple, nul doute que Ryan souffrirait de devoir se plier à ma routine. C'est un boute-en-train : charismatique de nature, drôle et adorable. Extraverti au possible, il puise son énergie dans le contact humain – la solitude le vide. (Tout le contraire de moi.) En revanche, qualifier son approche ou la mienne de « bonne » ou de « mauvaise » équivaudrait à se méprendre complètement : même avec des traits de personnalité extrêmes, il n'y a pas d'exemple absolu. Un ascète radical détesterait probablement l'idée d'un confinement solitaire et éternel. Tout comme Ryan, tout charmant extraverti qu'il soit, a parfois besoin de mettre sa vie sociale en pause.

Trois niveaux de relation

Pour les besoins de ce chapitre, le terme « relation » s'applique à toute personne avec qui vous interagissez – ami, partenaire, époux, amant, coloc, collègue, connaissance. Toutes ces personnes forment vos relations et, que celles-ci soient saines, neutres ou toxiques, elles occupent différents niveaux dans votre vie : primaire, secondaire et périphérique.

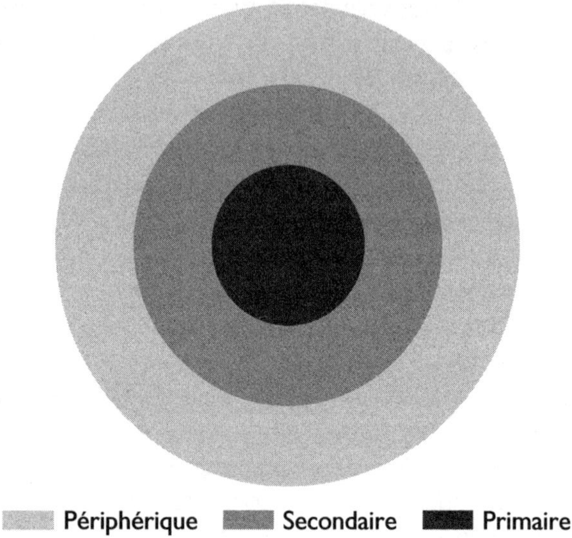

Vos relations primaires sont vos relations les plus proches. Ce niveau comprend probablement l'élu·e de votre cœur, les membres de votre famille immédiate et proche, et vos amis de confiance. Ce sont les personnages principaux du film de votre vie, ceux qui se comptent sur les doigts d'une main : il s'agit des relations les plus importantes – et elles devraient donc être traitées en conséquence.

Le niveau secondaire comprend le même type de relations que le niveau primaire, à part que, pour de nombreuses raisons, elles ont une valeur moindre. Elles incluent vos amis proches, vos collègues préférés, votre patron et les membres de votre famille élargie. Ce sont les rôles secondaires.

Il y a de fortes chances pour que la grande majorité de vos relations relèvent du troisième niveau – la *périphérie* – qui regroupe la plupart de vos collègues, voisins, membres de votre communauté, connaissances, famille éloignée, « amis » Facebook et ainsi de suite. Ce sont les personnages mineurs (voire les extras) du casting de votre vie.

Malheureusement, le fait qu'une personne appartienne à l'une de ces catégories n'implique pas que cette relation soit forcément bonne. Au contraire, les personnes toxiques infiltrées dans votre casting représentent certains des plus grands obstacles à une vie riche de sens. Il est donc crucial de bien comprendre qui joue quel rôle afin de pouvoir rétablir les priorités de vos relations et vous entourer de personnes qui soutiennent celui ou celle que vous aspirez à devenir – sans tenter de vous attirer vers *leur* version idéale de vous.

Si vous dressez la liste de toutes vos relations et les répartissez entre *saine*, *neutre* ou *toxique*, il y a de fortes chances pour que de nombreuses personnes relevant de vos niveaux de relation primaires et secondaires s'avèrent n'avoir rien à y faire. Il ne tient qu'à vous de décider de leur rôle dans votre vie – et si elles doivent y jouer un rôle tout court.

Malheureusement, nous avons tendance à établir nos priorités en fonction de critères de proximité et de praticité. Autrement dit, nous finissons par consacrer la plupart de notre précieux temps à des relations *périphériques*. Ce ne sont pas forcément de « mauvaises » personnes, mais nous ne disposons que de 24 heures par jour ! En passer la plupart de notre temps avec nos collègues et connaissances, c'est courir le risque de délaisser les personnes qui nous sont les plus proches, ce qui n'est ni juste envers elles ni épanouissant pour nous.

Les relations humaines n'ont rien de statique. Les gens entrent et sortent de notre vie, changent de niveau relationnel au fil de nos évolutions respectives. De nombreuses relations essentielles il y a dix ans ne le sont plus tant que ça aujourd'hui, pas vrai ? Et nos relations futures vont continuer à glisser, changer, évoluer. De nouvelles amitiés vont voir le jour, des liens actuels vont s'évanouir ou se renforcer, certains carrément se rompre. Il est important de prendre une part active à ce processus – vous êtes le premier concerné par la sélection de vos relations. Dans les paragraphes suivants, je vais vous donner des pistes pour rechercher de nouvelles relations épanouissantes, réparer et renforcer vos relations actuelles et vous défaire de vos relations toxiques afin de laisser la place aux personnes qui vous aident à rendre votre vie plus belle.

Trouver des relations épanouissantes

J'ai vu ma femme nue pour la première fois environ deux minutes après le début de notre premier rendez-vous. C'était mon anniversaire, Rebecca me savait minimaliste et elle s'est dit qu'un massage de couple constituerait un cadeau expérientiel idéal. (J'avais refusé les deux autres options – chevauchée à cru et kayak – parce que je trouve malhonnête de prétendre aimer ce que je n'aime pas.)

Dans le salon de massage, nous avons été accueillis par deux thérapeutes (un grand homme et une petite dame) vêtus de blouses d'un blanc immaculé, debout à côté de tables de massages jumelles trônant au milieu d'une pièce vide. Une playlist de jardin zen et l'air conditionné emplissaient l'atmosphère d'une fraîche sérénité. « Mettez-vous à l'aise et déshabillez-vous à votre guise, a annoncé la dame, nous revenons dans une minute. »

À peine les deux masseurs sortis, j'ai regardé Bex avec un sourire jusqu'aux oreilles qui disait « *C'est toi qui l'as voulu* » et j'ai enlevé mes chaussures.

Elle m'a répondu par un regard gêné et un haussement d'épaules : « *Je n'avais pas compris qu'on allait se déshabiller dans la même pièce.* »

J'ai levé mes sourcils : « *Mais tu savais que c'était un massage de couple !* »

Elle a de nouveau haussé les épaules avant d'ôter son haut. Puis je me suis déshabillé à *ma* guise (entièrement), en essayant de ne pas fixer Bex qui se déshabillait à *sa* guise (culotte). J'en suis resté bouche bée. Elle était tellement magnifique que mon expression faciale devait relever du choc profond.

C'est à la fois un très bon et un très mauvais exemple de la façon de rencontrer de nouvelles personnes. J'ai beau généralement considérer le fait de se déshabiller dès le premier rendez-vous comme une mauvaise idée, il est à mon avis crucial de se montrer honnête dès le début. Bien sûr, j'aurais pu prétendre aimer les balades à cheval et les descentes en kayak, mais alors j'aurais donné une fausse image de moi, provoqué chez Bex des attentes erronées et engendré une connexion contrefaite. À la place, j'ai annoncé franchement mes préférences et je lui ai demandé la même chose en retour : sa franchise à propos de qui elle était et ce qu'elle voulait. Ainsi, si nos préférences s'étaient révélées en opposition totale, nous aurions pu nous épargner l'épreuve du long déclin d'une alliance artificielle.

Dans notre monde connecté en permanence, il n'existe pas de « rencontre idéale ». Certes, je connais Ryan depuis le collège et mon ami Podcast Shawn depuis nos années costume-cravate, mais, à part eux, la quasi-totalité de mes relations primaires et secondaires actuelles se sont nouées au cours des dix dernières années, et de manière très diverse. Plusieurs mois avant ce premier rendez-vous, Rebecca et moi nous étions rencontrés dans une épicerie de Missoula (État du Montana), où nous résidions tous les deux à l'époque. J'ai croisé mon ami et partenaire d'affaires Colin Wright sur Twitter. J'ai établi un contact avec Joshua et Sarah Weaver (le couple avec lequel Ryan et moi tenons maintenant un café en Floride), après qu'ils ont eu lu notre livre *Everything That Remains*. Je suis tombé sur le philosophe T.K. Coleman après l'avoir entendu dans un obscur podcast. Et j'ai aussi entamé des dizaines d'autres relations importantes via des applications, dans des groupes de rencontre, à des conférences et via des « amis d'amis » sur Facebook ou Instagram.

Le monde moderne a mis à notre disposition plus de moyens de rencontre que jamais.

Le point commun entre toutes mes relations récentes n'a pas grand-chose à voir avec *la façon* dont nous nous sommes rencontrés, mais plutôt avec *les raisons* pour lesquelles nos chemins se sont croisés et nos vies rapprochées : nous partageons des valeurs similaires. Non, nous ne sommes pas des copies conformes (à vrai dire, la plupart de mes amis ont des convictions religieuses et politiques, des modes de vie, des origines sociales et ethniques, des genres, des orientations sexuelles et des statuts socioéconomiques différents des miens), mais nous nous sommes rapprochés car nous partageons des fondations solides sur lesquelles bâtir une relation intéressante. Et ceci, bien que la plupart de ces personnes habitent dans d'autres États ou sur d'autres continents, ce qui nous empêche de nous voir régulièrement.

J'ai découvert que le secret pour établir et cultiver de nouvelles relations enrichissantes se compose de trois volets.

Premièrement, ces connexions se fondent sur des valeurs partagées, non sur des croyances, des idéologies ou des intérêts. S'il peut toujours s'avérer sympa de partager des points communs supplémentaires, nos différences renforcent la relation en profondeur car elles nous encouragent à nous stimuler mutuellement en toute bonne foi, et donc à solidifier ou à faire évoluer notre point de vue.

Deuxièmement, la qualité vaut toujours mieux que la quantité. Il est tout à fait possible de partager un lien étroit avec une personne que vous ne voyez qu'une ou deux fois par an, tant que le temps passé ensemble demeure riche de sens. À l'inverse, il est tout autant possible d'entretenir une relation moyenne avec une personne croisée au quotidien. D'aucuns diraient même que ces relations ternes sont plus fréquentes car, quand les gens sont proches en permanence, nous les prenons plus facilement pour acquis. Bien que ce ne soit pas toujours le cas (vous pouvez très bien mettre de l'intention dans chaque relation), il est plus difficile d'apprécier une personne qui n'est jamais absente. C'est pour cela que Bex et moi passons régulièrement du temps chacun de notre côté. La distance nous rapproche.

Troisièmement, chaque relation exige de la réciprocité. Autrement dit, si vous voulez qu'elle évolue, vous devez apporter de la valeur à – et obtenir de la valeur de – l'autre personne. Chaque relation (amitié, amour ou autre) repose sur le principe du « donnant-donnant ». (Donnez sans recevoir et vous vous sentirez exploité ; recevez sans donner et vous vous contenterez de profiter.) Si chaque personne apporte ce qu'elle peut, la relation grandit et s'épanouit. Cela dit, pas besoin d'équilibre 50/50 ; une relation n'est pas une transaction, il ne s'agit donc pas de se comporter comme si c'était le cas, plutôt de contribuer à la hauteur de nos capacités (et elles diffèrent selon la personne). Parfois, en fonction des circonstances, nous sommes capables de *donner davantage* à la relation. Parfois, nous avons besoin de *recevoir davantage*. La clé consiste à rester honnête sur ce que nous pouvons apporter à la relation, et sur ce que nous en attendons, à se fixer les bonnes attentes et à les satisfaire par nos actions.

À trois reprises, j'ai pu être le principal contributeur d'une relation – ou d'une facette particulière de cette relation. Par exemple, ce livre illustre très bien cette dynamique. Si Ryan et moi sommes partenaires égaux de *The Minimalists*, je suis responsable de 90 % de la rédaction du blog et des ouvrages. De son côté, Ryan s'attelle aux nombreux autres aspects de notre affaire – domaines qui ne sont pas forcément mon fort. Nous avons beau ne pas tenir les comptes de nos responsabilités ou de nos contributions mutuelles précises, la dynamique fonctionne parce que nous avons tous les deux à cœur de faire au mieux de nos capacités.

Dans d'autres situations, je n'ai pas été capable d'être le principal contributeur. Quelques années après que j'ai rencontré ma femme, ma santé s'est brutalement dégradée[1], au point que je n'étais plus capable de contribuer autant qu'auparavant. Je ne pouvais plus travailler à plein temps et gagnais donc moins d'argent ; mes capacités parentales ont chuté et je ne pouvais plus participer à des activités normales comme voyager, assister à des événements ou faire des courses. Résultat, Bex a dû prendre la relève. C'est exactement ce qu'elle a fait. Et bien plus encore. Mais elle ne s'est pas contentée de maintenir le vaisseau à flot pendant ma maladie, elle a contribué bien au-delà de sa part, a fait des pieds

1. Voir la section « la Nouvelle Grande Dépression » au chapitre « Relation à soi ».

et des mains pour prendre soin de moi, pour me trouver des médecins et des solutions potentielles et, peut-être encore plus important, elle a pris le temps de *comprendre* ce que je traversais. Elle a compris que mes insuffisances ne relevaient pas d'un choix, que je ne négligeais pas notre relation – simplement, je n'étais pas la meilleure version de moi-même pendant cette période. Avec son aide, ma santé s'est grandement améliorée. J'ai touché le fond à l'été 2019 et depuis, j'ai l'impression de me tirer en rampant d'un cratère au beau milieu du désert. Maintenant que je suis à nouveau au niveau du sol, je me trouve toujours au milieu du désert et il me reste une longue distance à parcourir… mais au moins, je me dirige dans la bonne direction. Ma maladie m'a rendu plus humble et sans le soutien de Rebecca, je n'aurais sans doute jamais réussi à quitter le fond de mon trou. Désormais, ma santé s'améliore et je suis de nouveau capable de contribuer davantage à notre couple. Peut-être pas autant qu'avant (pas encore, en tout cas), mais de plus en plus chaque mois.

Apprendre à être soi-même

Bon, maintenant vous vous dites sans doute « bien sûr que je veux des personnes enrichissantes dans ma vie, mais comment savoir si une relation est bonne ou mauvaise, toxique ou bénéfique, en évolution ou à l'agonie ?

Réponse :
Vous le savez déjà.

Vous vous demandez si une relation est toxique ?
Elle l'est sûrement.
Une relation est toxique
quand elle est nocive ou désagréable,
de façon invasive ou insidieuse.

Cette relation vous rend-elle constamment
triste, agité ou contrarié ?
Anxieux, en colère ou effrayé ?
Coupable, humilié ou plein de regrets ?
Il y a de fortes chances pour qu'elle soit toxique.

À l'inverse, lorsqu'une relation est vraiment hors du commun,
la question ne se pose pas.
Vous le savez.
Elle est hors du commun.
Elle sort littéralement du commun.

Pourquoi ? Pourquoi une relation en vaut-elle la peine, et comment y parvenir ? Les raccourcis sont tentants. Avaler la pilule magique. Laisser les algorithmes décider. Balayer vers la droite. Il va sans dire qu'il n'existe pas de raccourci – que des routes directes. Et la route la plus directe pour une relation solide a été testée et approuvée : restez vous-même.

Oui, je sais, merci pour ce conseil à la gomme. Pourtant, voilà le topo : vous voulez que les gens vous aiment (ou vous détestent) pour la personne que vous êtes, pas celle que vous prétendez être. Une relation n'est pas un produit, et vous n'êtes pas un vendeur. Je l'ai moi-même longtemps cru. Je pensais devoir convaincre les autres de me parler, de m'aimer et de prendre soin de moi en incarnant une personne différente. Avec le temps, je me suis rendu compte de la malhonnêteté et, surtout, de la futilité de cette mascarade. Au lieu de faire semblant d'être un gars sociable, qui aime le grand air et la foule, j'aurais simplement pu être moi – agréable, affable, chaleureux.

Au fond, la façon dont vous vous voyez conditionne celle dont les autres vous voient. Si vous ne vous aimez pas, comment les autres le pourraient-ils ? Idem si vous ne croyez pas en vous. Bien sûr, vous pourrez les mener en bateau pendant un temps (vous pourrez même vous prendre à votre propre feinte), mais, au fond, vous saurez. Et ça vous rongera de l'intérieur.

Pour être vous-même, commencez par vous connaître. Aujourd'hui, je ne fais plus semblant d'aimer le camping (ou les chevauchées sauvages ou le kayak). J'agis différemment. Je me représente comme la personne que je suis, pas comme la figure idéalisée que je pense que les autres attendent de moi. Je ne vous demanderai jamais de faire ce que vous n'aimez pas et, si vous m'appréciez, j'attends la même chose de vous en retour. Cela fonctionne seulement si nous sommes honnêtes l'un envers l'autre.

Si la perspective d'incarner quelqu'un d'autre vous épuise, voici la solution : soyez la meilleure version de *vous* (le vous sans exagération) et entourez-vous de personnes qui vous aiment tel que vous êtes, dans les bons jours comme dans les mauvais.

Les personnes dont nous nous entourons contribuent grandement à notre réussite, à notre contentement et à notre joie. Bien qu'elles ne nous transforment pas, elles font souvent ressortir le meilleur – et le pire – en nous. Il importe donc de les choisir avec sagesse. Plus de « on se connaît depuis l'enfance », de « on est passés par les mêmes épreuves » ou de « on aime tous les deux telle chose ». Non, les meilleures relations se bâtissent sur des valeurs partagées. Pour y parvenir, il faut apprendre à poser des barrières et à communiquer efficacement.

Barrières, limites et communication

À première vue, on se dit que poser des barrières est la dernière chose à faire pour cultiver des relations intimes et ouvertes – qu'en ériger équivaut à repousser les gens. Erreur, construire une barrière et dresser une frontière infranchissable sont deux choses bien distinctes.

Le Dr Henry Cloud, coauteur de *Boundaries*, explique qu'« établir clairement des barrières est essentiel pour une vie saine et équilibrée ». D'après lui et son coauteur John Townsend, « les barrières définissent qui nous sommes et ne sommes pas », et montrent aux autres ce pour quoi nous nous tenons personnellement responsables. Un peu comme on tracerait les limites de notre bien-être.

Bien que le monde physique regorge déjà de barrières (les cloisons autour de votre bureau ou les murs de votre appartement, par exemple), il importe aussi de construire des barrières physiques, mentales, émotionnelles et spirituelles dans nos relations. Comme l'expliquent les docteurs Cloud et Townsend :

Les barrières physiques nous aident à déterminer qui peut nous toucher et dans quelles circonstances.

Les barrières mentales nous offrent la liberté de concevoir nos propres pensées et opinions.

Les barrières émotionnelles nous aident à gérer nos émotions et nous dépêtrent des émotions nocives et manipulatrices d'autrui.

Les barrières spirituelles renouvellent notre admiration face aux mystères de l'univers.

Vous pouvez très bien établir des barrières sans repousser les autres. Au contraire, elles constituent un moyen d'amener les autres *dans* votre univers, de leur faire savoir poliment ce que vous acceptez ou non et ainsi éviter les incidents, les erreurs de communication et les mécompréhensions. Des barrières saines avec vos parents, votre partenaire, vos enfants, vos amis, vos collègues (et vous-même !) permettent de préserver vos relations des souffrances inutiles. Je suis prêt à parier que votre maison dispose d'une porte d'entrée… Culpabilisez-vous pour autant de ne pas laisser *tout* et *tout le monde* pénétrer chez vous ? Alors ne culpabilisez pas non plus de vos barrières. À l'image de votre porte, elles éloignent le mauvais et laissent le bon entrer.

La meilleure façon de fixer les barrières appropriées est probablement via une communication constante et efficace. Cela dit, avant de pouvoir communiquer sur vos barrières, il vous faut déjà les définir. Logique. Personne ne construit de maison pérenne sans un cahier des charges précisément établi.

Il s'agit donc d'identifier précisément vos barrières personnelles en fonction de chacune de vos relations.

Quelles sont vos barrières physiques ? Aimez-vous prendre tout le monde dans vos bras ou la simple idée de serrer une main vous met-elle mal à l'aise ? Aucune option n'est bonne ou mauvaise.

Quelles sont vos barrières mentales ? Préférez-vous garder votre avis pour vous ou partager vos opinions politiques sur YouTube ? Là encore, aucune inclination ne vaut mieux que l'autre.

Quelles sont vos barrières émotionnelles ? Peut-être préférez-vous être poli et réceptif, ou alors rester direct en toute circonstance, quitte à en déranger certains ? Vous seul savez ce qui est naturel pour vous.

Quelles sont vos barrières spirituelles ? Votre religion (ou absence de) relève-t-elle de votre vie privée, ou pratiquez-vous le prosélytisme ? Faites à votre guise.

Connaître vos barrières va vous aider à déterminer ce que vous êtes prêt à accepter ou à rejeter pour vivre en accord avec vous-même.

Bien sûr, gardez en tête qu'elles évoluent avec le temps. La limite de votre propriété va se déplacer au cours de votre vie, et vous ne garderez pas non plus les mêmes barrières au fur et à mesure des changements et des évolutions de vos relations. De plus, elles vont se préciser en étant communiquées aux autres.

D'après le Dr Marshall Rosenberg, auteur de *Nonviolent Communication*, « nombre de nos façons de communiquer (le jugement, le harcèlement, les biais racistes, les accusations, les désignations, la discrimination, parler sans écouter, la critique, les insultes, les réactions de colère, la rhétorique politique, être sur la défensive ou juger qui est bon / mauvais, bien / mal chez les autres) » mériteraient le qualificatif de « communication violente ». À la place, le Dr Rosenberg recommande un processus de « communication non violente » en quatre étapes qui prennent en compte nos observations, nos sentiments, nos besoins et nos demandes.

Conscience : se référer à un ensemble de principes qui aident à mener une vie de compassion, de courage et d'authenticité.

Langage : comprendre comment les mots contribuent à la connexion ou à la distance.

Communication : savoir demander ce que l'on souhaite, écouter les autres même en désaccord, tendre vers des solutions qui conviennent à tous.

Moyens d'influence : partager « le pouvoir avec les autres » plutôt que recourir au « pouvoir sur les autres ».

Avec le temps et l'application de ce processus, on remplace peu à peu le besoin de juger ou de persuader les autres par une communication qui vient du cœur. Et en apprenant à mieux communiquer, on apprend aussi à renforcer sa connexion avec les autres.

Réparer et renforcer les relations

Un jeudi sur deux, ma femme et moi prenons notre journée, juste tous les deux, ensemble. Si parfois nous prévoyons de grands plans qui incluent des musées, des randonnées ou des road trips sur la côte, la plupart du temps nous ne faisons rien d'autre qu'emporter quelques livres avec nous pour petit-déjeuner à notre endroit préféré, où nous lisons, papotons et passons le temps sans être interrompus par la course quotidienne de la vie. C'est une sorte de remise à zéro. J'attends ces jeudis avec impatience, plus que n'importe quel autre jour. L'activité en elle-même compte moins que l'intention, qui ne se limite pas à passer du temps ensemble (souvenez-vous, la qualité vaut mieux que la quantité), mais consiste surtout à nous rappeler que notre couple représente notre priorité. Pas *une* priorité – *la* priorité. Grâce à cette piqûre de rappel bimensuelle, mon lien avec Bex ne cesse de s'approfondir, ce qu'une relation superficielle n'aurait jamais rendu possible. Avec juste quelques-unes de ces connexions primaires profondes dans votre vie, associées à la bonne dose de relations secondaires et périphériques, il est quasi impossible de souffrir d'isolement.

Saviez-vous que l'Université de Californie du Sud propose un « cours d'amitié » ? Vous rendez-vous compte – un cours qui vous enseigne l'amitié ?

Sérieux ? Cerise sur le gâteau, au moment de la rédaction de ce livre, ce cours affiche la plus longue liste d'attente du catalogue de l'université. Pourquoi ? Parce qu'une pandémie de solitude s'est abattue sur le globe. En passant experts en l'art de nous faire des « amis » en ligne, nous avons perdu le contact avec les gens. Le cours de l'USC se contente d'essayer de rétablir cette connexion.

Il s'avère que l'amitié présente des bénéfices en matière d'évolution. « Notre capacité à nouer des relations avec des personnes qui ne nous sont pas apparentées… est une capacité essentielle qui nous a permis de devenir humains. C'est une part fondamentale de qui nous sommes », a récemment écrit Shane Parrish dans un essai sur le site *Farnam Street*.

Super. Donc les amis, c'est important. Mais vous le saviez déjà, pas vrai ? Ce qu'il nous reste à déterminer, c'est comment nous pouvons réparer et renforcer nos relations existantes. D'abord, il faut identifier les qualités qui composent les relations profondes. Dans le livre de nos débuts, *Minimalism: Live a Meaningful Life*[1], Ryan et moi avons déterminé les « huit ingrédients des grandes relations », et si je devais caractériser ces éléments aujourd'hui, je le ferais comme suit :

Amour. Profonde affection et dévotion absolue envers une autre personne. Quand on aime quelqu'un, on est prêt à faire passer ses intérêts avant nos désirs fugaces. L'amour engendre davantage d'amour, qui

1. *Op. cit.*

balaye les intérêts personnels en faveur du renforcement de la relation.

Confiance. Volonté de compter sur une autre personne sans questionner ses motifs ou exiger de preuve. Parvenir à établir la confiance avec un autre être humain, c'est devenir une meilleure version de soi-même. La confiance engendre la confiance, et encourage une honnêteté habituelle et réciproque.

Honnêteté. Sincérité libre de toute tromperie ou contrainte. En refusant de mentir, on s'engage à éviter les raccourcis et à rester sur la même voie que l'autre, même en terrain difficile. L'honnêteté engendre l'honnêteté, et établit des fondations solides pour toute relation.

Bienveillance. Manifestation active de gentillesse, de compassion et d'intérêt pour l'autre. Quand on tient à une personne, on fait en sorte de l'exprimer par des actions constantes. La bienveillance engendre la bienveillance, qui à son tour alimente et renforce la relation par des actes et par un comportement, plutôt que par des intentions seules.

Soutien. Une personne qui soutient apporte aide et encouragement à autrui. Quand on soutient la relation, on montre qu'on est fiable, enrichissant et dévoué à l'autre. Le soutien engendre le soutien, et fortifie l'engagement réciproque.

Attention. Capacité à être présent dans (et focalisé sur) la relation. Quand on est capable de se concentrer pleinement, notre attention entière montre à l'autre personne son importance à nos yeux. L'attention engendre l'attention, et élève la connexion entre deux personnes.

Authenticité. Capacité à être vrai. Quand on est authentique, on manifeste son intégrité et sa consistance à travers la relation. L'authenticité engendre l'authenticité et légitime la relation.

Compréhension. Conscience profonde et sympathique de l'autre personne. Quand on comprend une personne, on fait un effort pour s'aventurer au-delà de sa surface et la comprendre tout entière (ses sentiments, ses désirs, ses actes) sans jugement ou contestation.

Nous avons déjà consacré une bonne partie de ce livre aux différentes nuances de la plupart de ces huit éléments (la confiance, l'honnêteté, l'attention et l'authenticité ont été examinées en profondeur dans les chapitres précédents, et nous abordons l'amour, la bienveillance et le soutien dans ce chapitre). Je voudrais maintenant dédier quelques pages à ma conception de la compréhension.

En réalité, comprendre véritablement les autres est un exercice difficile, car il s'agit d'une sorte de gymnastique. Plus vous vous rendrez à la salle, plus vous serez en forme ; plus vous travaillerez à comprendre les autres, plus vos relations s'épanouiront.

Les connexions les plus solides s'efforcent d'éviter les incompréhensions car, une fois qu'elles ont été montées en épingle, notre confusion et nos quiproquos génèrent de plus gros désaccords, des engueulades et des disputes. Pour se préserver de ce cercle vicieux, apprenons à progresser à travers les quatre étapes de la compréhension : tolérance, acceptation, respect et appréciation.

Tolérer. La tolérance est une vertu faible qui s'avère néanmoins un bon début. En effet, si le comportement de quelqu'un vous embête, mieux vaut éviter de réagir bêtement et de monter au créneau ou de vous enfuir : à la place, essayez de trouver des façons de tolérer ses différences. Par exemple : vous aspirez au minimalisme tandis que votre partenaire collectionne avec enthousiasme – une dichotomie nette des croyances. L'accumulation de figurines en porcelaine ou de guitares anciennes qui lui procure tant de satisfaction vous apparaît comme un gâchis d'espace. Résultat, vous cherchez comment le ou la convertir à votre point de vue particulièrement valable : autant dire que l'opération risque de s'avérer frustrante pour les deux parties. Heureusement, vous n'avez pas besoin de trouver un terrain d'entente immédiat ; seulement de reconnaître que les deux terrains sont valables. En tolérant les bizarreries de l'autre et en lui permettant de vivre heureux dans sa propre vision du monde, vous prenez le chemin de sa compréhension – et c'est déjà un grand pas.

Accepter. Pour vivre vraiment de concert avec autrui, nous devons vite passer de la tolérance à l'acceptation. Une fois effectué l'effort concerté de tolérer (au moins) les excentricités de l'autre personne, ses croyances tendent à nous sembler moins stupides et, avec le temps, plus sensées – pas pour vous, mais pour la personne à laquelle vous tenez. En effet, lorsqu'on perçoit la *raison d'être* d'une manie ou d'une habitude, celle-ci devient plus facile à accepter, car elle s'inscrit dans la globalité de la personne. Et vous avez beau ne pas apprécier ce comportement en particulier, vous aimez quand même la personne entière, manies comprises.

Respecter. Si accepter (pas seulement tolérer mais véritablement accepter) les particularités d'une personne représente un véritable défi, ce n'est rien à côté de respecter cette personne *pour* ses particularités. Pensez-y deux minutes. Il vous a fallu toutes ces années pour arriver là où vous en êtes aujourd'hui, alors vous ne pouvez pas vous attendre raisonnablement à ce que quelqu'un d'autre vous y rejoigne en claquant des doigts, quelle que soit la pertinence de vos arguments. D'accord, peut-être que vous n'avez jamais collectionné les figurines ou les guitares, mais beaucoup de vos valeurs sembleront à coup sûr ridicules aux yeux d'un autre. Pourtant, même lorsque les autres ne sont pas d'accord avec vous, même quand ils ne *comprennent* pas votre position, vous voulez qu'ils respectent vos croyances, n'est-ce pas ? Alors, pourquoi ne pas leur rendre la politesse ? C'est là seulement que vous approcherez de la compréhension ; là seulement que vous réaliserez que votre vision du monde n'est pas la seule valable. Oui, c'est agréable d'avoir une maison ordonnée, mais respecter les personnes avec qui vous vivez l'est encore plus.

Apprécier. Avec le respect dans votre rétroviseur, la compréhension vous attend au coin de la rue. Pour poursuivre avec notre exemple, disons que votre partenaire tire une grande satisfaction de sa collection. Pourquoi voudriez-vous changer ça ? Son bien-être vous importe, n'est-ce pas ? Eh bien, si sa collection lui apporte du contentement, et si vous tenez à cette personne, alors cette collection devrait aussi vous apporter de la joie à vous, parce que la joie est contagieuse… une fois que l'on a dépassé les querelles, les étapes de tolérance, d'acceptation et de respect, et que l'on apprécie avec honnêteté les désirs et les croyances de l'autre. Nous empruntons des routes différentes vers la joie, et il importe de savourer le voyage – pas uniquement le nôtre, mais celui de toutes les personnes que nous aimons. Lorsqu'on aime les autres pour qui ils sont (pas qui nous voulons qu'ils soient), alors nous pouvons, enfin, les comprendre véritablement.

Conclusion, à la prochaine intersection, rappelez-vous cet acronyme : TARA – Tolérer, Accepter, Respecter et Apprécier. Si vous empruntez souvent ce chemin, vos relations vont prospérer et vous connaîtrez une richesse d'expériences qui n'aurait pas été possible sans une profonde compréhension des personnes qui partagent votre vie. Et ce chemin fonctionne pour vos êtres chers aussi bien que pour vos amis, collègues et toute personne avec qui vous souhaitez renforcer votre connexion. Bien sûr, il arrive que les valeurs entrent en conflit et que nous ne soyons pas capables d'apprécier la personne pour qui elle est. Il arrive aussi que le TARA ne soit pas le bon chemin du tout : si une personne adopte des comportements auto-destructeurs (drogue, crime, racisme), vous n'avez pas besoin de tolérer la situation. Parfois, la meilleure option consiste à faire ses adieux, à s'éloigner et à tracer un chemin divergent.

Pour terminer, la *compréhension* répond aux questions importantes de la relation : qu'est-ce qui anime l'autre ? Que veut-il ? De quoi a-t-il besoin ? Qu'est-ce qui le stimule et l'encourage ? Quels sont ses désirs ? Quelles sont ses souffrances ? Qu'est-ce qu'il apprécie ? Qu'est-ce qui le rend heureux ? Si vous savez répondre à ces questions, vous disposez de la compréhension nécessaire à la satisfaction de ses besoins. Et la capacité à satisfaire les besoins de l'autre (et réciproquement) vous offre la garantie d'une relation vibrante, passionnée et évolutive.

Treize valeurs surestimées

Après avoir passé en revue certaines des valeurs essentielles à une relation de qualité, il est temps de se pencher sur celles que l'on présente souvent, à tort, comme nobles.

La loyauté. Oui, il est important de faire preuve de loyauté envers les personnes que nous aimons. Malheureusement, cela s'avère en général malavisé et peut parfois dégrader nos relations en élevant un écran de fumée entre la raison et la réalité. La loyauté est un comportement noble, mais elle devient nocive lorsqu'elle prend le pas sur l'intégrité.

L'honneur. Certes, nous devons honorer nos parents, voisins et amis… mais jusqu'à quel point ? Si votre meilleur ami tombe dans la criminalité violente, devez-vous continuer à le tenir en haute estime ? Si un degré approprié d'honneur est essentiel, un honneur sans ancrage risque de nous attacher par inadvertance à des convictions et à des conventions qui nous empêchent de vivre en accord avec nos valeurs.

Raison (fait d'avoir toujours). Nous voulons tous avoir raison. Hélas, passer son temps à prouver qu'on a raison confine vite à la bien-pensance ou à la vantardise, ce qui n'est jamais sain dans une relation. En cas de doute, « je ne sais pas » sont les quatre mots les plus libérateurs qui soient.

La transparence. Ok, vous voulez être honnête et franc avec les autres, mais devez-vous *vraiment* laisser chacune de vos pensées s'échapper par votre bouche ? Sans filtre ? Si vous n'y prêtez pas attention, vous risquez de blesser les personnes que vous aimez – et d'endommager votre lien au passage.

Le plaisir. Le plaisir, c'est bien. Trop de plaisir, c'est de l'hédonisme. Une relation n'est pas censée être un vecteur de plaisir perpétuel et, bien qu'elle puisse en apporter, celui-ci ne doit pas constituer l'étoile qui la guide. Si c'est le cas, vous risquez de délaisser au passage nombre des éléments qui lui donnent toute sa valeur.

Le confort. Proche cousin du plaisir, le confort est piégeur. D'après le philosophe stoïcien Musonius Rufus, « la personne qui tente d'éviter tout inconfort est plus susceptible de le connaître que celle qui accepte l'inconfort périodique. » Autrement dit, chercher l'inconfort équivaut à étendre notre zone de confort.

L'envie. Nous avons tous des pulsions. Malheureusement, nous confondons souvent nos désirs et nos passions avec l'envie qui, une fois aux manettes, nous prive de toute logique. Aujourd'hui plus que jamais, nos envies dépassent de loin notre désir sexuel : nous sommes consumés par notre soif de voitures, de vêtements, d'accessoires de photo… (D'ailleurs, pour une raison qui m'échappe, un grand pan de la culture puritaine américaine a accepté l'idée que l'envie matérielle représente une alternative acceptable à l'envie sexuelle.) Or, poursuivis sans intention, ces deux désirs engendrent des conséquences négatives évidentes.

L'agréabilité. La plupart d'entre nous souhaitent vivre en harmonie avec les personnes qu'ils aiment.

À première vue, la route la plus rapide pour atteindre cette harmonie consiste à tomber d'accord aussi souvent que possible. Pourtant, cette impulsion est fausse. Apaiser les gens en feignant l'accord est une technique malhonnête qui ferme la porte à l'individualité. En revanche, il est possible de ne pas être d'accord tout en faisant preuve de tact et en gardant à l'esprit le point de vue de l'autre personne. (En dépit de nos fréquents désaccords, Ryan et moi nous disputons rarement.) Si vous parvenez à faire cette distinction, votre relation n'en sera que meilleure car, quand vous tomberez d'accord, l'autre saura que vous l'êtes vraiment et qu'il ne s'agit pas simplement d'une ruse pour gagner ses faveurs.

L'empathie. Peut-être la plus controversée des vertus surestimées. En ce moment, tout le monde (des prédicateurs aux spécialistes) vante le pouvoir de l'empathie. Or je crois que ces personnes parlent en réalité de *compassion*. Si c'est le cas, alors je m'aligne : la compassion (l'intérêt pour les infortunes d'autrui) désigne une poursuite noble dont nous avons grand besoin. L'empathie, en revanche (la capacité à ressentir la souffrance d'autrui), ne devrait pas être l'objectif visé. C'est l'argument que défend Paul Bloom (philosophe et chercheur de l'université de Yale) dans son livre *Against Empathy: The Case for Rational Compassion* : « Nous considérons souvent notre capacité à ressentir la souffrance des autres comme l'ultime bonté… Rien n'est plus éloigné de la vérité. » Bloom poursuit et révèle que l'empathie représente « une des principales sources d'inégalité et d'immoralité dans nos sociétés... Loin de nous aider à améliorer la vie des autres, l'empathie est une émotion capricieuse et irrationnelle qui séduit nos préjugés les plus étroits. Elle perturbe notre jugement et, ironiquement, entraîne souvent de la cruauté. » D'après le philosophe, « nous ne nous portons jamais mieux que lorsque nous sommes assez intelligents pour ne pas compter dessus et, à la place, appliquer une compassion plus distancée. »

La négativité. Ok, celle-ci risque de vous embrouiller un peu à première vue. Quoi ? La négativité, une vertu surestimée ? Est-ce que quelqu'un considère vraiment la négativité comme une bonne chose ? Non, si on faisait un sondage, la majorité des gens reconnaîtraient que la négativité est mauvaise, bien sûr. Alors pourquoi passe-t-on notre temps à se chamailler, à se plaindre et à répandre des commérages ? Parce que c'est un raccourci perceptif. Si vous vous plaignez de la même chose qu'une autre personne, ou jasez sur un tiers, cela augmente votre lien avec l'autre « plaignant ». D'après un vieux dicton, « qui a été blessé blessera », et c'est exactement ce qu'il se passe quand on se balade en infectant le monde de notre négativité. Il est possible (et préférable) d'approcher les gens avec une démarche positive, même dans les moments les plus difficiles. Qu'elle vienne de vous ou des autres, la négativité est contagieuse. Heureusement, la positivité aussi.

La jalousie. Émotion qui engendre le plus de gâchis, la jalousie naît du soupçon – de ne pas être assez bien, de ne pas faire assez, que l'autre ne soit pas aussi méritant que soi. Émotion égoïste par excellence, la jalousie ne rend aucun service à l'humanité. Son antidote est une vertu méconnue du nom de « compersion », soit le sentiment de joie ressenti face à la joie d'une autre personne, par exemple face à celle d'un bébé. Lorsqu'on ressent de la joie sur la base de celle de l'autre, il ne reste aucune place pour la jalousie.

La sentimentalité. Le philosophe grec Zénon d'Élée croyait les humains conçus pour être raisonnables, mais admettait aussi qu'en tant qu'êtres humains, nous sommes guidés par l'émotion. Il ne s'agit donc de fuir ni la raison ni l'émotion, mais d'éviter la sentimentalité (l'excès de tendresse, de tristesse ou de nostalgie) qui balaye la raison au profit d'émotions surpuissantes. En cas de trop forte émotion, il peut s'avérer utile de prendre du recul en faisant appel à la capacité de raisonnement d'un tiers plus terre à terre.

La solennité. Oui, nous voulons être pris au sérieux et approcher les relations avec dignité, mais il faut laisser toute leur place à l'humour et à la légèreté, sous peine de se retrouver écrasé et bientôt enseveli sous notre propre sérieux. Conclusion, laissez toujours de la place aux blagues, même (et surtout) dans les moments les plus durs.

Si certaines de ces prétendues vertus sont à éviter absolument (la jalousie, la volonté d'avoir toujours raison, l'envie et la négativité ne valent jamais la peine, jamais), la plupart peuvent vous rendre service quand vous trouvez le bon équilibre. De petites doses de sentimentalité, de transparence et même d'empathie peuvent se révéler bénéfiques – elles font savoir aux autres que vous n'êtes pas un robot. Et la quantité appropriée de loyauté, d'agréabilité, de confort, de plaisir, de solennité et d'honneur est nécessaire dans les relations interpersonnelles, tant qu'elle n'entrave pas votre bien-être.

À propos de sacrifices et de compromis

Autrefois, j'avais tendance à considérer aussi le sacrifice et le compromis comme des valeurs surestimées. Cependant, après une série de relations toxiques avec des patrons, collègues, prétendus amis, partenaires et membres de ma famille, j'ai changé d'avis. J'en suis arrivé à la conclusion que j'avais renoncé à trop de choses pour que ces relations restent tenables. Seulement, je me trompais en partie : le problème ne provenait pas du fait que j'aie consenti à des sacrifices ou à des compromis, c'était que j'aie consenti aux mauvais.

Tristement, je sacrifiais mes valeurs pour que ces relations fonctionnent. Résultat, je réalisais de stupides compromis dans le but d'apaiser les autres : j'évitais la vérité afin de ne pas blesser leurs sentiments. J'essayais de les calmer grâce à des biens matériels au lieu de leur témoigner un véritable amour. Pour prendre soin des autres, je négligeais ma propre santé mentale, émotionnelle et physique.

Mais cela ne marche pas. Du moins, pas plus loin que sur l'instant. Réfléchissez-y. Comment vous sentiriez-vous si vous découvriez soudain que toutes les personnes de votre entourage tentent de vous apaiser à grands coups de gentillesse ? En médecine, on appelle ce type de traitement les « soins palliatifs » (soit atténuer les symptômes ou la gravité d'une maladie sans en supprimer la cause). Dans le domaine relationnel, on pourrait parler de « ménager » ou d'« épargner ». Ces renoncements sont au mieux malhonnêtes, au pire, accélérateurs de fin de relation.

Et pourtant.

De temps en temps, nous devons nous résoudre à des sacrifices et à des compromis, parce que le monde ne tourne pas autour de la satisfaction de nos désirs. Notre vie ne concerne pas que nous-mêmes.

Dans le fond, un certain degré de sacrifice (c'est-à-dire d'abandon en faveur de quelqu'un d'autre d'une chose importante pour nous) est nécessaire au bon fonctionnement d'une relation. Les relations demandent du temps, de l'énergie et de l'attention : trois de nos ressources les plus précieuses que nous devons être prêts à offrir en échange de la relation elle-même. Alors, autant choisir les bonnes personnes, sinon nous risquons de tout compromettre au passage.

Le compromis (soit le règlement d'un différend par une concession mutuelle) participe lui aussi d'une relation fonctionnelle. Parce que deux humains n'auront jamais exactement les mêmes croyances, nous sommes voués à la recherche d'un juste milieu. La clé, dans ce cas, consiste à éviter de sacrifier vos valeurs sur l'autel de ce compromis. Si vous y parvenez tous deux avec vos valeurs intactes, alors vous avez fait le bon choix.

La parentalité illustre ce point à la perfection. Je le vois dans ma propre vie. En apparence, elle semble pesante, fastidieuse et ennuyeuse, car les bons parents sont prêts à sacrifier leurs propres occupations, passions et intérêts pour le bien de leur enfant. C'est ce compromis (ce point d'équilibre) qui fait d'eux de bons parents et de l'enfant un bon enfant, améliorant ainsi le bien-être de toutes les parties.

Naturellement, cette leçon s'étend au-delà de la parentalité. Pensez aux meilleures relations de votre vie. Quand vous a-t-il semblé normal d'abandonner quelque chose d'important au profit de la relation (sacrifice) ? Quand avez-vous dû régler un différend par une concession mutuelle (compromis) ? Si vous avez pu faire les deux sans endommager vos valeurs au passage, alors il y a de grandes chances que vous ayez pris les bonnes décisions.

Se défaire des relations toxiques

« On dit que l'amour est aveugle », nous a lancé Marta Ortiz. Puis elle s'est tue avant d'ajouter : « Il y a définitivement du vrai là-dedans ». Notre participante de Mexico City s'y connaît en relations toxiques. « À la vingtaine, je ne me suis pas privée niveau explorations en tous genres, j'ai traîné avec des gens un peu bruts. Au passage, j'ai cru dénicher un diamant. Au début, tout était génial. Il me traitait bien, était beau et gentil. »

Pourtant, elle n'a pas tardé à découvrir un côté obscur. « Il a réussi à me cacher ses addictions pendant un moment », jusqu'à ce qu'elles commencent à se manifester par des violences verbales – et finalement physiques. « Aveuglée par l'amour, je les ai tolérées bien trop longtemps », nous a-t-elle avoué à la fin de son expérience de dépaquetage.

D'après le Dr Travis Bradberry, auteur d'*Intelligence émotionnelle 2.0*, « les personnes toxiques défient la logique. Certaines sont joyeusement inconscientes de l'impact négatif qu'elles exercent sur leur entourage et d'autres semblent tirer satisfaction du chaos et du fait de pousser les autres à bout. D'une façon ou d'une autre, elles créent une complexité, des conflits non nécessaires et, pire de tout, du stress. »

À l'image de Marta Ortiz, nous nous sommes tous accrochés à une relation qui ne le méritait pas – et la plupart d'entre nous entretiennent toujours des liens qui les pompent : avec des personnes qui ne n'apportent ni valeur, ni soutien ; qui prennent, prennent et reprennent sans jamais rien donner en retour ; qui aident très peu et empêchent d'évoluer ; qui s'attribuent en permanence le rôle de la victime.

Avec le temps, les victimes deviennent les bourreaux. C'est là que la relation prend un tournant dangereux. Les bourreaux nous empêchent de nous épanouir, de mener des vies riches de sens et de projets – nous blessent de tant de façons différentes ! Progressivement, ces relations toxiques accaparent une partie de notre identité.

Alors on peut se traîner dans sa propre vie, entouré de relations toxiques affaiblissantes, ou, comme Marta Ortiz, on peut choisir de s'en débarrasser et d'avancer. Prononcé tout haut, le choix semble évident. Pourtant, on décide encore et encore de rester, d'espérer que les choses changent, de repousser l'inévitable au lendemain. Hélas, demain arrive et on repousse encore d'un jour, d'un mois, jusqu'à ce que, sans qu'on s'en soit rendu compte, plusieurs années se soient écoulées… et les personnes qui nous entourent ne sont plus du tout celles que l'on choisirait si la chance nous était donnée de tout recommencer.

Pourquoi laissons-nous ce genre de choses arriver ? Deux raisons : la familiarité et la peur.

D'abord, nous nous cramponnons à ce qui nous est familier, car le changement coûte cher. Une relation réussie exige du dévouement, de la compassion, du soutien et de la compréhension ; une relation médiocre se contente de proximité et de temps.

Ensuite, nous stagnons par peur. Parmi toutes vos relations actuelles (de tous niveaux), combien en intégreriez-vous à nouveau dans votre vie si vous deviez reprendre à zéro ? Si vous choisissez de « reprendre » une personne, félicitation, c'est merveilleux (nous aborderons les façons de réparer et de renforcer ces relations plus loin dans ce chapitre). Dans le cas contraire, il est temps de vous demander pourquoi vous vous accrochez encore à cette relation. Peut-être avez-vous une bonne raison… mais en général, on s'accroche par peur. Peur d'amorcer un changement, de blesser les sentiments de l'autre, de perdre de l'amour. Ce à quoi je vous opposerai que la plus belle preuve d'amour que vous puissiez offrir consiste à être honnête avec les autres, même si cela signifie les aimer d'un peu plus loin.

Naturellement, générer des changements s'avère difficile. Sinon, vous l'auriez déjà fait. Pourtant, il s'agit d'un passage obligé si vous voulez tirer le meilleur de vos relations. Voici quelques réflexions pour vous aider à passer le cap :

On peut réparer une relation, mais
pas « réparer » les autres,
ni altérer leur nature,
ni les forcer à devenir « meilleurs »,
ni changer leur personnalité,
ni leur assigner de nouvelles préférences,
ni les convaincre de se conformer à notre image.

Vous aurez beau parvenir à faire comprendre votre point de vue à une autre personne, vous ne pourrez pas la forcer à changer. Malgré toute votre volonté, l'exercice est vain. Ce qui vous laisse deux options pour les relations « négatives » : accepter, ou laisser tomber. Soit deux formes d'abandon.

Si vous êtes prêt à accepter une personne pour qui elle est (au lieu de qui vous voudriez qu'elle soit), alors préparez-vous à abandonner vos attentes préalablement formées pour elle et, au passage, à insuffler de nouveaux standards à cette relation. Parfois, c'est possible grâce à une simple discussion. D'autres fois, redéfinir et refaçonner la relation nécessite plusieurs conversations. En langage amoureux, on appelle ça un « accord de définition ». Le meilleur moment pour définir une relation a lieu à sa naissance ; le deuxième a lieu maintenant. Tandis que la relation progresse, il paraît assez logique de remettre les termes de l'accord à jour afin de prendre en considération l'évolution des besoins, désirs et perspectives de chaque partie. Par exemple, ma femme et moi nous astreignons à au moins une « discussion sérieuse » chaque mois, consacrée à la mise à jour de nos attentes et à nous assurer que nos standards restent étroitement alignés. Et, une fois par an, nous passons en revue toutes nos valeurs pour voir si elles ont connu des changements significatifs[1]. Un peu comme un renouvellement de nos vœux, en beaucoup plus concret.

Si ces mesures peuvent sembler un peu formelles aux yeux de certains, elles n'ont pas besoin de l'être. Rebecca et moi abordons les sujets difficiles de façon amusante et légère, et ces discussions ne nous semblent jamais cérémonieuses ni austères. Même avec mes amis un peu plus éloignés (mes relations secondaires), j'aime évoquer régulièrement la question de nos standards, attentes, croyances et valeurs, afin de mieux comprendre leur vie et de faire montre de vulnérabilité, ce qui représente une autre façon de renforcer une relation.

Une dernière réflexion : la communication est la seule façon de s'assurer que nous allons ensemble dans la même direction.

---

1. Nous utilisons pour ça le Tableau des valeurs.

Cependant, certaines relations ne valent ni l'énergie, ni le temps, ni l'attention que nous leur accordons. Le comportement de certaines personnes est tout bonnement toxique. En général, les signaux ne laissent pas de place au doute – ces personnes se montrent souvent :

irrespectueuses,
manipulatrices,
menaçantes,
insultantes,
méprisantes,
méchantes,
haineuses,
malveillantes,
cruelles,
violentes,
intolérantes,
sournoises.

Par leur toxicité subtile, d'autres sont plus difficiles à repérer mais tout aussi importantes à éloigner. (Après tout, une seule crotte dans le saladier de punch suffit à le rendre imbuvable.) Alors, restez en alerte face aux personnes :

déraisonnables,
inconsidérées,
peu encourageantes,
malhonnêtes,
irréfléchies,
pessimistes,

impulsives,
narcissiques,
insensibles,
énervantes,
en colère.

Qu'une personne soit franchement toxique ou juste un peu, il est crucial de créer une distance dans votre relation pour pouvoir ensuite lâcher prise. Avec le temps, peut-être choisirez-vous d'avoir une conversation de rupture avec chaque personne toxique. Pourtant, la meilleure approche consiste souvent à battre en retraite, surtout si une discussion difficile risque d'envenimer les choses ou d'empirer la situation. Il est possible de pardonner sans confrontation. S'il s'avère parfois préférable d'instaurer un point final clair, je tiens à préciser que, d'après mon expérience, on tend à surestimer cette « clarification » qui ne résout en rien la situation. La plupart du temps, elle ne satisfait pas plus nos attentes qu'elle ne permet d'aller de l'avant. Tout ne se termine pas de façon nette, avec un point de rupture bien défini. Il arrive que la fin résulte d'une disparition progressive. En bref, ne vous sentez pas obligé de répondre aux appels, aux SMS ou aux invitations à dîner d'une personne toxique – ni de vous justifier. Vous n'avez aucune obligation de maintenir un lien avec quiconque. L'amitié, la camaraderie et l'amour sont des privilèges, non des droits, et si une personne a abusé de ce privilège, pourquoi se forcer à rester dans les parages ? On ne doit rien aux personnes toxiques.

En outre, il arrive que certaines relations nuisibles le demeurent même une fois terminées. Peut-être ignorez-vous la raison de cette rupture ? La situation a viré au toxique post-mortem, car, malgré son absence, l'autre personne occupe toujours votre esprit ? Malheureusement, tout ne peut pas se terminer selon *vos* termes et *votre* agenda. Et il n'existe qu'une seule façon de dégager ces personnes de votre espace mental émotionnel : le pardon. Un peu comme on pose enfin des valises trop lourdes et portées trop longtemps, on pardonne aux autres afin de pouvoir laisser le poids du passé derrière nous.

Quitter une relation toxique s'apparente à choisir entre un diplôme et un divorce. La meilleure option consiste souvent à partir tout de suite afin de rester dans les meilleurs termes possible, à aller de l'avant en étant reconnaissant pour les bons moments et les leçons apprises au cours de la relation (diplôme). Sinon, vous pouvez attendre, endurer les disputes, surmonter les engueulades à répétition jusqu'à ce que, finalement, inévitablement, tout se rompe sans réparation possible (divorce). Dire au revoir est plus difficile aujourd'hui, mais plus facile à long terme.

Quitter la relation ne signifie pas que vous n'aimez pas la personne ; seulement, son comportement ne vous permet plus de maintenir le lien qui était le vôtre. Prendre vos distances ne vous rend pas méchant, mauvais ou négligent. Au contraire, vous ouvrez la voie à une vie meilleure. Une vie de paroles, pas de disputes. Une vie de qualité, pas de querelles. Une vie de bienveillance, pas d'affrontements. S'éloigner d'une relation toxique avec diplôme n'équivaut pas à abandonner – c'est un nouveau départ.

Des excuses pour avancer

Parfois, l'élément toxique… c'est vous. Et reconnaître que vos décisions ont été inappropriées, négligentes ou nuisibles (ou que votre mauvais comportement a empoisonné la relation) exige conscience de soi et force. D'autres fois, le poison est subtil – une microdose de toxicité : vous avez, en toute bonne foi, commis des erreurs qui ont entaché la relation. Dans un cas comme dans l'autre, vous êtes fautif et deux options s'offrent à vous : camper sur vos positions ou présenter vos excuses.

La seconde option semble plus difficile, car elle implique d'admettre ses torts et d'agir en vue de se repentir. Or, l'ego y rechigne souvent. Alors on persiste et on signe, on balaye la rationalité parce qu'on estime avoir raison et on endommage le lien au passage. Pourtant, quand on est assez conscient pour mettre notre ego de côté, il s'agit d'une opportunité unique de reconstruire une relation plus forte, à partir des morceaux cassés.

Le hasard a justement voulu que je commette ce genre d'erreur relationnelle la semaine où j'ai rédigé ce passage. Au cours d'un épisode de *The Minimalists Podcast*, j'ai par inadvertance révélé les informations personnelles d'un ami que nous appellerons Mike. L'erreur n'était pas intentionnelle – sur le moment, je ne me suis pas rendu compte qu'il s'agissait de détails intimes et privés. À mes yeux, ils semblaient parfaitement innocents – jusqu'à ce que je reçoive un e-mail de Mike me signalant le contraire. Ma première réaction a été de rejeter sa frustration. « Ce n'est pas grand-chose, il surréagit. » En réalité, je me projetais : ce n'était pas grand-chose pour moi, et pourtant c'était un vrai problème pour lui. Dans la mesure où j'ai commis des actes qui ont blessé mon ami, peu importe ce que *je* pensais ou ce que *je* ressentais. Ce sont les dégâts que *j'ai* infligés qui importent. Et il ne me restait qu'un seul moyen respectable d'aller de l'avant.

J'ai immédiatement appelé Mike pour reconnaître que j'aurais dû réfléchir à ce que je m'apprêtais à dire – avant de le dire. Je lui ai présenté mes excuses et j'ai pris deux engagements : apprendre de cette bourde pour ne pas la reproduire, et faire mon possible pour régler le problème. Il avait beau être trop tard pour effacer complètement les dégâts, nous avons édité un erratum afin que les futurs auditeurs n'entendent pas les informations en question.

Au début de ma carrière en entreprise, je comptais parmi mes mentors préférés un géant du nom de Jim Harr. Jim, dont la personnalité dépassait la taille, regorgeait d'expressions sages qui ont façonné mes premières années de vie adulte ; sa sagesse m'a permis de systématiquement évaluer mes comportements, et de me poser de meilleures questions. Parfois cependant, ses mantras inspirationnels se transformaient en un pataquès encore plus profond que ce qu'il avait voulu dire.

Mon Harr-isme le plus précieux m'a été donné après que j'eus raté une vente en bonne et due forme dans l'un de nos magasins. Il m'a regardé franchement et m'a dit « *hindsight is 50/50* » (l'expression correcte étant « *hindsight is 20/20* », soit « seul le recul permet d'obtenir une vision parfaite des événements »). À mes oreilles, la locution modifiée semblait bien plus sage que le dicton populaire. Après tout, nous avons une chance sur deux (50/50) de bien faire.

J'en ignore la raison, mais ce petit détournement m'a accompagné pendant ces vingt dernières années : avec le recul, la plupart des choses auraient pu se passer autrement, mais on n'en sait rien avant d'agir. Du moins, c'est mon interprétation. Je suspecte l'existence d'une dimension dans laquelle mon ami Mike se fiche des renseignements dévoilés dans le podcast – seulement, dans notre dimension, il ne s'en fichait pas du tout et j'ai blessé ses sentiments. Donc la seule façon appropriée de réagir consistait à lui demander pardon et à tourner la page.

La symbiose de l'amour

J'ai eu la chance de passer un moment avec Erwin McManus afin de discuter de relations humaines. À soixante ans, cet iconoclaste a vaincu un cancer du côlon de stade 4 et couché les leçons de cette bataille dans les pages d'un livre intitulé *The Way of The Warrior: An Ancient Path to Inner Peace*. Voici l'une d'elles : dans le grand schéma de l'univers, nos relations comptent parmi les rares choses vraiment importantes.

« Avant, je recherchais des relations qui m'élevaient *moi*, m'a-t-il expliqué. Pourtant, en vieillissant, j'ai réalisé que je marchais tout droit dans le narcissisme culturel qui dit "cette relation est à propos de moi" ». Au lieu de se contenter de rechercher des liens qui l'élevaient *lui*, il devait donc devenir le genre de personne qui aide (pas qui change, qui *aide*) les autres. « On se focalise sur le moyen d'en obtenir plus pour nous, ce qui, au final, s'avère très ironique. Si vous passez votre temps à vous poser les mauvaises questions (Comment trouver la bonne personne pour *moi* ? Comment accéder à ce dont *j'ai* besoin ? Comment obtenir ce dont *j'ai* envie ?), vous passez complètement à côté du principe même de relation : il ne s'agit pas de vous, mais de la façon dont vous pouvez investir dans les autres et devenir un cadeau pour eux. » D'après lui, les relations les plus saines et les plus profondes sont « celles où vous tenez plus à l'autre qu'à vous-même ».

En apparence, on pourrait croire que ses arguments contredisent ceux présentés dans ce chapitre. Or, McManus ne suggère en aucun cas de fragiliser vos valeurs. Non, il veut que vous vous connaissiez assez bien pour comprendre comment élever les autres sans vous affaiblir vous-même. « On n'est pas conçus pour "faire notre vie" seuls. Même si on est la personne la plus talentueuse, douée, intelligente, passionnée et créative sur la planète (et même si on a parfaitement identifié notre intention, notre but et notre raison de vivre), on n'est quand même pas conçus pour faire notre vie seuls. » Puis il a ajouté : « Je sais ce que vous vous dites :

Qu'en est-il de *mes* rêves ?
Quels que soient tes rêves,
Tu ne peux pas les réaliser seul.
Qu'en est-il de *ma* raison d'être ?
Quelle que soit ta raison d'être,
Tu n'es pas conçu pour l'accomplir seul.

En réalité, si tu poursuis une raison d'être
Pour laquelle tu n'as besoin de personne,
Ce n'est pas l'objectif de ta vie.

Si dans ton rêve,
Les gens ne sont que des outils,
À utiliser pour atteindre ton but,
Ce n'est pas un rêve du tout. C'est un cauchemar. »

Toujours d'après l'iconoclaste, nous avons tous besoin des autres parce que nous avons tous besoin d'aide. Étrangement, nous avons tous besoin d'aider les autres aussi. Pas de les *utiliser*, pas de nous faire *utiliser*, mais de nous rendre mutuellement *utiles* les uns aux autres. Ce sont les interactions relationnelles. La symbiose de l'amour.

Lorsqu'on est entouré des mauvaises personnes, il arrive que l'on rêve de solitude. Mais lorsqu'on se retrouve vraiment seul, on découvre son besoin des autres. Une fois enfin prêt à reconnaître qu'on n'est pas parfait, qu'on a besoin d'aide (de la part des bonnes personnes, pas de n'importe qui), on accède à une forme différente de liberté. La liberté de l'équipe, de la coopération, des relations. L'alternative étant le confinement en solitaire qui, d'après de nombreux psychologues, constituerait la pire sorte d'incarcération. Il y a quelque chose de si violent dans l'isolement que les humains préfèrent encore passer du temps avec de dangereux criminels à rester tout seuls.

L'amour est plus

Nous avons un problème de langage. J'aime ma femme, mais j'aime aussi les burritos. J'aime Ryan, mais j'aime aussi le nouvel album de Mat Kearney. J'aime ma fille, mais j'aime aussi les différentes couleurs des fleurs de mon quartier.

D'un côté, je désigne une dévotion illimitée née d'une profonde affection. De l'autre, une préférence ou une inclination pour quelque chose d'agréable. Sans oublier la distinction entre *aimer* une personne et en être amoureux. Le même mot, deux sens profondément différents.

Le dialecte inuit parlé dans la région canadienne de Nunavik possède au moins cinquante-trois mots pour désigner la neige. Imaginez que nous en ayons ne serait-ce que moitié moins pour désigner l'*amour*. Au lieu de ça, dans notre culture, nous étirons le mot *amour* pour l'appliquer aussi bien aux personnes qu'aux camionnettes, aux amis et au poulet rôti, aux amants et aux sacs Louis Vuitton. Mais quand on étire quelque chose au-delà de ses limites naturelles, il perd de sa force. C'est particulièrement vrai pour l'amour.

Qu'est-ce qu'on entend exactement quand on termine un coup de fil par « j't'aime » ? S'agit-il simplement d'une gentille façon de dire au revoir ? Ou d'une expression fainéante de notre affection ?

Si nous avons tous besoin d'amour, ce n'est pas la seule chose dont nous ayons besoin. Nous avons besoin d'être vus, entendus, connectés. Nous avons besoin d'espoir, de grâce et de gentillesse. Mais sans la lumière de l'amour, ces caractéristiques restent fades, en sourdine. Pouvez-vous seulement imaginer l'espoir sans l'amour ? La grâce ? La gentillesse ? Allons encore plus loin : pouvez-vous vous imaginer obtenir tout ce dont vous aviez toujours rêvé… sans amour ? Aucune chance. Comme on ne bâtirait pas plus une maison en deux dimensions qu'on ne boirait dans un verre vide, une vie sans amour restera plate et vaine.

Alors, si l'amour nous ouvre les portes des meilleures choses de la vie, pourquoi ne cherchons-nous pas plus souvent à être aimés ? Pourquoi préférons-nous être sexy, cool ou « appréciés » ? Parce que c'est plus facile. Pourtant, si on peut manipuler nos valeurs de surface pour améliorer notre statut, que voit-on réellement quand on regarde une personne qui fait des pieds et des mains pour être glamour ou à la mode ? Réponse : une personne qui manque d'intégrité, si mal à l'aise avec elle-même qu'elle se cache de l'amour en dissimulant sa personnalité sous des accessoires étincelants. C'est la raison pour laquelle l'amour est si difficile : il ne se façonne pas à coups de babioles ou de transactions, mais grâce à la fidélité et au dévouement. Le *sex appeal* et la popularité s'évanouissent vite face à l'incertitude. L'amour, lui, laisse la place au risque, au rejet et même à la douleur. Mais aussi à la joie, au plaisir et à la tranquillité. En fait, le seul élément exclu de ses limites est l'égocentrisme. L'amour est trop grand pour n'abriter que l'ego.

Si vous consultez le dictionnaire le plus proche, vous constaterez que l'amour revêt différentes significations – un sentiment intense de profonde affection, un grand intérêt ou plaisir à quelque chose, la personne ou la chose qu'on aime. Toutefois, ma définition préférée du terme anglais *love* s'avère plus surprenante. En effet, la quatrième entrée du *New Oxford American Dictionary* définit *love* comme un terme de tennis (c'est l'équivalent de « zéro » en français dans l'annonce du score). Dans le contexte sportif, il a donc un sens précis. Employé comme métaphore plus large, ce quatrième sens illustre le fait que l'amour, le vrai, une fois débarrassé des désirs et des marchandisations de notre monde moderne, ne compte pas les points. En amour, pas de tableau des scores, de baromètre ou d'unité de mesure.

Il y a dix ans, je ne connaissais pas ma femme, Rebecca. Par la suite, pour cultiver notre couple et nourrir notre amour, je n'ai pas eu besoin d'en priver une autre relation. Quand on donne de l'amour, on n'est jamais à court. Au contraire, il se multiplie. Il s'agit d'un bienfait totalement renouvelable, à 100 % durable.

Les gens ne se contentent pas de « tomber amoureux » – l'amour ne se trouve pas, il se cultive. Je le sais parce que je l'ai « cherché » pendant des années après mon mariage raté. Hélas, plus je cherchais, plus il semblait distant. Sans explication, je l'ai ensuite « trouvé » une fois que j'avais arrêté de le chercher – quand, au lieu de vouloir « tomber amoureux », j'essayais simplement d'être aimant.

Étrangement, être aimant est peut-être bien le contraire de tomber amoureux. Cela semble logique avec le recul – j'étais tellement obsédé à l'idée de tomber amoureux que j'en ai fait une quête égocentrique. Quand aimer les autres est devenu ma préoccupation principale, l'amour s'est amplifié car il ne s'agissait plus uniquement de moi.

Cela pourra vous sembler paradoxal, mais la meilleure façon d'entretenir l'amour est de lui lâcher la bride. Si on s'abstient de le serrer trop fort, il ne cessera jamais de croître.

Pas besoin de permission pour être aimant. Pendant les périodes difficiles, vous avez peut-être envie d'aider ou de résoudre des problèmes. Or, ce n'est pas toujours possible. On ne peut pas aider tout le monde ni tout régler. Mais on peut aimer en toute circonstance.

En fait, même au beau milieu d'un désaccord, d'une dispute ou d'une rupture, on peut aimer les gens. Parfois de près, parfois de loin. Aimer une personne ne signifie pas approuver ses actions. Vous pouvez aimer un époux infidèle, un collègue langue de vipère ou un ami menteur – la personne, pas ses actes. On peut à la fois détester certaines facettes d'une personne et l'aimer tout entière.

Bien que l'amour soit lourd, exigeant et énigmatique, il ne représente pas notre plus grand défi :

comment nous avons fini par confondre l'excitation, l'envie et l'attraction avec l'amour, là réside la véritable question. Ce n'est nulle part aussi flagrant que dans notre relation aux biens matériels. Nous sommes embrouillés, aveuglés par la propagande qui nous martèle que les objets importent autant que les personnes... Résultat, nous proclamons aimer notre télévision, notre voiture et nos produits de beauté. Pourtant, l'absurdité de cet amour manufacturé apparaît clairement si on l'applique à des éléments moins séduisants. À ma connaissance, personne « n'aime » son distributeur de papier toilette, sa boîte aux lettres ou son porte-clefs. Pourtant nous nous en servons tout autant, voire plus. Quand on s'en rend compte (oui, on peut traiter son iPhone comme son baume à lèvres, il est utile sans mériter notre amour pour autant), alors on est plus en mesure de comprendre le véritable amour, un sentiment réservé aux personnes – pas aux objets qui se mettent en travers de notre chemin. Oui, on peut aimer les gens et se servir des objets, parce que l'inverse ne marche jamais.

MINIMALISME : LE JEU DES TRENTE JOURS

Le plus simple pour trier vos affaires consiste à vous en débarrasser (de la plupart tout du moins). La **fête des cartons** vous paraît trop extrême ? Voici le **Jeu des trente jours**, qui a permis à des centaines de personnes de désencombrer leur maison, leur voiture ou encore leur bureau.

Voyons les choses en face, la simple idée de *désencombrer* est, au mieux, ennuyeuse, au pire, terrifiante. Qui a envie de passer son week-end à ranger placards, grenier et garage ? Et pourtant, grâce à une petite touche de compétition amicale, même le tri devient une activité amusante... Quelques règles simples, et le tour est joué !

En prévision du mois prochain, trouvez un ami, un proche ou un collègue partant pour réduire le volume de ses affaires avec vous. Le jeu commence le 1er du mois. Chaque personne se débarrasse d'une chose le premier jour, de deux choses le deuxième jour, de trois choses le troisième jour, et ainsi de suite. Tout doit disparaître ! Objets de collection, décorations, matériel de cuisine ou électronique, ameublement, équipements en tous genres, fournitures, linge de lit, vêtements, serviettes, outils, chapeaux, ce que vous voulez !

Que vous donniez, vendiez ou recycliez, toutes ces possessions doivent avoir quitté votre maison – et votre vie – à minuit chaque jour.

Au début, c'est facile. Tout le monde peut balancer quelques babioles, n'est-ce pas ? Mais le défi augmente dès la deuxième semaine avec l'obligation de jeter plus d'une dizaine d'objets par jour. Et la difficulté ne fait qu'augmenter.

Celui qui tient le plus longtemps gagne. Vous gagnez tous les deux si vous parvenez tous les deux à la fin du mois. Et vous remportez des points supplémentaires si vous jouez avec plus de deux personnes.

Gardez une trace de votre progression ! Rendez-vous sur minimalists.com/game pour télécharger notre calendrier spécialement conçu pour le jeu.

LA RÈGLE DE LA « CAPACITÉ À TOUT ABANDONNER »

Vous avez sans doute déjà imaginé le fameux scénario « votre maison brûle et vous ne pouvez emporter que certaines choses ». Il y a fort à croire que vous ne sauveriez pas votre lave-vaisselle en premier – vous braveriez d'abord les flammes pour assurer la sécurité des personnes et des animaux. Une fois les êtres vivants sains et saufs, vous tenteriez peut-être de récupérer les objets irremplaçables : photos, disques durs, objets de famille. Tout le reste disparaîtrait dans le brasier.

Dans une scène de *Heat*, Neil McCauley (joué par Robert De Niro) déclare que « tout ce qui a pu prendre une place dans ta vie, tu dois pouvoir t'en débarrasser en trente secondes montre en main ». On a beau ne pas vouloir ressembler au méchant du film, cette philosophie de vie révèle une profonde sagesse et mérite d'être adoptée.

Ne serait-ce pas incroyablement libérateur de pouvoir se débarrasser de tout (possessions, idées, habitudes, relations toxiques) en un clin d'œil ? Et si vous le pouviez déjà, sans le savoir ? Nous avons baptisé cette règle la « capacité à tout abandonner ». D'accord, présenté comme ça, on croirait à un dogme sans pitié. Pourtant en réalité, c'est tout l'inverse : dans votre préparation à tout abandonner réside la preuve ultime de votre intérêt.

Lorsque vous achetez de nouveaux biens matériels, ne leur attribuez pas trop de sens ou de valeur. Pouvoir tout abandonner implique de ne jamais trop s'attacher à ses affaires. (Au passage, la vie y gagne sacrément en souplesse, croyez-moi.)

Si vous adoptez une nouvelle idée ou habitude, assurez-vous de le faire pour une bonne raison (une amélioration notable). Ces nouvelles idées et habitudes vont façonner le « futur vous » ; avec le temps, vos idées vont évoluer, s'améliorer et s'étendre, et vos habitudes actuelles seront remplacées par de nouvelles qui vous aideront à évoluer. Votre volonté de larguer vos vieilles idées et habitudes signifie que vous êtes prêt à vous construire un avenir meilleur.

Aussi paradoxal que cela puisse paraître, votre capacité à abandonner certaines personnes renforcera votre lien avec d'autres. Introduire une nouvelle relation dans votre univers implique de travailler dur pour gagner son amour, son respect, sa confiance et sa compréhension. Et vous devriez en attendre le même effort en retour. Dans le cas contraire, les deux parties peuvent rompre la relation, vouée à rester superficielle et à ne pas apporter l'épanouissement souhaité.

Il existe d'évidentes exceptions à cette règle – des situations impossibles à laisser tomber aussi facilement : un mariage, un partenariat professionnel, une carrière, une passion. Le secret consiste à en limiter le nombre le plus possible. Attention toutefois : gardez en tête que même les exceptions… ne font pas toujours exception. Les mariages se

dissolvent, idem pour les entreprises. Les contrats se rompent et les passions évoluent au fil du temps. Conclusion, si une situation nuit à votre bien-être et même si vous ne pouvez pas vous « en débarrasser en trente secondes montre en main », vous trouverez le moyen d'en sortir.
Il y a près d'un demi-siècle, C.S. Lewis déclarait avec justesse : « Ne laissez pas votre bonheur dépendre d'une chose que vous risquez de perdre. » Dans ce monde matérialiste où la peur nous pousse à nous accrocher, ses mots résonnent plus fort que jamais.

BILAN : LES RELATIONS HUMAINES

Salut les amis – c'est Ryan, pour vous filer un dernier petit coup de main. Joshua nous a amplement fourni de quoi réfléchir à notre gestion des relations humaines et, maintenant, j'aimerais que l'on consacre un moment à votre cas en particulier. Les personnes de notre entourage façonnent notre personnalité, alors j'aimerais que vous exploriez à fond chaque exercice ci-dessous, afin de vous assurer de donner le meilleur de vous-même aux autres – ce qui les encouragera à vous rendre la pareille.

Les questions à se poser

1. Quel est votre type de personnalité selon l'indicateur de Myers-Briggs, et qu'est-ce que cela vous apprend de vos préférences ?

2. Comment pouvez-vous tolérer, accepter, respecter et apprécier (TARA) les personnes évoluant dans votre vie afin de mieux les comprendre ?

3. Comment pouvez-vous être à 100 % *vous* afin de pouvoir apporter davantage aux autres ?

4. Amour, confiance, honnêteté, bienveillance, soutien, attention, authenticité et compréhension. Lesquels de ces éléments vont contribuer à élever vos relations, et comment comptez-vous les intégrer à votre vie ?

5. Si vous deviez dresser la liste de toutes vos relations actuelles (famille, amis, collègues, « amis » Facebook et même les personnes que vous ne voyez qu'une ou deux fois par an), avec combien d'entre elles entameriez-vous une nouvelle relation aujourd'hui, et pourquoi ?

À faire

Qu'avez-vous appris de vos relations humaines dans ce chapitre ? Qu'allez-vous en retenir ? Quelles leçons vous encouragent à redéfinir vos priorités et à améliorer vos relations ? Voici cinq actions à entreprendre dès aujourd'hui :

– **Décrivez votre « boîte à contribution ».** La première étape vers des relations riches de sens consiste à définir clairement ce que vous voulez donner à (et obtenir de) vos relations.

Identifiez les façons dont vous aimez aider les autres et ce que vous voulez leur apporter.

Déterminez les barrières physiques, mentales, émotionnelles et spirituelles que vous souhaitez que les autres comprennent et respectent.

– **Catégorisez vos relations.** Il est temps maintenant de considérer chaque relation et sa place dans votre vie. Pour ceci, suivez les étapes suivantes :

Commencez par citer toutes les personnes à qui vous consacrez du temps, de l'énergie et de l'attention de façon régulière ou semi-régulière.

À côté de chaque nom, précisez ensuite votre degré de relation (1 = proche, 2 = secondaire et 3 = périphérique). Identifiez franchement le type de relation selon la situation actuelle.

Pour finir, faites preuve d'honnêteté et identifiez les personnes toxiques de votre liste en les marquant d'un X.

– **Passez le casting en revue.** Cela va vous aider à identifier les personnes dont vous vous êtes éloigné, mais dont vous souhaitez vous rapprocher et, à l'inverse, à déterminer celles dont vous souhaitez vous distancer. Chaque personne se trouve-t-elle dans la bonne catégorie ? À côté de chaque nom, notez un « E » pour éloigner ou un « R » pour *rapprocher* afin d'indiquer l'évolution recherchée. Si la dynamique actuelle vous convient, notez « OK ».

– **Réparez vos relations.** Maintenant que vous avez clairement établi où en sont vos relations et la direction que vous souhaitez leur insuffler, passons au travail nécessaire pour les réparer ou les modifier.

Pour commencer, examinons les relations toxiques dans votre vie. Sont-elles réparables ? Interrogez ces personnes sur les barrières qu'elles souhaitent vous voir comprendre et respecter, puis soulignez gentiment les vôtres. Si vous découvrez qu'elles ne sont pas prêtes à respecter vos barrières, alors il convient de leur faire savoir que vous allez vous éloigner de leur comportement toxique.

Toutefois, les personnes dont vous souhaitez vous éloigner ne sont pas forcément toxiques. Peut-être s'agit-il d'un voisin ou d'un collègue ennuyeux, ou encore d'un individu avec qui vous ne partagez plus de points communs. Si nécessaire, employez la communication non violente pour indiquer que vous allez passer moins de temps avec la personne, lui expliquer que ce n'est pas que vous lui dites « non », simplement que vous dites « oui » à d'autres choses.

Pour finir, examinons celles dont vous souhaitez vous rapprocher. La prochaine fois que vous avez l'occasion de parler avec des personnes de cette catégorie, exprimez-leur votre envie de rapprochement. N'hésitez pas à dire un truc du genre « Hey Stacy, je t'apprécie et j'aimerais qu'on passe plus de temps ensemble. Ça te dirait ? » Si la personne répond par l'affirmative (le consensus est non négociable, évidemment), réfléchissez aux façons dont vous pourriez apporter de la valeur à leur vie.

– **Contribuez au-delà de vous-même.** Voici venu l'aspect le plus gratifiant de toute relation – l'acte de don. Commencez par offrir aux autres le cadeau de votre attention en étant présent lors de vos interactions. Être présent signifie écouter activement, montrer de la compassion, exprimer de l'amour. Chaque matin pendant une semaine, consultez la liste des personnes dont vous voulez vous rapprocher et choisissez-en une. Pas besoin de grands gestes – contentez-vous de lui exprimer votre amour et votre soutien : envoyez-lui une photo marrante, écrivez-lui une lettre, déposez des fleurs à sa porte, tondez sa pelouse. Il existe un nombre infini de petits gestes à effectuer afin de créer des relations riches de sens et durables.

À ne pas faire

Pour conclure, abordons les obstacles. Voici cinq choses à éviter dès aujourd'hui pour améliorer vos relations humaines :

Ne ménagez pas les gens simplement pour protéger leurs sentiments.

Ne soyez pas agréable pour être agréable, ne sacrifiez pas vos valeurs pour vous intégrer.

Ne vous cachez pas derrière des « vertus » comme la loyauté ou l'empathie pour justifier une relation pernicieuse.

Ne recourez pas aux tactiques passives-agressives pour discuter de votre relation avec une personne.

Ne vous privez pas d'une vie riche de sens pour coller aux préférences d'autrui.

ÉPILOGUE

Nous sommes constitués de multiples contradictions. D'un côté, je suis un hypocrite. Je suis minimaliste mais je possède une maison, un canapé et plus d'une paire de chaussures. Il m'arrive d'éviter la vérité dans le but d'obtenir de la reconnaissance, des louanges ou des avantages. Je viole mes propres règles de vie simple, je bave devant des pubs de Range Rover sur papier glacé et des affiches de Rolex géantes. Je néglige parfois la méditation, la nourriture saine et l'exercice. Mes actes ne correspondent pas toujours à mes valeurs. Je suis convaincu du changement climatique, mais je conduis un véhicule à essence et l'électricité de ma maison provient d'une usine au charbon. Je suis contre l'exploitation des travailleurs, mais je rédige cette phrase sur un ordinateur assemblé par des employés sous-payés en Chine, et je suis prêt à parier que je possède bien plus d'un vêtement fabriqué dans un misérable atelier. Je dépense de l'argent pour des choses dont je n'ai pas besoin (j'ai un gros faible pour les vestes). Il m'arrive de regarder la télévision seul, et j'utilise trop mon smartphone – deux tendances qui minent ma créativité. J'aime ma famille, mais je ne suis pas non plus un super parent, et je ne fais pas l'effort de voir mon frère aussi souvent que je le voudrais.

De l'autre côté, je suis une meilleure personne aujourd'hui qu'il y a dix ans. Ma vie est plus simple, plus concentrée, plus honnête et plus paisible. Ma soif de choses n'est plus aux manettes. Je suis plus conscient de ma santé et de mon bien-être, plus joyeux, moins stressé, plus en capacité d'apprécier, plus calme. Et ma santé, loin d'être parfaite, s'est significativement améliorée depuis la « Nouvelle Grande Dépression » de 2019. Je comprends mes valeurs autant que les obstacles qui se dressent sur mon chemin. Je suis absolument, irrémédiablement libre de toute dette, et je contribue aux associations caritatives bien plus que quand j'empochais ces énormes chèques de salaire. Je suis plus créatif et moins distrait, même lorsque l'univers dirige son flot d'informations continues sur ma tempe. Plus considéré, plus patient qu'avant, je suis un bon ami, un partenaire commercial compétent et un encore meilleur mari.

C'est vrai, je ne suis pas parfait, et aucune simplification ne gommera tous mes défauts. Je commets encore des erreurs, prends de mauvaises décisions, et le minimalisme ne s'est pas révélé la solution miracle à tous les soucis de mon existence. Il a cependant amélioré mon quotidien sans commune mesure. Et j'ai beau avoir encore des problèmes, ce sont de meilleurs problèmes, qui rendent ma vie plus riche, plus nuancée et plus fertile. Quand j'en résous un, de nouveaux émergent. Sans cela, la vie ne vaudrait pas d'être vécue. L'existence sans lutte n'est pas une vie bien vécue ; ce n'est même pas une vie du tout. Nos luttes ne cessent qu'avec les battements de notre cœur.

Mes nombreuses cicatrices incarnent ce qu'il y a de meilleur en moi. Je vais fêter mes quarante ans cette année et j'aimerais déjà être le moi de cinquante ans. Moi, en mieux. Je dis ça parce que, de plein de façons différentes, je suis *vous*. Cela vous effraie peut-être, mais vos cicatrices vous ont façonné, vous aussi. Comme moi, vous avez des défauts et des problèmes, vous avez commis des erreurs mais vous vous tenez désormais à la croisée des chemins. Vous contemplez le précipice de votre prochaine mauvaise décision. De votre prochain mensonge. De votre prochain achat compulsif. De votre prochaine habitude nocive. De la prochaine brèche dans vos valeurs. Du prochain euro gâché. De la prochaine distraction technologique. De la prochaine minute passée à consommer plutôt qu'à créer. Du prochain jugement malavisé. Ce barrage de négativité est un schéma auquel vous vous êtes habitué – un bruit blanc persistant que vous entendez en fond depuis si longtemps que vous n'aviez même pas réalisé sa présence.

Il importe de ne pas vivre dans le passé, tout en en tirant les leçons afin de ne pas répéter nos erreurs à l'avenir. L'ancien *vous* n'est que l'ancêtre qui vous a donné naissance, il n'existe plus aujourd'hui. Ses fautes et ses indiscrétions ne sont plus les vôtres, à moins que vous ne choisissiez de vous y accrocher. Vous disposez des outils pour rompre la dynamique. Vous pouvez repartir à zéro. Pas du jour au lendemain, ni par une transformation radicale, mais grâce à un léger pivotement dans une nouvelle direction qui changera la trajectoire de tous les événements à venir. Et pour y arriver, vous devez vous débarrasser de ce qui encombre votre chemin.

REMERCIEMENTS

J'ignorais si j'écrirais un jour un autre livre sur le minimalisme. En 2012, après avoir terminé le premier jet de *Everything That Remains*, nos mémoires consacrées à un mode de vie plus simple, Ryan et moi pensions avoir dit tout ce que nous avions à dire sur le sujet. De toute évidence, ce n'était pas le cas. Après six ans et quatre faux départs, nous sommes parvenus à la conclusion suivante : le principal changement constaté depuis notre adoption d'un style de vie minimaliste concernait nos relations intimes. Avec sa femme Mariah, Ryan a découvert la connexion la plus épanouissante et joyeuse de sa vie. Idem pour Bex et moi. Et, en même temps, jamais nous n'avions connu de relations aussi exigeantes (sur de nombreux plans différents). D'où les interrogations suivantes : pourquoi ? Serait-il possible d'écrire un livre consacré aux relations minimalistes ?

Bien sûr, ces questions en ont engendré d'autres.

Et si certaines de nos relations les plus importantes n'impliquaient personne d'autre que nous-mêmes ?

Faut-il se réparer soi-même avant de pouvoir entretenir des relations épanouissantes ?

Dans quelle mesure Ryan et moi sommes-nous aujourd'hui des personnes différentes ?

À quels changements nécessaires avons-nous procédé au cours de ces dix dernières années ?

Avons-nous dû nous séparer de certaines choses (ou personnes) pour aller de l'avant ?

Quelles histoires nous avaient semblé trop intimes jusqu'ici pour être partagées publiquement ?

Comment ces histoires, racontées avec honnêteté, pourraient-elles contribuer au bien commun ?

Toutes ces questions ont donné naissance à *Aimer les gens, utiliser les choses*. Nous le dédicaçons à Rebecca et Mariah, pour leur amour bien sûr, mais surtout parce que ce livre n'aurait jamais vu le jour sans elles. (Nous en aurions sans doute écrit un autre… Certainement pas celui-ci.) J'ai rédigé le premier jet au cours des deux pires années de ma vie. En matière de souffrance, je n'avais jamais rien connu de tel. Entre mon empoisonnement à l'*Escherischia coli* en septembre 2018 et le point final de ce manuscrit en 2020, il ne s'est pas écoulé un seul jour sans que je lutte. Quand je touchais le fond, je perdais l'amour de l'écriture – et de la vie en général. Heureusement, Bex était toujours là pour m'éloigner du précipice, pour me soutenir dans la guérison et prendre soin de moi quand j'étais incapable de le faire. Elle m'a tenu la main dans les pires moments et elle continue à m'encourager à devenir la meilleure version de moi-même tandis que ma santé s'améliore. Dieu merci, Ryan n'a pas traversé une telle agonie, mais sa vie n'en a pas pour autant été sans douleur ; depuis 2013 et au fur et à mesure des cassures,

Mariah l'a aidé à ramasser ses morceaux. Merci à vous deux d'exister.

Honnêtement, j'avais peur d'écrire un autre livre parce que je ne pensais pas pouvoir surpasser *Everything That Remains* – je peux affirmer sans sourciller que j'ai mis trente-deux ans à l'écrire et qu'il s'agit, jusqu'à présent, de ma création préférée. Seul le temps dira si *LPUT* prendra sa place dans mon cœur et, plus important, dans celui des lecteurs. Toutefois, après m'y être consacré pendant plusieurs années, je ne pourrais être plus heureux du rendu final. Il s'agit à la fois (et de loin) du livre le plus exigeant et le plus gratifiant que j'aie écrit… Ce qui n'est sûrement pas une coïncidence. J'ai voulu abandonner au moins une dizaine de fois. Les quatre premières tentatives ont avorté. Pourtant, j'ai persisté, balancé plusieurs dizaines de milliers de mots à la poubelle. Recommencé, encore et encore. Ce n'est qu'une fois orienté dans la bonne direction par notre agent, Marc Gerald, que le livre a adopté sa forme actuelle. Lui et nos éditeurs, Ryan Doherty et Cecily van Buren-Freedman, m'ont encouragé à quitter ma zone de confort, à ne pas me contenter de retracer les erreurs personnelles de *The Minimalists* mais à y entremêler des avis et interviews d'experts ainsi que les récits de personnes heureuses d'avoir simplifié leur mode de vie. Marc, Ryan et Cecily, je vous remercie pour vos encouragements.

Quand la maladie m'a frappé, j'ai été vidé de toute inspiration, aspiration et impulsion créative. D'habitude, je ne suis pas du genre à manquer les dates de rendu ; là, je ne pouvais pas faire autrement. Il arrivait souvent que je sois trop mal en point pour écrire et, alors que je m'enfonçais, plusieurs échéances me sont passées sous le nez. Par chance, mon ami « Podcast Shawn » Harding n'a pas hésité à traîner mes restes en lambeaux jusqu'à la ligne d'arrivée. Ses suggestions par centaines, ses recherches approfondies et ses innombrables corrections ont amélioré ce livre, sans conteste. Shawn, merci de m'avoir laissé me reposer sur toi chaque fois que les forces venaient à me manquer. Et merci de porter si bien tous tes chapeaux. Tu es non seulement un exceptionnel producteur de podcasts, directeur de tournées et des opérations, mais tu es surtout, à mes yeux, le meilleur relecteur de la planète. Ryan et moi sommes incroyablement chanceux de te compter dans l'équipe.

À tous les autres membres de l'équipe de *The Minimalists*, Ryan et moi vous sommes reconnaissants pour vos différentes contributions. Jessica Williams, merci de communiquer notre message sur les réseaux sociaux avec tant de beauté. Jeff Sarris et Dave LaTulippe, merci d'être les Mozart du design et d'élever les standards esthétiques de toutes nos créations. Jordan « Know » Moore, merci d'avoir rendu deux nigauds du Midwest convaincants face à la caméra. Matt D'Avella, merci d'avoir rappelé au monde que la plupart des vidéastes de mariage sont nuls (et d'être le meilleur documentariste vivant au monde). À notre programmateur, Andrew Russell, merci de nous avoir donné notre chance et d'avoir propulsé nos événements en direct et nos tournées au niveau supérieur. À notre attachée de presse, Sarah Miniaci, merci d'avoir cru en *The Minimalists* avant tout le monde et d'avoir inondé les médias de notre message. À notre directeur commercial, Allan Mesia, et notre comptable, Angel Dryden, merci d'organiser les chiffres afin que Ryan et moi puissions nous concentrer sur la production de créations riches de sens. À Shawn Mihalik, merci de gérer les cours de rédaction web et de budgétisation ; ton travail améliore la vie des gens, la mienne y comprise.

À Colin Wright, merci de m'avoir présenté le minimalisme en 2009. Sans toi, nul doute que je me cramponnerais encore à mon costume-cravate. Je crois que la citation de David Foster Wallace « Tout ce à quoi j'ai jamais renoncé porte des marques de griffes » fait partie de mes préférées, car elle décrit parfaitement ma vie avant le minimalisme : j'acceptais de me séparer de quelque chose uniquement si on me l'arrachait des mains. Bien sûr, cela n'avait rien à voir avec un quelconque lâcher-prise, et ce sont Colin Wright puis Leo Babuata, Courtney Carver et Joshua Becker qui m'ont montré que je pouvais lâcher prise et que cette capacité s'apparentait à un superpouvoir. Ensemble, vous quatre m'avez fourni une sorte de livre de recettes pour vivre avec moins, à partir duquel Ryan et moi avons pu nous concocter une vie plus épanouissante. Merci de m'avoir permis de m'aider moi-même afin que je puisse ensuite aider les autres.

À Dave Ramsey et son équipe – Elizabeth Cole, Rachel Cruze, Chris Hogan, Anthony ONeal, Ken Coleman, John Delony, Christy Wright, Luke LeFevre, Connor Wangner et toute l'équipe de Ramsey Solutions –, vous êtes un modèle d'intégrité et une inspiration pour chacun d'entre nous.

Aux médecins et professionnels médicaux qui m'ont aidé à supporter la maladie – Christopher Kelly, Ryan Greene, Lucy Mailing, Tommy Wood, Adam Lamb, Payton Berookim et Ivan Wong –, merci de m'avoir sorti du gouffre dans lequel je m'étais enfoncé.

À Zana Lawrence, merci d'avoir cru assez en notre message pour convaincre votre équipe de chez Netflix de le partager dans cent quatre-vingt-dix pays. Vous êtes responsable de l'expansion de ce mouvement.

À nos partenaires – Joshua et Sarah Weaver et l'équipe de Bandit ; Carl MH Barenbrug, Alberto Negro et l'équipe de Minimalism Life ; et Malcolm Fontier et l'équipe de PAKT –, merci d'avoir aidé *The Minimalists* à développer des projets riches de sens en dehors de notre cadre habituel.

À Rob Bell, Sam Harris et Erwin McManus, merci pour la profonde inspiration et la direction que vous m'avez fournies. Et à toutes les autres personnes mentionnées dans cet ouvrage, merci pour vos idées. Vous êtes trop nombreux pour que je puisse tous vous citer ici, mais que nous ayons discuté en personne, au téléphone, par e-mail ou que votre travail ait simplement inspiré certains passages de ce livre, je vous remercie pour votre sagacité.

À ma maman, Chloe Millburn, mon plus grand regret restera de ne pas avoir passé plus de temps avec toi au cours de ta dernière année sur Terre. Après une vie pleine de rebondissements, tour à tour bonne sœur, hôtesse de l'air, secrétaire, épouse et mère – une vraie bombe de femme –, ta mort n'a pas été vaine. Elle m'a aidé à tout remettre en question, surtout après tant d'errements. En fin de compte, ton passage sur Terre nous rappelle que tout est éphémère. Au lieu de se focaliser sur la richesse, le statut social et les possessions matérielles, mieux vaut se consacrer à aimer, à prendre soin, à contribuer. Ta gentillesse, tes câlins et ton sourire chaleureux me manquent. Ton cœur ne demandait qu'à rendre service. Tu m'as dit qu'un jour je « comprendrais la vie » – peut-être vers trente-cinq ans, as-tu ajouté. Eh bien, nous sommes cinq ans plus tard et je n'ai pas encore tout compris, mais je pense m'en approcher. Merci de m'avoir donné la vie, d'avoir été ma mère et de faire régulièrement des apparitions dans mes rêves nocturnes. Je t'aime.

À mon frère Jerome, merci d'avoir constitué une sorte de figure paternelle pendant notre enfance. Tu n'as qu'un an de plus que moi, mais aussi loin que je m'en souvienne, tu as toujours été un homme. J'aspire à posséder ne serait-ce que le dixième de ton inébranlable force.

À Adam Dressler, merci d'avoir été un bon ami depuis que nous avons servi et débarrassé les mêmes tables du même restaurant pendant nos années de lycée. Nos conversations de ces dix dernières années sont les meilleurs podcasts *jamais* enregistrés.

À Karl Weidner, merci d'être un mentor et un ami. Pendant plus de la moitié de ma vie – de notre époque *corporate* à maintenant –, tu m'as beaucoup appris sur les affaires, la vie, l'immobilier et les perspectives personnelles. J'ai beau savoir que je ne pourrai jamais te rendre la pareille, je vais continuer à essayer.

À Annie Brower, te souviens-tu de notre rencontre dans ce café en 2011 ? Cette conversation pour le Dayton City Paper a été la première interview papier de *The Minimalists*. Qui aurait dit que cet entretien donnerait naissance à une telle amitié ? Merci d'être toi. Et merci pour la conversation à propos de la clarification, qui a trouvé sa place dans le chapitre « Relations humaines » de ce livre.

À T.K. Coleman, merci pour toutes ces conversations riches, à la fois en direct et en dehors. Nous sommes capables de nous opposer dans les règles de l'art et de nous faire mutuellement changer d'avis sans nous disputer ni modifier nos préférences respectives.

À Keri, Colleen et Austen, merci de m'avoir montré ce qu'était l'amour. Je vous demande pardon pour mes erreurs et pour mes mauvaises décisions, je ferais les choses différemment si je le pouvais, mais je vous suis reconnaissant pour votre présence. Votre amour m'a guidé tout au long de ma vie d'adulte et jusqu'à aujourd'hui.

À Dayton, Ohio, le personnage principal de nos trente premières années, la ville qui a fait de Ryan et moi des hommes – nous sommes fiers d'être tes fils non prodigues.

Ryan et moi sommes extrêmement reconnaissants envers encore tant d'autres personnes : Dan Savage, Annaka Harris, Lewis Howes, Dan Harris, Jamie Kilstein, Jacob Matthew, Chris Newhart, Tim Frazier, Nate Pyfer, Drew Capener, Justin Malik, Matt Nathanson, AJ Leon et beaucoup d'autres. Et à celles et ceux que j'ai oublié de mentionner, désolé. Ce n'est pas vous, c'est moi.

JFM

TABLE

13713

Composition
NORD COMPO

Achevé d'imprimer en Espagne
par BLACKPRINT
le 15 janvier 2023

Dépôt légal : février 2023
EAN 9782290378779
OTP L21EBN000631-545007

ÉDITIONS J'AI LU
82, rue Saint-Lazare, 75009 Paris

Diffusion France et étranger : Flammarion